FEMMES ET REPRÉSENTATION POLITIQUE

AU QUÉBEC ET AU CANADA

Sous la direction de
Manon Tremblay et Caroline Andrew

FEMMES ET
REPRÉSENTATION
POLITIQUE

AU QUÉBEC ET AU CANADA

les éditions du remue-ménage

Couverture: Ginette Loranger
Typographie: Nicolas Calvé

Distribution en librairie: Diffusion Dimedia
539, boul. Lebeau
Saint-Laurent (Québec)
H4N 1S2

© Les Éditions du remue-ménage
Dépôt légal: premier trimestre 1997
Bibliothèque nationale du Québec
Bibliothèque nationale du Canada

ISBN 2-89091-151-9

Les Éditions du remue-ménage
4428, boul. Saint-Laurent, bureau 404
Montréal (Québec)
H2W 1Z5
Tél.: (514) 982-0730

Les Éditions du remue-ménage bénéficient de l'aide financière de la SODEC,
du ministère du Patrimoine canadien et du Conseil des Arts du Canada.

TABLE DES MATIÈRES

Introduction 7
    Manon Tremblay et Caroline Andrew

I. La pensée politique critique

La maternité comme opérateur de l'exclusion
politique des femmes 19
    Marie-Blanche Tahon

Féminisme et citoyenneté : sortir de l'ornière du féminin 33
    Diane Lamoureux

Les études féministes :
le chassé-croisé du savoir/pouvoir 55
    Micheline de Sève

II. La présence au sein des institutions politiques

La représentation des femmes par la voie(x)
d'une «démasculinisation» du style parlementaire 69
    Manon Tremblay et Édith Garneau

Une femme en politique municipale :
témoignage d'une candidate aux élections
à la mairie de Montréal, 1994 101
    Yolande Cohen

La politique scolaire et les territoires politiques
des femmes : points de convergence 123
    Chantal Maillé

III. L'analyse des politiques publiques

Entre l'égalité et la différence :
le rapport des femmes à l'État-providence
au Québec et au Canada 149
    Danielle Dufresne

Les femmes et le local :
les enjeux municipaux à l'ère de la mondialisation 179
    Caroline Andrew

IV. La mobilisation sociale

Discours juridique et représentation politique :
le droit au choix en matière d'avortement 197
    Martine Perrault et Linda Cardinal

Stratégies féministes sur la scène politique locale
et régionale 217
    Winnie Frohn et Denise Piché

La représentation politique face à la dérive
technocratique : les groupes de femmes de la
région de Québec et la solidarité féministe 249
    Marie-Andrée Couillard

Notes biographiques 273

INTRODUCTION

Il est coutume — à juste titre ou non — de voir dans la Commission royale d'enquête sur la situation de la femme (commission Bird) un moment privilégié de prise de conscience par la population — masculine mais surtout féminine — du statut de citoyennes de seconde catégorie des Canadiennes. Dans son rapport final paru en 1970, la Commission formulait plus de 167 recommandations, ce nombre étant en soi révélateur de l'importance des différences dans les conditions de vie des femmes et des hommes au Canada. Trente ans plus tard, les choses se sont certes modifiées, ce qui a suscité maintes réflexions et recherches sur les rapports entre les femmes, le politique et l'État. Cependant, pour toutes sortes de raisons, ces recherches ont surtout donné lieu à des publications en langue anglaise. Le présent ouvrage veut combler, du moins en partie, cette lacune dans les publications en français sur les femmes et la représentation politique au Canada[1].

DES REGARDS QUI PRIVILÉGIENT L'UNITÉ ET LA DIVERSITÉ

Unité et diversité sont les notions à partir desquelles il faut envisager le présent ouvrage. En effet, *Femmes et représentation politique* témoigne d'une unité tant dans l'objet d'étude, l'approche privilégiée que dans les conclusions. Ainsi, en concentrant nos efforts sur un objet d'étude aussi circonscrit que la représentation politique des femmes au Québec et au Canada, notre intention n'est certes pas de nier l'importance de cette thématique de recherche ailleurs dans le monde, ou même d'ignorer l'apport des approches comparatives dans ce domaine. En fait, notre objectif est — nous l'avons dit — non seulement de combler un vide manifeste dans les publications de langue française sur les femmes et la politique au Canada, mais surtout de créer l'occasion d'approfondir nos réflexions spécifiquement sur ce pays.

L'approche féministe est un deuxième élément permettant de penser les textes de cet ouvrage en termes d'unité. L'analyse féministe s'inscrit dans le giron du mouvement des femmes en ce qu'elle privilégie le quotidien des femmes comme espace d'analyse et qu'elle interprète les rapports entre les sexes en termes de pouvoir. Le sexe n'est plus une simple variable indépendante de l'analyse (au même titre que l'âge, la scolarisation, l'occupation ou autres), mais en devient la trame de fond, l'essence de la réflexion. De la même façon, la recherche féministe vise à cerner les modalités de réalisation d'une société caractérisée par des rapports égalitaires entre les femmes et les hommes. Comme l'explique Huguette Dagenais, «le féminisme en recherche est une forme d'analyse de la société issue de et nourrie par le mouvement des femmes, un mouvement social à plusieurs voix/voies qui vise la transformation en profondeur des rapports sociaux en vue d'une société égalitaire» (1987 : 20).

Finalement, plusieurs des conclusions formulées dans les articles se rejoignent. D'abord, il nous faut prendre acte du consensus qui se dégage des réflexions concernant le rôle secondaire dévolu aux femmes dans la société politique canadienne, que ce soit en raison de leur marginalisation dans la pensée politique et la pratique scientifique, de leur exclusion des lieux de la gouverne politique ou de la dynamique conflictuelle qu'elles entretiennent avec l'État. Pourtant, il se dégage également des textes une volonté de s'affranchir du statut de citoyennes de seconde catégorie, et ce, par une multiplicité de stratégies : se réapproprier le savoir, intégrer le pouvoir politique en vue d'en modifier les règles du jeu en faveur des femmes, intervenir auprès de l'État pour limiter les effets négatifs de ses décisions sur les femmes, mettre en place des structures alternatives aux pouvoirs politiques, etc. En somme, ces textes sont porteurs d'une force, celle de dépasser un discours de victimisation, pour y substituer une vision où les femmes se réapproprient leurs vies et leurs devenirs.

Mais au-delà d'une unité dans l'objet d'étude, l'approche et les conclusions, la notion de diversité permet aussi de caractériser le contenu de *Femmes et représentation politique au Québec et au Canada*. En effet, on y trouve un large éventail de questionnements, portant sur la conceptualisation de la notion de représentation politique, les études féministes comme source d'*empowerment* pour les femmes, les modalités d'insertion des femmes aux institutions démocratiques et leurs pratiques de la représentation politique, les transformations dans les rapports des femmes à l'État, etc. Un tel éventail témoigne du vaste intérêt et de l'originalité des chercheures canadiennes pour l'analyse des rapports des femmes à la société politique.

Outre que les travaux présentés ici s'inspirent du féminisme, ils résultent le plus souvent de l'application de méthodologies qualitatives, et reposent sur l'usage d'instruments de collecte des informations diversifiés : entrevues semi-directives, analyses documentaires, analyses de politiques publiques, études de cas, observations participantes. Sans mentionner que l'approche critique accompagne constamment les analyses et les réflexions des auteures. Cette diversité dans les méthodologies nous semble respecter une des préoccupations des chercheures féministes, soit celle de recourir à une multiplicité de méthodes de recherche dans la production du savoir.

Les textes présentés s'inspirant de divers points de vue sur la représentation politique des femmes au Québec et au Canada, nous les avons synthétisés selon quatre principales dimensions, lesquelles président à l'organisation de l'ouvrage.

LA REPRÉSENTATION POLITIQUE
SOUS L'ANGLE D'UNE PENSÉE POLITIQUE CRITIQUE

Les trois textes de cette première section ont pour point commun de proposer une réflexion sur les difficultés de penser la représentation politique des femmes dans le contexte théorique et institutionnel présent. S'y ouvre également un espace de réflexion sur la position ambiguë, certes, mais stratégique des études féministes dans nos universités.

Marie-Blanche Tahon articule sa réflexion autour de la notion d'inclusion au politique, en privilégiant le rapport entre maternité et exclusion politique des femmes. Pour elle, c'est la rupture d'une assimilation entre la «femme» et la «mère» qui a permis l'accès à une véritable citoyenneté pour les femmes. La mère, par son exclusion du politique, est l'actrice qui a rendu possible la représentation du politique. Dans cette pensée, la liberté de l'avortement vient désassimiler femme et mère, en extirpant l'être de sexe féminin de son double postulé : la mère. Dès lors, la reconnaissance aux femmes du droit de contrôler leur fécondité permet leur inclusion au politique.

À partir des réflexions actuelles en philosophie politique sur la démocratie et en se basant sur l'expérience politique de la dernière vague féministe, **Diane Lamoureux** propose de repenser la question de la citoyenneté, c'est-à-dire de la liberté et de l'action politique, en tenant compte de trois impératifs : l'inclusion, l'égalité et la reconnaissance de la diversité. C'est sur cette base que peut s'articuler la réflexion autour d'une politique qui prend sa source dans le féminisme, mais qui ne se limite pas aux femmes et refuse de prendre appui uniquement sur le féminin.

Micheline de Sève traite aussi d'inclusion des femmes à la société dominante, au monde universitaire, cette fois, ce qui n'est certes pas dépourvu de dimensions politiques. Elle voit dans les études féministes un lieu privilégié d'action politique pour les femmes, notamment parce qu'elles leur ouvrent les portes du savoir. En effet, les études féministes, qui ont accédé non sans difficultés à la reconnaissance académique, proposent un regard critique et politique sur nos connaissances scientifiques — doublement marquées du sceau du sexisme et de l'androcentrisme —, en offrant la possibilité de les déconstruire et de les reconstruire pour y intégrer le «parti pris des femmes». En outre, Micheline de Sève évoque la position parfois délicate qu'occupent les femmes dans les universités[2].

LA REPRÉSENTATION POLITIQUE EN TERMES DE PRÉSENCE AU SEIN DES INSTITUTIONS POLITIQUES

La seconde section porte sur les rapports entre les femmes et les institutions politiques canadiennes. Elle comporte trois textes, dont la préoccupation commune est de traiter, sous des angles différents, des modalités de participation des femmes aux institutions politiques.

Manon Tremblay et **Édith Garneau** se sont intéressées aux attitudes des femmes élues à la Chambre des communes du Canada en octobre 1993 par rapport à la question de la représentation politique des femmes. Les auteures suggèrent que cette représentation des femmes n'implique pas que des conduites et s'exerce davantage à un palier symbolique, notamment par le moyen d'une transformation de la culture politique. Cette représentation passe par une «démasculinisation» du politique, pour intégrer des valeurs plus près des expériences des femmes. Autrement dit, la présence de femmes dans l'arène parlementaire contribue à modifier l'univers symbolique du politique.

Candidate à la mairie de Montréal en novembre 1994, **Yolande Cohen** nous livre le fruit de son expérience. Inscrivant sa réflexion dans ses travaux réalisés sur les femmes et la représentation politique depuis la publication de *Femmes et politique* en 1981, la démarche d'observation participante à laquelle s'est prêtée Yolande Cohen lui permet de faire ici la synthèse de deux pôles souvent dichotomisés, soit la théorie et la pratique. En réfléchissant sur sa propre expérience, elle conclut que le problème réside moins dans la représentation accrue de femmes en politique, que dans la représentation de féministes ou de démocrates. Yolande Cohen pense que la gauche a particulièrement besoin de renouveler le discours sur la démocratie, ce que peut favoriser une meilleure intégration des apports de la théorie féministe.

11

Chantal Maillé nous fait découvrir tout un univers politique encore peu traité par les recherches, soit celui des commissions scolaires. Son texte est porteur de plusieurs idées importantes, la première étant que les commissions scolaires constituent un objet d'étude propre à saisir la nature de la participation des femmes à des activités politiques qui privilégient le communautaire plutôt que l'État. Puis, l'idée que les commissions scolaires s'inscrivent dans une filière d'engagement vers d'autres paliers politiques, notamment le milieu paroissial, vu comme un véritable espace de socialisation politique pour les femmes. Finalement, Chantal Maillé suggère que la forte proportion de femmes dans les commissions scolaires est reliée à la souplesse de ces structures politiques.

LA REPRÉSENTATION POLITIQUE
COMME CRITÈRE D'ANALYSE DES POLITIQUES PUBLIQUES

Dans cette troisième partie, il s'agit de réfléchir sur les mécanismes en vertu desquels les intérêts des femmes sont ou non représentés dans le processus de prise des décisions publiques. Pour l'essentiel, les textes de Danielle Dufresne et de Caroline Andrew montrent que les décisions publiques ne sont pas neutres, mais qu'elles affectent (souvent négativement) la vie des femmes ; elles analysent les effets de décisions gouvernementales sur les femmes et les stratégies déployées par ces dernières pour y répondre.

Danielle Dufresne brosse un tableau de l'évolution de quelques politiques sociales québécoises et canadiennes. Selon son idée maîtresse, l'État-providence a successivement et simultanément été androcentriste et émancipateur pour les Québécoises. L'auteure concentre son analyse des rapports des femmes à l'État-providence durant trois périodes historiques, soit de 1940 à 1960, de 1960 à 1980, finalement de 1980 à maintenant. Elle conclut entre autres choses que la citoyenneté des femmes a varié au fil du temps, passant d'une citoyenneté de la différence, jusqu'aux années 1960, à une citoyenneté de l'égalité depuis la Révolution tranquille. Pourtant, cette égalité n'en dissimule pas moins des rapports de subordination des femmes à l'État-providence.

La construction des enjeux municipaux en matière de condition sociale des femmes est l'objet d'étude de **Caroline Andrew**. À partir de questionnements soulevés à l'échelle mondiale, elle démontre de quelle façon Toronto et Vancouver ont construit leur rôle dans le domaine de la sécurité urbaine. Son observation met au jour des conceptions différentes de la sécurité urbaine : alors qu'à Toronto la question de l'équité pour les femmes constitue le cœur de l'enjeu, à Vancouver on parle plutôt d'une qualité de vie pour l'ensemble de la population — dont les femmes, définies comme un groupe « vulnérable » parmi d'autres. Les explications avancées par Caroline Andrew appellent une dynamique sociopolitique complexe, où s'enchevêtrent des facteurs internes et externes aux institutions municipales.

LA REPRÉSENTATION POLITIQUE À TRAVERS LA MOBILISATION SOCIALE

La dernière section de l'ouvrage, composée de trois textes, se concentre sur la mobilisation du mouvement des femmes, ses revendications et ses luttes. Les textes de cette partie privilégient le discours critique des mouvements sociaux comme espace alternatif de représentation politique des femmes, voire comme *le* lieu même de leur représentation politique.

La capacité critique du mouvement des femmes nous est révélée dans le texte de **Martine Perrault** et **Linda Cardinal**. Leur analyse du jugement Morgentaler de janvier 1988 démontre comment le Droit peut affecter la représentation politique des femmes, notamment à un palier symbolique. En effet, plus que de rendre l'avortement accessible, les luttes pour le droit au choix en matière d'avortement contribuent à modifier la représentation des femmes elles-mêmes ; en les considérant comme des êtres humains à part entière, le jugement Morgentaler offre la possibilité de penser les femmes autrement qu'à travers la maternité. Les luttes pour le droit au choix participent ainsi à la construction de l'autonomie des femmes et favorisent leur participation à l'élaboration du social.

Les deux derniers textes, celui de Winnie Frohn et Denise Piché et celui de Marie-Andrée Couillard, nous entraînent dans l'univers des stratégies des groupes féministes à Québec. **Winnie Frohn** et **Denise Piché** réfléchissent sur les rapports entre le mouvement des femmes et les stratégies d'action politique au niveau municipal. Elles soutiennent que le Conseil régional de concertation et de développement de Québec et la commission permanente Femmes et Ville de Québec transforment les rapports entre le mouvement des femmes et les pouvoirs locaux, et ce, au moins à deux égards : en initiant les femmes au développement régional et à l'administration municipale ; en atténuant les risques liés à l'institutionnalisation des demandes formulées par les femmes. Bien que les auteures soulignent les limites de toute stratégie d'inclusion aux institutions politiques, les deux expériences analysées font la preuve qu'à l'occasion certaines structures étatiques peuvent constituer des alliées du mouvement des femmes.

Pour sa part, **Marie-Andrée Couillard** soutient que le rôle des groupes féministes dans la représentation politique des femmes ne tient pas tant à leur capacité de cerner les intérêts de ces dernières qu'à celle d'offrir un lieu d'appropriation des divers discours sur la position sociale des femmes. À l'instar de Martine Perrault et Linda Cardinal, qui interpellent l'aspect symbolique de la représentation, Marie-Andrée Couillard affirme que les groupes féministes constituent un lieu où les femmes transforment la perception qu'elles ont d'elles-mêmes afin de se reconnaître comme sujets féministes. En conclusion, l'auteure se demande si le discours utilitariste centré sur les plus marginalisées ne provoque pas un déplacement des objectifs politiques qui caractérisent le mouvement féministe vers des objectifs socio-économiques qui ne lui sont pas exclusifs.

En terminant, il importe de mentionner que les textes regroupés ici ont d'abord fait l'objet d'une présentation et d'une discussion dans le cadre du colloque *Femmes et représentation politique au Canada/Women and Political Representation in Canada*, tenu à l'Université d'Ottawa, les 29 et 30 septembre 1994. Les auteures ont alors exposé une esquisse de leurs réflexions, lesquelles trouvent une forme d'achèvement plus complète et intégrée dans le présent ouvrage. La tenue de ce colloque a bénéficié du soutien financier du Conseil de recherches en sciences humaines du Canada (subvention n° 643-94-0154), de la Faculté des sciences sociales et de l'École des études supérieures de l'Université d'Ottawa. Les organisatrices de ce colloque tiennent à remercier les bailleurs de fonds pour la confiance exprimée dans leur projet. Elles veulent aussi souligner que le climat de grande intensité qui a prévalu tout au long de cette rencontre a contribué à favoriser les échanges entre les participantes et à assurer ainsi le succès du colloque. Nos remerciements vont également aux Éditions du remue-ménage pour leur professionnalisme et à Nathalie Bélanger qui a patiemment vérifié et, à l'occasion, complété certaines références dans les textes.

Manon Tremblay et Caroline Andrew

Notes

1. En fait, les ouvrages en français portent le plus souvent sur le Québec, comme Gingras, Maillé et Tardy (1989), Maillé (1990a) ou Tardy *et al.* (1982). Deux exceptions notables, où les auteures ont publié des textes en français portant en tout ou en partie sur le Canada, soit Maillé (1990b) et Tremblay et Pelletier (1995).

2. Au Canada anglais, une publication comme celle du Chilly Collective (1996) témoigne d'un climat qui en est parfois un d'hostilité envers les femmes dans les universités.

Bibliographie

CHILLY COLLECTIVE (1996). *Breaking Anonymity. The Chilly Climate for Women Faculty*, Waterloo, Wilfrid Laurier University Press.

COHEN, Yolande (dir.) (1981). *Femmes et politique*, Montréal, Le Jour.

DAGENAIS, Huguette (1987). « Méthodologie féministe et anthropologie : une alliance possible », *Anthropologie et Sociétés*, vol. 11, n° 1, p. 19-44.

GINGRAS, Anne-Marie, Chantal MAILLÉ et Évelyne TARDY (1989). *Sexes et militantisme*, Montréal, CIDIHCA.

MAILLÉ, Chantal (1990a). *Les Québécoises et la conquête du pouvoir politique*, Montréal, Saint-Martin.

_____ (1990b). *Vers un nouveau pouvoir. Les femmes en politique au Canada*, Ottawa, Conseil consultatif canadien sur la situation de la femme, novembre.

TARDY, Évelyne *et al.* (1982). *La politique : un monde d'hommes ? Une étude sur les mairesses au Québec*, Montréal, Hurtubise HMH.

TREMBLAY, Manon et Réjean PELLETIER (1995). *Que font-elles en politique ?*, Sainte-Foy, PUL.

I. LA PENSÉE POLITIQUE CRITIQUE

LA MATERNITÉ COMME OPÉRATEUR DE L'EXCLUSION POLITIQUE DES FEMMES

MARIE-BLANCHE TAHON

Un opérateur, c'est un symbole mathématique indiquant une opération à réaliser. Par exemple, le symbole + est l'opérateur de l'addition. L'emprunt ne vient pas d'un traité de mathématiques mais de Nicole Loraux qui ouvre *Les expériences de Tirésias* (1989) avec «l'opérateur féminin[1]». Malgré sa longueur, le titre ici proposé ne dit pas tout. Il devrait ainsi se lire: la maternité est l'opérateur qui, par excellence, permet de penser l'exclusion des femmes du politique. Exclusion des femmes du politique rend mieux «la manœuvre», «l'opération» qu'exclusion politique des femmes.

Quant à «qui permet de penser», cette formulation peu élégante est là pour indiquer la difficulté de (se) représenter cette opération. Pour la cerner en son endroit et en son envers — aujourd'hui, dans les «démocraties occidentales», c'est d'inclusion des femmes dans le politique qu'il s'agit —, il faut, me semble-t-il, porter attention à la bataille des figures qu'elle contient: il faut tenter d'approcher «mère» *et* «femme». Rendre compte de la désassimilation qui s'est opérée. Cerner les conditions qui ont permis l'assimilation historique de l'une et de l'autre et ses conséquences sur l'exclusion des femmes du politique. C'est à cet aspect que ce texte est essentiellement consacré. Il ne constitue qu'un moment dans une recherche en cours[2]. Il implique de mieux cerner la signification *politique* de la figure de la mère comme limite de la limite[3]. Et les conséquences que l'émergence de « femme » dans le champ du politique impulse, au niveau de la représentation, de cette mise en cause de la limite de la limite [4].

1. LA LIBERTÉ DE L'AVORTEMENT

La proposition de penser l'association de la maternité et de l'exclusion des femmes du politique, de faire de la maternité l'opérateur de cette exclusion, est rendue possible parce que le lien s'est, semble-t-il, dénoué. Ce dénouement se jouerait, j'en fais l'hypothèse, dans la reconnaissance du droit des femmes à contrôler leur fécondité. Autrement dit, l'inclusion des femmes au politique résulte de la reconnaissance du droit qu'elles ont désormais de contrôler leur fécondité. Elle est donc extrêmement récente. Quelques années seulement. Il est possible que la proximité nous empêche de saisir l'événement qui s'est produit. Mais il ne s'agit pas uniquement de presbytie.

Il est vrai que chaque élection nous ramène à la réalité de la faiblesse numérique des représentantes du peuple. Et que chaque expérience gouvernementale nous laisse un goût amer quant à l'impact de l'appartenance « gendrée » des ministres, quel que soit leur portefeuille. Je n'entrerai même pas sur le terrain des rapports plus proprement dits sociaux de sexe. De manière certes trop rapide, il ne serait pas faux de résumer la situation en considérant que le mouvement de libération des femmes en est actuellement dans sa phase de libération des hommes : eux sont en voie de devenir des individus libres, des individus déliés [5], des individus sans charge. Il pourrait être stimulant de creuser l'hypothèse que les rapports homme-femme seraient entrés dans « l'âge des idéologies », pour reprendre une catégorie de Marcel Gauchet (1985 : 257) qu'il faudrait adapter [6]. Nous ne nous y engagerons pas ici.

Au-delà du constat plutôt sombre, immaîtrisable pour l'analyse à courte vue, je suis encline à tenter de mieux cerner la difficulté du « féminisme » actuel de se positionner à l'égard de la reconnaissance du droit des femmes à contrôler leur fécondité. Sa difficulté à saisir l'événement politique qu'elle constitue. Ce qui l'amène à poursuivre sa quête d'égalitarisme, d'« égalité spécifique ». Je ne prétends pas que des revendications touchant *des* femmes ne doivent continuer à être soutenues, mais il me semble que ces revendications ne peuvent plus être pensées comme celles de «*les* femmes». Le débat sur «la parité» illustre bien cette ambiguïté, en particulier dans ses non-dits. L'essentialisme serait-il une ruse de l'égalitarisme?

En quoi la reconnaissance du droit des femmes à contrôler leur fécondité est-elle un événement? Pour répondre à cette question, il faut d'abord tenter de mieux préciser ce que recouvre «la reconnaissance du droit des femmes à contrôler leur fécondité». Elle se concrétise par le droit à la contraception et la liberté de l'avortement. Il s'agit là de moyens. Mais de moyens qui ne trouvent à se réaliser, à devenir effectifs qu'*à condition de.*

L'avortement — considérons-le, lui, parce qu'il marque la situation limite — a toujours été pratiqué. Mais la liberté de l'avortement ne signifie pas seulement que statistiquement les femmes qui y recourent n'en meurent plus. Ce qui n'est pas rien: les chiffres récents sur la mortalité des femmes par suite d'un avortement, là où il est clandestin, sont terrifiants. La liberté d'avoir recours à l'avortement ne signifie pas seulement non plus qu'à brève échéance les infrastructures seront telles que toute demande trouvera une réponse dans des conditions optimales. Ce qui n'est pas encore le cas, loin s'en faut, ce qui exige donc une mobilisation. Toutefois, ces transformations ne sont représentables, ces améliorations ne sont envisageables que parce qu'est admise la liberté de l'avortement, parce qu'il est reconnu que les femmes ont une conscience et que c'est en conscience qu'elles décident de mener une grossesse à terme ou d'avorter.

Il s'agit bien de la liberté de l'avortement et non du droit à l'avortement. Le droit à l'avortement en est un qui entraîne des questions sans réponse quant au droit du fœtus à la vie, au droit du père à avoir une descendance, au droit de la mère à «disposer toute seule de son corps[7]». «Fœtus», «père», «mère» renvoient à un nœud de questions que l'on ne peut trancher en termes de «droit». La liberté de l'avortement ouvre, elle, l'espace pour qu'une femme douée de raison prenne une décision responsable. Ultimement, c'est à elle de décider qu'un ovule fécondé deviendra ou non un enfant, qu'un donneur de sperme deviendra ou non un père, qu'elle deviendra ou non une mère. Il s'agit de la décision d'un individu capable de distance réflexive, à qui est reconnue cette capacité. Aussi, la reconnaissance de la liberté de l'avortement, ce qui en fait un événement, dit que la femme est un individu. Nous avons la chance de vivre dans un pays, peut-être le seul, où cette liberté est entérinée par la Cour suprême.

L'événement de la reconnaissance du droit des femmes à contrôler leur fécondité réside donc dans l'admission qu'elles sont des individus. Admission qui ne repose pas sur la libération des « déterminations de leur sexe », comme on dirait pudiquement. Admission qui ne repose pas sur les découvertes scientifiques (contraception sûre, avortement sécuritaire). Les femmes sont des individus parce qu'elles sont douées de raison, parce qu'elles sont capables de peser le pour et le contre d'une situation et de parvenir à une décision qu'elles jugent bonne. Les femmes sont des individus parce qu'elles sont des individus. C'est cela que les papistes et les islamistes ne peuvent tolérer, comme la conférence du Caire sur la population (septembre 1994) l'a montré.

Parler d'un événement — faire un événement de la reconnaissance du droit des femmes à contrôler leur fécondité — indique qu'il s'agit de l'avènement de quelque chose de nouveau — les êtres de sexe féminin n'ont pas toujours été des individus — mais parler d'un événement ne renvoie pas non plus à une création *ex nihilo*. Cet événement ne pouvait se faire jour que là où était rempli un ensemble de conditions politiques. C'est pour cela que, tout en dénonçant la haine des femmes-individus qui anime les papistes et les islamistes, il y a lieu de redouter que, dans certaines conjonctures, la liberté de l'avortement n'en soit pas une, qu'une politique de population puisse recourir à la contrainte à l'avortement.

La reconnaissance du droit des femmes à contrôler leur fécondité transcende les « déterminations de leur sexe ». Elle rend effective la disjonction entre la femme et la mère. Elle enregistre que la femme est un individu. La femme devient un individu quand il devient impensable de l'assimiler à la mère. La mère n'est pas un individu. Non pas, certes, parce qu'elle ne ferait qu'un avec l'enfant, non pas parce qu'elle serait représentée comme un ventre fécond. La mère (n') est (pas) seulement un ventre fécond même si elle peut y être réduite pour les besoins de la cause. Ses entrailles généreuses donnent à penser. Et ce qu'elles donnent à penser est incompatible avec la représentation du politique, même si c'est à cette incompatibilité que s'ancre la représentation du politique. Pour tenter de l'établir, on ne peut en rester à la surface du discours qui assimile la mère et la nature ; il ne suffit même pas de déconstruire la naturalité de la mère. Il faut d'abord, me semble-t-il, cerner la forme de construction de la mère qui l'exclut du politique, qui en l'excluant rend possible le politique. L'histoire nous offre des formes différenciées à explorer.

2. DES MÈRES POLITISÉES

Rome

De Rome[8] que je connais très mal et que je n'ai guère les moyens d'approfondir, je retiendrai, à la lecture des travaux particulièrement stimulants de Y. Thomas, que, quelle que soit la période historique considérée, il est un impératif du droit romain qui ne sera jamais remis en cause : est femme celle qui ne transmet pas, celle qui ne se prolonge pas dans autrui, celle qui ne se démultiplie pas. Thomas (1991) écrit : « en droit privé comme en droit public, citoyenneté et masculinité se confondaient lorsque l'action d'un sujet, excédant sa propre personne et son propre patrimoine, atteignait autrui grâce à la capacité où chacun était d'agir au nom d'un tiers ». Tandis que le lien père-enfant — c'est-à-dire le lien placé sous la puissance paternelle — est construit par le droit, le lien mère-enfant ne reçoit pas, lui, la doublure du droit, il est hors droit. Si cela avait un sens, on dirait plus précisément que le lien mère-enfant est construit hors droit. Il n'est de mère que par l'accouchement. La femme est, comme dit Thomas, « commencement et fin de sa propre famille ».

Cet individualisme radical, pourrait-on dire, a pour effet de dénier à la femme toute fonction politique. Fonction politique qui se définit, rappelons-le, en ce qu'elle atteint autrui grâce à la capacité où celui qui l'exerce est d'agir au nom d'un tiers. Une femme à Rome est exclue du politique parce qu'elle est définie comme celle qui n'a d'autre intérêt à faire valoir que le sien propre. Cette définition de la femme, cette définition par la négative — celle qui n'a d'autre intérêt à faire valoir que le sien propre — n'est représentable, n'est énonçable qu'au travers de l'assimilation de l'être de sexe féminin à la mère.

Mais là n'est pas vraiment l'enjeu. La définition de la femme comme celle qui ne transmet pas, celle qui ne se prolonge pas dans autrui, celle qui ne se démultiplie pas, renvoie à l'image de la mère dans sa certitude biologique. Surtout, et là est l'enjeu, cette définition est requise pour établir la puissance paternelle, pour faire du père celui qui agit au nom d'un tiers — «citoyenneté et masculinité se confond[a]nt» — sans que ne s'impose l'équation occidentale postromaine et farfelue qui veut que père = géniteur. La définition de la femme romaine permet de représenter la fonction du père qui fait un avec celle de citoyen. Représentation de la fonction du père-citoyen construite sur la dénégation de la mère : celle qui ne se démultiplie pas.

Autrement dit, à Rome, ce n'est pas parce que la femme a un utérus qu'elle est mère, elle est mère pour que puisse être pensé le père, lui même uniquement pensable en ce qu'il détient la puissance paternelle. Pour qu'il y ait du père, il faut ainsi, de cette façon, prescrire la mère, la réduire à sa seule individualité, le lien à son enfant étant seulement naturel. Son exclusion de la sphère politique prolonge cette construction.

Ce modèle romain de la femme et de la mère a toute son importance, c'est pourquoi, en dépit de la temporalité historique, je braque d'abord l'attention sur lui. Il a toute son importance parce qu'il est lié à la fabrication du *père* et pas seulement du citoyen, même s'il s'agit d'un citoyen-père. Rome a clairement posé «la question généalogique», celle où s'entrecroisent le sujet et le citoyen. Et l'a, de cette façon, résolue. Ce qui ne sera pas sans conséquence sur «le système normatif européen, qui n'existerait pas sans son héritage de Droit civil romain, modernisé par les États» (Legendre 1994 : 189).

Athènes

Si, à Rome, c'est le père qu'il fallait édifier, à Athènes, suivant Loraux (1981, 1989, 1990), c'était le citoyen. Et dans cette édification aussi, de la mère est nécessaire *et* la maternité est excluante. Si, à Rome, la femme est «commencement et fin de sa propre famille», ce qui indique que la maternité n'est pas instituante, que seule la paternité l'est et l'est aussi de la citoyenneté, à Athènes, la mère est partie prenante de la transmission de la citoyenneté. S'il n'existe pas de mot pour dire Athénienne, la condition pour qu'un homme soit citoyen est d'avoir un père citoyen et une mère fille de citoyen. Les femmes, les mères sont exclues de la citoyenneté mais la maternité est requise, est un passage obligé, dans la transmission de la citoyenneté. La mère est un maillon indispensable et réduit au silence, interdit à la parole publique. Si elle parlait, elle risquerait de dire que « l'enfant prime la cité », elle détournerait les citoyens du culte d'Athena. Cette vierge qui, elle, n'aura jamais d'enfant selon la chair, mais qui donne son nom à la cité et préside à ses destinées. Athena qui, dit-on, aurait arraché le verdict : le matricide n'est pas un crime. Le caractère indispensable de la mère — pour être citoyen, il faut avoir une mère-fille de citoyen — permet de faire parler le silence qui lui est imposé : c'est l'amour de la cité qui fait le citoyen. On voit l'opération : il faut de la mère et de la mère susceptible de dire que, pour elle, l'enfant prime la cité afin que l'amour du citoyen pour la cité ait d'autant plus de prix.

Que ce soit à Athènes ou à Rome, au berceau de la citoyenneté ou au berceau de la fonction du père, le lien entre la mère et la naturalité est médiat, est le lieu d'un artifice. Et, dans les deux cas, elle est exclue, elle et la femme, du politique. La femme est exclue du politique parce qu'un lien est établi entre femme et mère, la mère étant incontournable pour que puisse être édifié le citoyen voué à Athena, pour que puisse être édifié le *pater familias* dégagé du génétique. Le caractère incontournable de la mère fait le citoyen, fait le père, en ce qu'il est construit autrement qu'elle. La maternité, soit la construction de la mère, est là pour dire le caractère irréductible, incomparable de la citoyenneté, de la paternité.

La Révolution française

Une analyse parallèle me paraît pouvoir être déployée pour cerner l'exclusion des femmes des droits politiques lors de la Révolution française. Je l'ai esquissée dans un texte précédent (Tahon 1995a) mais pour cette période je ne peux prendre appui sur une Loraux ou sur un Thomas, aussi s'agira-t-il encore d'un brouillon à retravailler.

D'une phrase: si les femmes françaises ont été exclues des droits politiques, alors que les législations révolutionnaires leur accordaient des droits civils importants, singulièrement au niveau de la famille, c'est que la fraternité exigeait l'instauration de la «mère républicaine». L'installation de la figure de la mère sur la scène publique déniait la participation des femmes au politique. Pour que les frères puissent s'aimer et s'entre-tuer, il fallait que la mère républicaine soit édifiée comme hors-champ de la Terreur, comme celle qui laissait subsister un espace hors du bruit et de la fureur du politique dorénavant sans fondement autre qu'humain. C'est la valorisation de la mère républicaine qui expliquerait le refus ou, plus précisément alors, le non-accès des femmes aux droits politiques. Là encore, il s'agit, me semble-t-il, d'une manœuvre, d'une opération qui a peu à voir avec le fait que les femmes sont dotées d'un utérus. C'est parce qu'il était requis d'ériger une représentation du hors-politique qu'appel fut fait à la figure de la mère républicaine. Appel qui entraînait dans son espoir de concrétisation l'exclusion des femmes des droits politiques.

Dans ces trois cas de figure — Athènes, Rome, Révolution française — marqués par un fort investissement du politique, on assiste à une construction — certes différenciée — de la mère. Construction de la mère qui dit l'incompatibilité entre la maternité et la citoyenneté politique. Mais *c'est à cette incompatibilité que s'adosse la citoyenneté politique*. La mère athénienne permet au citoyen de dire son amour exclusif à la cité; la mère romaine permet au citoyen de dire sa capacité d'agir au nom d'un tiers sans que celle-ci soit fondée sur une attache par le sang; la mère républicaine permet au citoyen de se camper en «homme régénéré» (Ozouf 1989) de par la liberté et l'égalité mais aussi la fraternité. Dans chacun des cas, cette construction de la mère — la maternité — exclut les femmes du politique.

3. LE DÉ-NOUEMENT

Le dénouement ne pouvait consister à inclure la mère au politique puisque l'objectif poursuivi dans la construction de la mère est précisément — dans chacun des cas, même si par des voies différentes —

de tenter de rendre représentable le politique : la mère doit être en dehors pour que le politique soit représentable. Le dénouement ne pouvait advenir qu'en désassimilant femme et mère, qu'en arrachant l'être de sexe féminin à son double postulé : la mère. C'est cela que signifie la reconnaissance du droit des femmes à contrôler leur fécondité.

Alors, l'être de sexe féminin est reconnu comme individu. On peut aussi l'appeler une femme si l'on tient à le démarquer de l'être de sexe masculin appelé un homme. Cette assimilation de la femme à «l'individualisme abstrait», pour reprendre la formule de Rosanvallon (1992), ne postule pas qu'elle soit délestée des «déterminations de son sexe», comme il s'empêtre à le suggérer. Il «suffit» de nommer ce qui importe dans les déterminations d'un sexe. Et ce qui importe — aucun lien n'étant représentable entre un corps de père et un enfant —, c'est ce qui métaphorise la maternité.

Mais nous sommes allées à trop bonne école pour nous laisser prendre au piège d'une maternité qui se réduirait aux «caractères sexuels secondaires de la femme». La mère, c'est la figure (construite) qui a permis la construction de la représentation du politique. Elle en est la trame. Elle n'apparaît donc pas à la surface du tapis, elle n'est pas sur la scène publique.

À partir du moment où peut se formuler «un enfant, si je veux, quand je veux» et qu'il est donné satisfaction à cette revendication, c'est le «je» qui est reconnu. Le «je» d'un individu qui n'est plus assimilé à une mère en puissance. Une disjonction est opérée entre femme et mère. La femme est un citoyen doté des droits de l'homme. Qui peut éventuellement décider de participer à l'entreprise de faire advenir du nouveau que porte, par excellence, avec *lui*, un nouveau-né. La femme est citoyen et la mère est en dehors du politique.

L'accès des femmes à la pleine citoyenneté requiert la disjonction entre femme et mère. C'est la condition, me semble-t-il, impérative. L'exclusion des *femmes* du suffrage universel — même si leur inclusion ne suffit pas à établir la citoyenneté ; minimalement, celle-ci se compose des droits civils en plus des droits civiques — ne pouvait être résorbée progressivement. Un esclave pouvait finir par être libéré, un étranger par devenir un national, un mineur par devenir majeur, un pauvre par devenir riche (ou moins pauvre), un colonisé pouvait finir par devenir ressortissant d'un État indépendant. Mais une femme restait une femme. Quant à elle, l'intervention ne pouvait opérer sur ce qui servait à la désigner : l'appartenance de sexe. Le transsexualisme étant une solution peu praticable à grande échelle, croit-on, il a fallu dé-couvrir ce que re-couvrait, pour la femme, l'appartenance de sexe. Il a fallu désassimiler femme et mère. Il a fallu cesser de considérer que la destination de la femme est d'être mère et la penser comme un individu. S'agit-il pour autant d'un citoyen ?

Je laisse cette question pour un prochain texte [9]. Il faudrait au préalable déblayer ce que recouvre la dénomination du mouvement féministe des années 1960-1970 comme « mouvement social ». Concluons pour l'instant que l'accès des femmes à la plénitude des droits civiques et civils constitue une nouvelle occasion de brouiller les repères de la démarcation entre privé et public, entre natal et politique. Comment donner consistance au privé tandis que la femme a accès au politique ? Cette question ne se posait pas tant qu'il était aisé de conjoindre privé et femme-mère. L'équation a changé avec la désassimilation de femme et mère. Dire que le privé est politique est sans doute la pire impasse. Il faut apprendre à penser l'opposition mère et politique. La maintenir. La valoriser, d'autant plus qu'elle n'entraîne plus l'exclusion des femmes du politique.

Notes

1. Loraux considère, s'agissant de la *polis* athénienne, que « le féminin est le plus riche des discriminants, l'opérateur qui, par excellence, permet de penser l'identité comme virtuellement travaillée par de l'autre ». Elle procède à cette énonciation après avoir fait l'hypothèse que « le politique grec » — et pourquoi pas, peut-être, plus généralement, le politique — « se constitue sur une négation : la négation réitérée — à chaque fois (re)fondatrice — des bénéfices qu'il y aurait pour l'homme à cultiver au-dedans de soi une part féminine » (Loraux 1989 : 8).

2. Celle que je poursuis dans le cadre d'une subvention du CRSH (1994-1997) intitulée « "Femme", "mère" et modernité démocratique ».

3. Dans le règne de l'humain, qui est l'horizon de la démocratie moderne, il n'y aurait rien au-delà du corps de la mère.

4. J'ai tenté d'aborder ce questionnement dans Tahon (1995c).

5. Ce qui n'est pas nécessairement un état enviable, un état à promouvoir. Afin de ne pas y succomber, il s'agit de mieux distinguer — et pas seulement conceptuellement — « femme » et « mère », « homme » et « père ». Il s'agit de penser de nouveaux montages institutionnels qui feraient place à « mère » et « père » sans les réduire, eux, à être des « individus ». Autrement dit, il me semble nécessaire de distinguer le « politique » du « natal ». J'ai commencé à déblayer cette distinction dans Tahon (1995a, 1995b), en m'inspirant de la lecture de Arendt (1983) et, surtout, de Collin (1986, 1989).

6. Il le décrit comme « un moment intermédiaire, le moment où le nouveau, à savoir l'adhésion au changement, a dû, selon un processus familier, composer avec l'ancien, se couler dans le cadre hérité de la culture de l'immuable, passer compromis avec la vision religieuse de l'ordre stable et su parce que dicté du dehors ».

7. Cette dernière expression en soi faisant non-sens. Disposer toute seule de son corps quand on est dotée d'un utérus, c'est être femme, pas mère.

8. J'ai entamé cette exploration dans « L'impensable citoyen féminin ? », communication présentée dans le séminaire « Le corps-citoyen », que j'ai organisé à l'Université d'Ottawa le 26 mars 1994 et au cours duquel sont aussi intervenus L. Blais, E. Corin, G. Labelle, Y. Simonis, J.-Y. Thériault. Je reprends ici quelques éléments de cette communication.

9. « "Femme" : individu ou citoyen ? » (1995d), communication présentée à la Faculté des sciences sociales de l'Université d'Ottawa, Ottawa, 11-14 octobre.

Bibliographie

ARENDT, Hannah (1983). *Condition de l'homme moderne*, Paris, Calmann-Lévy.

COLLIN, Françoise (1989). « N'être » dans Michel Abensour *et al.* (dir.), *Ontologie et politique — Hannah Arendt*, Paris, Tierce, coll. Littérales II, p. 117-140.

_____ (1986). «Du privé et du public», *Les Cahiers du GRIF*, n° 33, p. 47-68.

GAUCHET, Marcel (1985). *Le désenchantement du monde*, Paris, Gallimard.

LEGENDRE, Pierre (1994). «La restitution», *Cahiers Intersignes*, vol. 8-9, p. 191-198.

LORAUX, Nicole (1990). *Les mères en deuil*, Paris, Hachette.

_____ (1989). *Les expériences de Tirésias*, Paris, Gallimard.

_____ (1981). *Les enfants d'Athena*, Paris, Maspero.

OZOUF, Mona (1989). *L'homme régénéré*, Paris, Gallimard.

ROSANVALLON, Pierre (1992). *Le sacre du citoyen. Histoire du suffrage universel en France*, Paris, Gallimard.

TAHON, Marie-Blanche (1995a). «La lente absorption de la femme dans l'individualisme abstrait: la mère est-elle un individu?» dans Jean-François Côté (dir.), *Individualismes et individualité*, Québec, Septentrion/CELAT, p. 91-101.

_____ (1995b). «Le don de la mère», *Anthropologie et Sociétés*, vol. 19, n° 2-3, p. 139-155.

_____ (1995c). «Le "retard" des femmes ou de la difficulté de penser "femme"», communication présentée à l'ACSALF, Chicoutimi, Université du Québec à Chicoutimi.

_____ (1995d). «Femme: individu ou citoyen?», communication présentée à la Faculté des sciences sociales de l'Université d'Ottawa, Ottawa.

_____ (1994). «L'impensable citoyen féminin?», communication présentée au séminaire «Le corps-citoyen», Ottawa, Université d'Ottawa.

THOMAS, Yan (1991). «La division des sexes en droit romain» dans Georges Duby et Michèle Perrot (dir.), *Histoire des femmes*, tome I, Paris, Plon, p. 103-156.

Lectures suggérées

FRAISSE, Geneviève (1992). *La raison des femmes*, Paris, Payot.

LAQUEUR, Thomas (1990). *La fabrique du sexe*, Paris, Gallimard, 1992.

LEGENDRE, Pierre (1988). *Le désir politique de Dieu*, Paris, Fayard.

THÉRY, Irène (1992). *Le démariage*, Paris, Odile Jacob.

FÉMINISME ET CITOYENNETÉ:
SORTIR DE L'ORNIÈRE DU FÉMININ

Diane Lamoureux

Comment penser aujourd'hui le politique à partir de l'expérience du féminisme[1]? Plusieurs pistes ont déjà été esquissées. Certaines insistent sur la nécessité d'une plus grande présence des femmes dans les institutions politiques existantes, avec les débats afférents sur le mode de scrutin, les modalités de fonctionnement des partis politiques, les quotas de candidatures féminines. D'autres pensent en termes de constitution d'un mouvement des femmes à même d'imposer ses propres thèmes à l'establishment politique et en mesure de se transformer en institution, un peu à l'instar du mouvement ouvrier. D'autres encore préconisent des alliances stratégiques avec d'autres groupes minorisés en vue de montrer que «le roi est nu», que ce qui se donne à voir comme la majorité n'est peut-être pas aussi majoritaire qu'on le prétend.

Mon propos privilégie un autre registre. À partir des réflexions actuelles en philosophie politique sur la question de la démocratie, mais également en tenant compte de l'expérience de la dernière vague féministe, j'estime important de repenser la question de la

---

1. Ce texte reprend des éléments d'un autre article, «Féminisme, citoyenneté et démocratie» qui a été publié dans un ouvrage collectif sous la direction d'Alisa Del Re et de Jacqueline Heinen, *Quelle citoyenneté pour les femmes?*, Paris, L'Harmattan, 1996.

citoyenneté, c'est-à-dire de la liberté et de l'action politique, en considérant trois impératifs : l'inclusion, l'égalité et la reconnaissance institutionnelle de la diversité. C'est sur cette base que je veux essayer de penser une politique qui prend sa source dans le féminisme mais qui ne se limite pas aux femmes et refuse de prendre appui uniquement sur le féminin.

Ce que je vise ici, c'est de penser les conditions d'une démocratie inclusive, où l'inclusion ne se limite pas à l'égalité des droits, mais permet de façonner différemment le mode d'organisation politique afin que les anciens exclus puissent cesser de s'y sentir « en visite », avec un statut de touristes, ce qui permet d'envisager une autre façon de construire la démocratie. Celle-ci ne doit pas se limiter à accommoder les citoyens originels en laissant quelques interstices qui permettent aux « tard venu-e-s » de ne pas se sentir trop à l'étroit, mais doit d'emblée poser de nouvelles fondations qui permettent de respecter les différences tout en n'en faisant pas un objet de stigmatisation.

INCLUSION

Le fait que la très grande majorité de la population adulte des pays occidentaux jouisse actuellement de droits politiques similaires ne doit pas nous faire perdre de vue que l'espace politique libéral n'a pas toujours été inclusif et que sa rencontre avec le *demos* fut à tout le moins conflictuelle. Le libéralisme démocratique, dont certains ont voulu nous faire croire qu'il représentait la fin de l'histoire, est lui-même le fruit d'un compromis historique dont il est intéressant de comprendre la maturation pour en saisir également les limites.

Plus particulièrement, il me semble intéressant de comprendre comment l'espace public du libéralisme se construit en même temps qu'un espace privé qu'il a charge de garantir. C'est pourquoi les grands récits fondateurs du libéralisme, les diverses variantes du contrat social, ont pour fonction de délimiter ce qui relève du public et ce qui relève du privé. De même, les trois révolutions fondatrices de notre modernité politique, la britannique, l'américaine et la française, ont-elles établi des dispositifs juridico-institutionnels délimitant ce qui relevait de la sphère publique et ce qui ressortissait à la sphère privée.

Benjamin Constant ne s'y trompait pas, dans sa distinction entre la liberté des Anciens et celle des Modernes, lorsqu'il soulignait que «[l]e but des modernes est la sécurité dans les jouissances privées, et ils nomment liberté les garanties accordées par les institutions à ces jouissances» (Constant 1965: 97). En fait, ce qu'essaie d'expliquer Constant, c'est que la fonction principale de la sphère publique est la protection de la sphère privée, identifiant par là même sa fragilité puisque les individus privés ont tendance à se décharger sur d'autres de la gouverne politique, ce que Tocqueville dénonçait sous le vocable d'individualisme, ce «sentiment réfléchi et paisible qui dispose chaque citoyen à s'isoler de la masse de ses semblables et à se retirer à l'écart avec sa famille et ses amis; de telle sorte qu'après avoir créé une petite société à son usage, il abandonne volontiers la grande société à elle-même» (Tocqueville 1986: 496).

Examinons maintenant les principaux récits du contrat social et voyons en quoi ils constituent simultanément l'espace privé et l'espace public puisque «[l]a citoyenneté dans les sociétés modernes n'est pas la dimension première de la civilité. Elle vient plus tard, elle se forme après. Après quoi? Après l'homme. Après le long processus de libération et d'émancipation par lequel se construit le sujet humain» (Barret-Kriegel 1986: 294). Ces récits nous renseignent à la fois sur ce qui fait un individu et, potentiellement, un citoyen. Or, que nous prenions la variante de Hobbes, celle de Locke ou celle de Rousseau, tous ces récits vont dans le sens d'établir les traits caractéristiques d'un «homme», traits qui lui permettent d'accéder à la citoyenneté, à savoir de troquer l'insécurité de l'état de nature pour la sécurité de l'état civil. Trois traits d'humanité émergent qui permettront d'exclure certains groupes sociaux de la citoyenneté: l'indépendance, la responsabilité et la raison.

L'indépendance est entendue d'abord et avant tout comme la libre disposition de sa personne et certains l'entendent en plus comme la capacité de subvenir à ses propres besoins matériels. En utilisant le critère matériel, on a pu, dans certains pays, exclure toutes les personnes qui n'étaient pas indépendantes de fortune et lier la citoyenneté à un critère censitaire, restreignant aux seuls propriétaires l'exercice des droits politiques. Quant à la libre disposition de sa personne, ce critère a longtemps servi à exclure les mineurs, les esclaves, les domestiques, les membres des communautés religieuses et les femmes.

La responsabilité peut se définir comme la capacité de s'engager contractuellement et celle de respecter les obligations ainsi contractées. Pour être responsable, il faut donc être autorisé à contracter, à savoir n'être frappé d'aucune incapacité juridique. Le critère de la responsabilité a donc permis d'exclure les condamnés pour faillite, les prisonniers, les mineurs et les femmes.

Le troisième trait associé à la citoyenneté, c'est la raison. Celle-ci permet de se former une opinion et de l'exprimer dans des termes compréhensibles pour les autres participants de l'espace public. Elle permet également d'éviter la démesure. Au nom de l'absence de raison, trois grands groupes ont été exclus de la citoyenneté, à savoir les aliénés mentaux, les mineurs et les femmes.

Ces éléments nous font prendre conscience que les femmes ont constitué les championnes toutes catégories de l'exclusion (le seul autre groupe systématiquement exclu, ce sont les enfants mineurs, or il s'agit là d'un état transitoire) et que Pateman a raison de présenter le contrat social comme un contrat sexué, représentant la libération pour un sexe et la sujétion pour l'autre.

> Le contrat est loin d'être incompatible avec le patriarcat ; le contrat est le moyen par lequel prend forme le patriarcat moderne [...]. La société civile moderne n'est pas organisée par les liens de parenté ou le pouvoir des pères ; dans le monde moderne, les femmes sont subordonnées aux hommes *en tant qu'hommes*, aux hommes comme confrérie, d'où la notion de fraternité. Le contrat originel se noue après la défaite politique des pères et crée le *patriarcat fraternel* moderne (Pateman 1988 : 2-3, traduction libre).

Ce contrat ne régit cependant pas que l'association civile. Il établit une hiérarchie entre un ordre de la nature et un ordre civil, mais ne laisse pas la nature à elle-même. Celle-ci doit à son tour être modelée par l'ordre civil.

> Les femmes ne sont pas parties au contrat originel, mais elles ne sont pas renvoyées pour autant à l'ordre de la nature. [...] Les femmes sont assimilées à une sphère qui simultanément fait et ne fait pas partie de la société civile. La dichotomie privé/public reconduit les

oppositions naturel/civique et femmes/hommes. La sphère privée féminine (naturelle) et la sphère publique masculine (civique) s'opposent mais tirent leur signification l'une de l'autre et la signification de la liberté dans la vie publique se comprend d'autant mieux qu'elle contraste avec la sujétion naturelle qui caractérise la sphère privée. [...] Ce que signifie le fait d'être un «individu», un contractant doté de droits civiques prend tout son sens lorsqu'on l'oppose à la sujétion des femmes dans la vie privée (Pateman 1988 : 11, trad. libre).

C'est pourquoi les révolutions modernes se sont empressées de codifier les rôles sociaux de sexe et les rapports qui régissent la sphère publique et la sphère privée. Ce besoin est d'autant plus fortement ressenti lors de la Révolution française parce que la distinction entre ces deux sphères de la vie sociale est remise en cause, tant sur le plan théorique que sur le plan pratique. La subversion s'étend aux rôles sociaux de sexe, le «désordre» et la «déraison» féminine envahissent l'espace public. Cette situation est à la limite du tolérable lorsqu'il s'agit de défaire l'Ancien Régime, elle devient intolérable lorsqu'il s'agit de construire un nouvel ordre social.

Le statut social des femmes est donc redéfini en fonction de leur naturalisation et de la limitation de leur mouvement dans le social. Le code Napoléon en fait des incapables en matière civile et juridique, les mettant ainsi hors jeu dans le nouvel ordre social, politique et juridique qui se dessine à partir de la Révolution. N'étant pas conçues comme des sujets, elles deviennent des objets, des choses qu'on peut s'approprier, un meuble essentiel à la maison.

Cette naturalisation des femmes fait apparaître ce qu'Olympe de Gouges considère comme la matrice de toutes les formes d'oppression, l'oppression sur une base sexuée. La nature féminine est tout entière construite à partir de la maternité. Les femmes doivent produire, éduquer et voir à l'entretien physique des enfants. Tout cela les rend par définition (ou par nature) réfractaires à la réflexion et à la compréhension des choses politiques, d'autant plus que leur corps semble se réduire à leur utérus, ce qui les met, selon la formule de Diderot, dans un état d'exaltation incompatible avec la rationalité.

De plus, on construit autour de la fonction maternelle une sphère où elles pourront déployer leur activité mais qui aura pour effet de les soustraire à la visibilité sociale, de les enclore. La vie privée prend une importance nouvelle et devient l'objet d'un discours normatif soutenu. Mais elle fonctionne largement sur le mode de la déprivation et s'apparente ainsi au confinement. Car non seulement on définit cette sphère mais on détermine également qui est autorisé à faire le va-et-vient socialement nécessaire entre la sphère publique et la sphère privée. Il s'agit bien sûr du chef de famille. Pour les autres membres de la famille, la sphère privée constitue le seul lieu licite. Celles qui s'en éloignent font l'objet d'une réprobation sociale, quand ce n'est pas d'une sanction légale : une femme publique est loin d'être l'équivalent féminin d'un homme public !

Lorsque Olympe de Gouges entreprend de réécrire la Déclaration des droits de l'Homme et du Citoyen en la féminisant, elle montre bien que l'universalisme n'est qu'illusion «et qu'en feignant de parler au nom de l'humanité tout entière, il parle seulement du sexe masculin. En féminisant explicitement, d'une manière quasi obsessionnelle la Déclaration de 1789, Olympe de Gouges met en échec la politique du mâle, démasque les exclusions explicites et les ambiguïtés ravageuses d'un universalisme au-dessus de tout soupçon» (Sledziewski 1991 : 53).

La même chose vaut pour le texte de Wollstonecraft qui établit le parallèle entre la « tyrannie » de l'Ancien Régime et celle du pouvoir masculin. Elle montre que la critique de la « coutume » ne doit pas épargner les rapports sociaux de sexe et s'interroge sur la nature d'un pouvoir qui veut être seul juge du bonheur des femmes. «Qui a décrété que l'homme est l'unique juge si la femme partage avec lui le don de la raison ? » (Wollstonecraft 1976 : 33), demandera-t-elle aux Constituants français.

Ce phénomène d'exclusion allait nourrir le mouvement pour les droits politiques des femmes, dont la revendication majeure a été le suffrage féminin. Cette lutte s'étendra, selon les pays, sur plusieurs décennies. Après chacune des deux guerres mondiales, les femmes ont marqué des points à ce chapitre, mais peut-on dire que l'accession des femmes à la citoyenneté politique a véritablement permis de (dé)marquer la sphère publique ? À cet égard, un examen de l'argumentaire féministe, puisant à la fois au thème de l'égalité et à celui de la différence, permet d'émettre quelques réserves sur la signification de la citoyenneté des femmes.

L'argument de l'égalité postule que les différences entre hommes et femmes sont socialement construites et peuvent donc faire l'objet d'une révision sociale. Au nom d'une nature commune aux hommes et aux femmes, l'humanité, qui se traduit par un usage commun de la raison, problématique qui aura une certaine longévité parce qu'elle fait son apparition au moment des révolutions fondatrices de la modernité pour culminer dans *Le Deuxième Sexe*, on récuse tout traitement différentiel selon le sexe. Les différences physiques sont réduites à l'état d'épiphénomènes dont on peut aisément faire fi puisque l'humanité se définit en dehors (contre) le corps. Au-dessus de la différence des sexes, on place donc un universalisme dont on refuse d'interroger le mode de constitution.

C'est la récusation de l'universalisme abstrait qui est à la base de l'argument de la différence. Dans ce discours, on reprend les idées dominantes de l'époque victorienne et du romantisme sur le dualisme humain, la complémentarité des sexes et les sphères séparées, mais cette reprise est aussi un retournement. Critiques face à la gouverne publique, les féministes de la différence en attribuent les carences à l'absence de prise en compte de la bisexuation de l'humanité et arguënt de la nécessaire représentation des intérêts sociaux dont les femmes sont porteuses. Du coup, l'idée du corps social homogène en prend pour son rhume.

Dans son analyse de la citoyenneté moderne, Rosanvallon montre que tant l'argument de l'égalité que celui de la différence ont un contenu subversif mais a tendance à les associer à des contextes politiques différents, alors que ces deux argumentaires ont coexisté dans la revendication féministe du droit de vote. Pour lui, «dans les pays anglo-saxons, les femmes conquièrent des droits politiques en fonction de leur spécificité [...]: c'est *en tant que femmes* et non en tant qu'individus qu'elles sont appelées aux urnes» alors qu'en France, «la femme est privée du droit de vote en vertu de sa particularité, parce qu'elle n'est pas un individu abstrait, qu'elle reste trop marquée par les déterminations de son sexe» (Rosanvallon 1992: 395-396).

L'explication que donne Pateman du même phénomène s'avère plus intéressante. Celle-ci évalue que les suffragistes sont placées devant le «dilemme de Wollstonecraft», dilemme qu'elle définit de la façon suivante : en invoquant l'égalité et une humanité commune aux hommes et aux femmes, on ne voit pas pourquoi les femmes ne pourraient pas être représentées par les hommes, tandis que revendiquer la représentation des femmes en tant que femmes implique qu'on les considère différentes des hommes. Ceci entraîne deux conséquences : d'abord, l'accès des femmes à la citoyenneté ne s'effectue pas selon un véritable principe d'égalité, puisque le contenu même de la notion de citoyenneté ne se trouve pas transformé afin d'inclure l'expérience sociohistorique tant des femmes que des hommes, avec le résultat que « la citoyenneté peut, au mieux, être étendue aux femmes en tant qu'hommes de seconde catégorie » (Pateman 1989 : 197, trad. libre). Ensuite, les femmes peuvent difficilement invoquer leur spécificité et en revendiquer le respect puisque, y compris dans l'État-providence, le rapport entre sphère publique et sphère privée reste hiérarchique et que « réclamer que les responsabilités des femmes soient véritablement soutenues et reconnues socialement revient à condamner les femmes à une citoyenneté tronquée et à perpétuer leur intégration dans la vie publique en tant que "femmes", c'est-à-dire en tant que personnes relevant d'une autre sphère qui, pour cette raison même, ne peuvent gagner le respect de leurs concitoyens (mâles) » (Pateman 1989 : 197, trad. libre).

Une telle explication nous permet maintenant de diriger nos interrogations dans deux directions au moins. D'abord, il importe de se demander si l'accession des femmes aux droits politiques et, sur la base de ces droits, aux droits sociaux et aux droits civils, s'est accompagnée d'un réaménagement de cet espace politique pour qu'il puisse contenir les femmes autant que les hommes. Force est de constater, empiriquement, que l'accession des femmes à la plénitude des droits politiques ne s'est nullement accompagnée d'un réaménagement de ce même espace. Pas surprenant dans ces circonstances qu'on puisse encore aujourd'hui remarquer que les femmes y font figure d'exception et que, dans plusieurs pays, la question du « genre » de la représentation politique fait l'objet de tant de débats. Ensuite, et c'est probablement là le plus important, il devient nécessaire de s'interroger sur la notion moderne d'égalité afin de voir quels pièges elle est susceptible de receler.

ÉGALITÉ

Avant d'aborder cette question cependant, il est utile de voir comment le mouvement des femmes a été confronté pratiquement à ce dilemme et les réponses concrètes qu'il a tenté de lui donner. Car c'est sur la base du droit de vote et, pourrait-on dire, du « droit à avoir des droits » que la « deuxième vague » féministe a pu se développer, celle qui se fixait comme objectif de donner plus de substance à la citoyenneté des femmes et de combler le fossé parfois abyssal entre l'égalité formelle et l'égalité réelle. Cette deuxième vague féministe a repris la thématique inclusive de la première vague, celle du suffrage, et l'a étendue dans trois directions principales : d'abord, l'élimination du *double standard* ; ensuite, la volonté d'élargir la sphère du droit à ce qui semblait ne relever que du « personnel » ; enfin, la remise en cause de l'universalité de la loi et des autres catégories de l'analyse politique.

C'est ainsi qu'on a d'abord vu se développer, dans l'ensemble des pays occidentaux, les luttes pour l'égalité juridique et contre toutes les lois discriminatoires afin d'étendre aux « hommes de sexe féminin » le statut et les droits déjà existants pour les « hommes de sexe masculin ». Ce mouvement a pris des formes diversifiées. Ainsi, aux États-Unis, il y a eu la bataille épique, maintes fois répétée et jusqu'à ce jour encore à livrer, autour de l'*Equal Rights Amendment*, alors que dans d'autres pays, comme le Canada, des commissions d'enquête gouvernementales ont cherché à repérer les formes légales de discrimination et à identifier les moyens les plus appropriés pour y mettre fin. Dans la plupart de ces pays, des luttes ont également été menées pour modifier la législation entourant le mariage et la famille, là où le statut d'êtres subsidiaires accordé aux femmes est le plus évident. Toutefois, ces luttes ne se sont pas limitées à ce domaine et ont affecté également celui de l'éducation et celui de l'emploi. À cet égard, il est possible d'interpréter les luttes pour l'égalité juridique comme un mouvement d'individuation des femmes, qui prend appui sur le seul modèle d'individu déjà existant, à savoir celui qui s'est constitué à partir du XVIIe siècle pour les hommes à travers l'acquisition des droits civils et de la personnalité juridique.

La seconde direction empruntée par la deuxième vague féministe a été celle de l'élargissement de la sphère de l'action politique pour lui faire embrasser des domaines qu'elle avait jusqu'alors négligés. Ce mouvement se situe dans une large mesure dans la logique du développement de l'État-providence qu'ont connu l'ensemble des pays occidentaux dans la période qui va de la Seconde Guerre mondiale au début des années 1980 mais ne peut entièrement s'y réduire. L'action féministe a pris la forme d'une demande d'intervention étatique ou tout au moins de prise en charge financière de certaines problématiques affectant plus particulièrement les femmes. En soutenant que « le personnel est politique », les mouvements féministes ont contribué à mettre en lumière que ce qui peut apparaître comme des problèmes individuels, tels l'avortement ou la violence conjugale, relève plutôt de dynamiques sociales et, à ce titre, ne peuvent être laissés « hors champ » de la normativité et du débat politique. Sans aller jusqu'à prétendre que tout est politique, il est indéniable que le féminisme a élargi la gamme de ce qui relève du débat normatif dans nos sociétés.

La troisième direction empruntée par les mouvements féministes contemporains est beaucoup plus difficile à cerner et implique une rupture partielle avec la logique de l'inclusion. Jusqu'à tout récemment, la dynamique dominante dans les mouvements féministes en a été une d'assimilation à l'ordre politique déjà existant, demandant d'étendre aux femmes ce qui était déjà reconnu aux hommes. Or nous assistons présentement à une remise en cause de cette logique, remise en cause qui n'est pas propre au féminisme puisqu'elle est partagée par l'ensemble des réflexions postmodernes. Cette remise en cause a pris des formes diverses et on peut y situer autant les réflexions d'Irigaray sur la différence qu'elle oppose à la logique unitaire et au monisme explicatif, que celles qui mettent en lumière la difficulté que pose une intégration tardive à une logique politique que l'on n'a pas contribué à façonner. Ces réflexions se situent dans le champ plus large de la redéfinition de la citoyenneté démocratique dans les sociétés contemporaines.

Au cœur de cette réflexion, c'est la notion moderne d'égalité qui se trouve interrogée. Si l'inclusion a été demandée au nom d'une égalité postulée entre les hommes et les femmes, il importe maintenant de se demander si la notion moderne d'égalité constitue encore un objectif politique souhaitable. Cette question était déjà le thème central d'un colloque de l'ACFAS en 1984 et certaines participantes y voyaient à tout le moins un paradoxe. Ainsi, tout en admettant que «c'est là [l'égalité] un but qu'on ne peut remettre en cause», Code ajoutait que «dire que les femmes veulent être les égales des hommes, c'est implicitement approuver et même applaudir la façon d'être des hommes» (Code 1986 : 19).

Cette interrogation est latente dans la plupart des mouvements sociaux contemporains. La critique de l'occidentalocentrisme par le tiers-mondisme, les interrogations qui ont traversé le mouvement pour les droits civils des Afro-Américains, les mouvements antiracistes dans les pays occidentaux, tous ont buté sur la question de l'égalité et ont tenté de trouver des avenues nouvelles pour maintenir l'horizon égalitaire sans sombrer sur l'écueil de la négation de soi. Dans les mouvements féministes, c'est sous la forme du débat égalité/différence ou encore constructivisme/essentialisme que la question s'est posée.

La problématique égalitariste ou constructiviste partait du postulat énoncé par le libéralisme classique ou la pensée des Lumières et repris, à la suite des grandes révolutions de la fin du XVIIIe siècle, tant par le libéralisme que le marxisme, qu'il y a une nature commune à l'humanité et que les différences qui s'y manifestent relèvent de l'artifice humain, de la construction sociale. Dans un tel cadre, les rapports sociaux de sexe ont été pensés et agis sur le mode de l'oppression et appelaient à une entreprise de renversement de la domination tant dans ses manifestations institutionnelles qu'individuelles. Bref, il était question de montrer qu'une femme est un homme, c'est-à-dire qu'il n'y a pas de raison substantielle de distinguer les sexes l'un de l'autre et que l'égalité passe par l'indifférenciation sexuelle sur le plan social. Cette position peut être résumée avec la formule lapidaire qu'utilise Élisabeth Badinter pour répondre à la question «qu'est-ce qu'une femme ?», question que se posaient déjà quelques penseurs à l'époque des Lumières, par un aveu censé dénouer toute problématique, «un Homme, comme tout le monde» (Badinter 1989 : 47).

La problématique de la différence, ou encore essentialiste, refuse l'objectif de l'indifférenciation, qui est assimilée, chez Irigaray, au triomphe de la visée unitaire masculine. Penser la différence des sexes apparaît donc la tâche déterminante de notre époque, la question éthique par excellence qui nous permet d'effectuer une rupture avec la logique spéculaire de la mêmeté où l'autre n'est que l'envers spéculaire de l'un. Dans un contexte social, le nôtre, où le féminin est foncièrement dévalué, la problématique de la différence a cherché à en dégager le caractère positif et à en mettre en lumière le potentiel créateur. Si, dans la logique égalitaire, la raison permet de fonder l'identité des sexes, dans la logique différentialiste, le corps permet d'en comprendre l'irréductible distinction. C'est donc à partir du corps que l'on peut recréer un féminin qui ne serait plus l'envers négatif (le manque) du masculin et acquerrait ainsi droit de cité. Ainsi, Irigaray est amenée à penser en termes de «droits et [de] devoirs civils pour les deux sexes», mettant sur le même pied le droit à la virginité, celui du libre choix en matière de maternité et l'égalité juridique, économique et politique (Irigaray 1989: 81-100).

Ces deux types de position à l'intérieur du féminisme se rejoignent cependant dans l'idée de dépasser la structure de domination qui recouvre la différence actuelle entre les sexes. Si ce débat peut difficilement être résolu sur le plan philosophique, il est cependant possible de l'articuler politiquement d'une façon telle que le féminisme se fixe comme projet de faire apparaître à la fois l'égalité et la différence en modulant son action à la fois sur le champ de l'intégration et sur celui de la séparation, ce qui implique une critique de l'égalité et de l'assimilation qui soit d'une autre nature que celle qui est à la base de la pensée de la différence. Dans cette optique, Françoise Collin mène depuis quelques années une réflexion qui montre le parti que la pensée féministe peut tirer de la critique arendtienne de l'idée moderne d'égalité. Elle en retient essentiellement deux éléments: le premier concerne le danger qu'il y a à se réclamer uniquement d'une humanité abstraite qui «peut se retourner en exclusion de la différence si elle ne se concrétise pas pour chacun en ces droits politiques déterminés. L'affirmation de l'Humanité de l'homme fondée sur la nature humaine est vide et elle a couvert les pires injustices» (Collin 1986: 51); le second concerne le lieu spécifique du politique, qui «se situe entre une égalisation réductrice et une différenciation inégalitaire, c'est-à-dire dans la pluralité» (Collin 1986: 51).

Cette critique de l'égalité moderne conçue sous le mode de la mêmeté vient d'ailleurs faire écho aux critiques qui se sont fait jour à l'intérieur du mouvement des femmes sur la question de l'homogénéité du monde des femmes, critiques sur lesquelles nous reviendrons dans la troisième section de ce texte. Dans un tel cadre, l'idée d'équité permet de résoudre quelques-unes des apories de l'égalité moderne en ce qu'elle prend acte de la différenciation des sociétés modernes pour en définir les modalités de la justice. Ce qui sous-tend la notion d'équité, c'est qu'en traitant pareillement des êtres inégaux, on ne fait que reproduire l'inégalité, puisqu'on ne se donne pas les moyens d'en saper les fondements. Les juristes féministes ont d'ailleurs eu largement l'occasion de constater que les législations qui se définissent comme *gender neutral*, et dont la promulgation est souvent consécutive aux luttes féministes, ont souvent des effets pervers pour les femmes puisqu'elles présupposaient une identité de statut qui était encore loin d'exister dans les faits.

C'est sur la base de la notion d'équité qu'on peut faire de l'égalité un horizon en ne se contentant pas de sa simple proclamation tout en tenant compte de la complexité qui caractérise nos sociétés et de la diversité des rapports sociaux qui les traversent. L'équité, comme principe, soutient certaines mesures revendiquées par les mouvements féministes, telle l'action positive. Plus fondamentalement, l'équité refuse la logique de la mêmeté qui a été usuellement associée à l'idée moderne d'égalité pour mettre au centre de sa réflexion la notion de diversité. Elle laisse donc place à ce que Hannah Arendt appelait la distinction.

De façon plus globale, on peut soutenir que le mouvement des femmes a pu constater, au cours des dernières années, que la lutte contre l'inégalité n'a pas naturellement pour conséquence l'adoption d'une perspective mécaniquement égalitaire et qu'il fallait cheminer vers une notion plus complexe d'égalité qui permette de réduire effectivement les inégalités sociales. Or cette réduction des inégalités sociales ne peut faire l'économie de l'analyse des diverses conditions productrices d'inégalités, qui sont loin de se résumer à la seule différence des sexes, et qui nécessitent à tout le moins un «détour» par l'estime de soi des membres des groupes discriminés. C'est probablement ce qui explique que la valorisation de la diversité soit une composante des réflexions contemporaines sur la démocratie radicale.

Plus fondamentalement, poser la question de l'équité, c'est remettre en cause l'individu libéral abstrait, celui que nous retrouvons encore sous le voile d'ignorance rawlsien, où l'on part du présupposé d'un homme sans qualité, ne connaissant ni sa place dans la société, ni ses avantages ou ses handicaps en termes physiques et mentaux, ni ses traits de caractère, ni ses valeurs (Rawls 1971 : 136-142). Au lieu de cet être humain abstrait, la notion d'équité fait appel à des êtres humains concrets, avec toutes leurs déterminations (mais également leur possibilité de jouer avec ces déterminations), pour faire de l'absence d'inégalité un horizon. C'est dans ce sens que Kirstie McClure parle d'un renouvellement de la notion de «sujet de droit» afin que celle-ci «ne contribue pas tant à dissoudre qu'à réinscrire le "sujet de droit" et que, dans cette mesure, elle ne bannisse pas mais plutôt problématise différemment l'identité et la capacité d'action (*agency*), de même que les interrogations liées à la nature, à la portée et aux sites possibles de l'action politique» (McClure 1992 : 110, trad. libre). À cet égard, penser à des sujets de droit incarnés, c'est aussi remettre en cause l'État comme lieu exclusif de l'action politique et penser à un modèle qui, articulant société civile et État, ouvre la porte à une reconnaissance des différences sans une reconduction des inégalités.

DIVERSITÉ

Ceci m'amène donc à aborder le dernier thème de ma réflexion, celui de la diversité, qu'il m'apparaît fructueux d'opposer à l'idéal d'assimilation. Pour mieux situer mon propos, je commencerai donc par une opposition. Tant les États-Unis que la France post-révolutionnaire ont adopté une conception de la citoyenneté fondée sur l'unité du corps politique. Dans le premier cas, la problématique est résumée par la notion du *E pluribus unum* qui indique bien le projet des fondateurs de la république américaine, à savoir d'en faire le creuset où se fondraient les populations diverses vivant sur un même territoire, se reconnaissant dans des institutions communes et s'identifiant à une même histoire ; de là, d'ailleurs, l'exclusion de ce qui était perçu comme inassimilable, comme l'a si bien fait remarquer Tocqueville concernant les autochtones et les Noirs. La même chose vaut pour la France postrévolutionnaire où, comme le soulignera ultérieurement Renan, la nation est vue comme une communauté de destin et non pas, comme ce sera le cas de l'Allemagne, comme une communauté ethnique, ce qui permet d'y intégrer des personnes d'origines diverses sur la base d'une assimilation dont l'instrument essentiel est le système scolaire normalisant la langue, racontant l'histoire et dispensant l'instruction civique.

Ce modèle unitaire est désormais en crise et nous devons nous en réjouir puisque cela nous permet de penser un pluralisme qui ne se réduise pas à celui des partis politiques ou encore à la juxtaposition d'identités politiques rigides. Cette inscription de la différence au cœur du politique traverse plusieurs réflexions politiques féministes. Elle s'accompagne d'ailleurs souvent d'une critique de la notion même d'identité et prône ce que l'on pourrait appeler la fluidité des rapports sociaux qui ne se joueraient plus en termes d'identité et d'opposition pour ouvrir la voie à un repositionnement constant.

Alors que le féminisme a d'abord tenté de se construire autour de l'idée que toutes les femmes font face à la même oppression, le développement des mouvements a mis en évidence que le monde des femmes lui-même n'est pas exempt de différenciations, lesquelles ne peuvent être uniquement attribuées à l'influence délétère du patriarcat puisque les différences de classe, d'appartenance ethnique, d'orientation sexuelle ou d'âge modulent différemment l'oppression commune et rendent nécessaire leur prise en compte en vue de construire une action qui ne fait pas que les reconduire.

Cette question de la différence entre les femmes ne peut d'ailleurs être réduite aux autres identités sociales qui se croisent avec l'identité sexuelle chez chacune d'entre nous. Dans un article récent, Iris Young reprend le concept sartrien de « série » pour répondre au double impératif de ne pas fonder l'action féministe sur la base d'une homogénéité présumée entre les femmes tout en préservant la possibilité d'une telle action politique, ce qui lui permet «d'appréhender les femmes comme un groupe social, sans définir d'attributs communs à toutes les femmes et sans laisser entendre que toutes les femmes ont une identité commune» (Young 1994 : 714, trad. libre).

Tout ceci interroge le féminisme et l'oblige à un dépassement au moins sur trois plans. Le premier concerne le maintien d'une capacité d'action qui ne soit pas fondée sur la fiction de l'homogénéité du monde des femmes et sur la capacité du féminisme à représenter les femmes. Le deuxième implique une critique de la logique de la victimisation tandis que le troisième vise à formuler, à partir de l'expérience féministe, des conditions d'émergence d'un pluralisme dans les sociétés contemporaines.

La critique de l'homogène féminin et de la notion politique de sororité qui le soutenait est au cœur d'une réflexion politique féministe qui ne ferait pas des femmes son seul enjeu et son unique sujet. Car la sororité pose le rapport entre les femmes non sur le terrain de l'action mais sur celui de l'amour ou encore de la *philia*, ce qui rend difficile une mise à distance de la «condition féminine» et par conséquent une problématisation des conditions concrètes d'existence des femmes dans leur complexité. Plutôt qu'en termes de sororité, il me semble qu'il faille penser en termes de solidarité, c'est-à-dire qu'il faut, pour maintenir notre capacité d'action comme féministes, prendre acte de la diversité, plutôt que du caractère commun de l'oppression des femmes.

On peut rattacher à cette volonté de penser l'action d'un groupe diversifié de femmes autant certaines réflexions inspirées du postmoderne que d'autres qui s'inscrivent apparemment plus en continuité avec le «féminisme historique» ou encore la tradition militante féministe. Ainsi, on peut retrouver chez Butler un éloge de la notion de coalition qui présente, pour elle, le mérite de poser concrètement le problème de la diversité de la réalité sociale recouverte par le vocable «femmes» sans avoir nécessairement à le définir puisque «une coalition ouverte permettra l'affirmation d'identités pouvant alternativement être instituées ou abandonnées en fonction de l'objectif fixé; ce sera un assemblage souple s'appuyant sur de multiples convergences et divergences et n'obéissant pas à un objectif normatif arrêté» (Butler 1990 : 16, trad. libre).

On retrouve une idée similaire dans l'utilisation de la notion sartrienne de « série » par Young. Elle explique d'ailleurs sa motivation à penser en ces termes de la façon suivante : « les discussions actuelles parmi les féministes quant aux difficultés et aux dangers de parler des femmes en tant que groupe unifié [...] ont semé le doute sur l'idée même d'appréhender les femmes en tant que groupe, en soulignant que la recherche de caractéristiques communes aux femmes ou d'une oppression partagée entraîne de la normalisation et des exclusions » (Young 1994 : 713, trad. libre). Cela lui semble même une façon de rendre l'action possible sans que les femmes n'aient à souscrire à une identité commune. Plus encore, Young soutient qu'une telle perspective permet de désamorcer l'argument de l'antiféminisme féminin (l'opposition entre les « féministes » et les « femmes ») et débouche nécessairement sur une conception de l'action en termes de coalition puisque le féminisme ne regroupera jamais toutes les femmes ou encore tous les éléments d'identification des femmes qu'il rejoint (Young 1994 : 737-738).

La critique de la victimisation est tout aussi complexe. Après tout, le féminisme trouve son fondement dans l'oppression des femmes et c'est la persistance de cette oppression, même si les formes s'en sont modifiées au fil des ans et des luttes, qui soutient la révolte à la base du féminisme comme mouvement social. Celles-ci seraient les laissées pour compte du progrès, les victimes de la modernité, dont il faudrait restaurer l'égalité, d'où d'ailleurs les politiques officielles d'accès à l'égalité (*affirmative action*). Certes, je ne nierai pas qu'être femme dans notre société c'est faire face à un handicap, mais il me semble important de ne pas réduire la situation des femmes à ce seul handicap puisque cela pose un double problème. D'une part, il est difficile de comprendre ce qui a permis l'émergence d'un mouvement des femmes, si celles-ci ne sont qu'agies par le social, réceptrices passives d'une « condition ». D'autre part, en en restant au stade de la victimisation, on s'empêche de comprendre que le féminisme n'est pas qu'une politique pour les femmes, mais qu'il permet d'interroger l'ensemble de l'univers politique.

En insistant sur le côté « victimes » des femmes, la tentation est forte d'envisager des solutions du côté de la compassion, ce qui est une des composantes des politiques sociales. Mais la compassion «ne peut aller au-delà de ce que souffre un individu sans cesser d'être ce qu'elle est par définition: une co-souffrance» (Arendt 1984: 85, trad. libre). À cet égard, la compassion apparaît comme un mode de dépolitisation puisqu'elle ne favorise pas l'émergence d'un monde commun, d'un *inter-esse*. À cette compassion, Arendt oppose la notion politique de la solidarité car cette dernière «est à même de saisir la multitude conceptuellement, non seulement la multitude d'une classe ou d'une nation, mais, le cas échéant, l'humanité entière. Mais cette solidarité, quoiqu'elle puisse être provoquée par la souffrance, n'est pas guidée par elle, elle englobe autant les forts et les riches que les faibles et les pauvres» (Arendt 1984: 88-89, trad. libre). C'est d'ailleurs pourquoi le féminisme a voulu dépasser la victimisation par l'*empowerment*, chercher ce qui était susceptible d'habiliter les femmes à agir dans l'espace social plutôt que d'insister sur les obstacles qu'elles rencontraient.

On voit bien que ce confinement des femmes au social n'est pas sans poser de problèmes. Nous allons maintenant examiner ce qui pourrait permettre une «politisation» des femmes, à savoir leur émergence comme sujets politiques. Le problème n'est pas simple à résoudre «pour la simple raison que, contrairement aux différences économiques et sociales, la différence sexuelle ne peut disparaître sous l'effet des politiques sociales, comme le voudrait la théorie [...]. Aussi, ce dont nous avons besoin, c'est d'une façon de conceptualiser les différences qui non seulement les rende compatibles avec l'égalité mais également, et principalement, n'accroisse pas les inégalités sociales» (Mendus 1992: 215, trad. libre).

De toutes ces questions, il ressort que la place des femmes dans l'univers politique n'est pas acquise. Elles sont largement restées en dehors tout en étant formellement incluses. Ceci peut s'expliquer historiquement par le biais de l'adjonction. L'espace politique auquel les femmes ont accédé a été construit en grande partie contre elles, comme nous l'avons vu dans la première section. Il servait en quelque sorte à les contenir, puisqu'elles se situaient dans l'excès par rapport à l'espace civique libéral. Reste maintenant à voir ce qui, dans le libéralisme démocratique, achoppe sur le féminin, ce qui nous permet de lire non seulement le rapport des femmes au politique mais, plus globalement, plusieurs aspects de la crise du libéralisme démocratique contemporain.

Dans ce cadre, c'est la notion de l'«universalisme» civique qui pose problème. «L'idéal démocratique implique l'universel et le neutre, plus que le particulier et la différence. [...] L'universalisme, en se voulant un idéal, est aussi un masque» (Fraisse 1996: 38). Claude Lefort (1981) définissait la démocratie comme un projet et comme un lieu vide. Pour les femmes, cette idée reste encore à advenir, dans la mesure où les confiner à la spécificité, c'est admettre que les hommes s'adjugent la position centrale. Un des moyens qu'ont choisi les femmes pour ce faire, c'est se concentrer sur la société civile plutôt que sur l'État.

En effet, la société civile peut sembler constituer le lieu le plus propice à l'affirmation des différences, puisqu'elle ne présuppose pas la même unité que la sphère politique. Ce dont les femmes, et d'autres groupes minorisés, ont besoin, c'est donc d'une théorie de la représentation politique qui ne postule pas l'homogénéité du corps civique, mais qui reconnaît explicitement qu'il est travaillé par de multiples différences. Ce travail de reconnaissance ne peut se réduire cependant à l'idée de l'incorporation consociative développée par Lijphart (1977).

Ce projet politique est à la fois séduisant et problématique. Sa séduction tient au fait que les «minorisés» acquerraient ainsi droit de cité sur une base ne les obligeant pas à choisir entre une identification particulariste et une citoyenneté plus générale. Cependant, il a pour défauts d'abord de conduire à une balkanisation des espaces publics de débat, ensuite de réduire la politique à une forme d'accommodement entre élites ayant besoin de perpétuer le statut minorisé du groupe pour justifier leur maintien au pouvoir et enfin de réduire les institutions politiques à une simple fonction de miroir par rapport à la diversité sociale. À cet égard, mon propos rejoint la critique de l'incorporation collective telle que développée par Phillips (1993: principalement 151-156). En outre, cela soulève le problème de la capacité du féminisme de représenter les femmes.

Comment donc poser la question d'un pluralisme qui dépasserait la simple tolérance? Une partie de la réponse peut être trouvée à partir de la notion de fluidité des identités sociales. On peut également en trouver des éléments dans la notion de « reconnaissance », qui tient compte de l'altérité et de l'hétéronomie. À ce titre, elle doit s'articuler à deux niveaux : premièrement, admettre nos différences, à savoir le fait que les citoyennes et les citoyens ne sont pas réductibles les unes aux autres, ne sont pas de simples rouages interchangeables dans le grand marché politique ; deuxièmement, accepter de revoir les règles du jeu pour qu'elles deviennent plus inclusives. Cependant, une telle forme de reconnaissance ne peut conférer à l'État un rôle central d'arbitrage entre les « identités ».

Ceci permet également d'enrichir substantiellement l'idée d'égalité. Au lieu d'être principalement déclaratoire comme s'y sont employées les révolutions modernes, avec les piètres résultats que l'on sait, la notion d'égalité peut agir comme principe régulateur en tenant compte de la complexité des relations sociales et en mettant l'indétermination et l'indécidabilité au cœur même du projet politique. Cette perspective est, entre autres, mise de l'avant par Mendus (1992) qui soutient également que la démocratie peut se nourrir de la différence plutôt que de concevoir l'égalité comme élimination des différences. Il me semble plus fructueux d'envisager que la différence ne passe pas seulement entre des sujets politiques aisément séparables mais à l'intérieur même de sujets sans cesse en recomposition. Le sujet fragmenté qui s'oppose au monolithe patriarcal, voilà probablement le sujet d'une politique féministe qui ne concerne pas que les femmes.

Bibliographie

ARENDT, Hannah (1984) [1963]. *On Revolution*, New York, Penguin Books.

BADINTER, Élisabeth (1989). Préface à A. L. Thomas, Diderot et Madame d'Épinay, *Qu'est-ce qu'une femme ?*, Paris, P.O.L., p. 9-47.

BARRET-KRIEGEL, Blandine (1986). *L'État et les esclaves*, Paris, Calmann-Lévy.

De BEAUVOIR, Simone (1986) [1949]. *Le Deuxième Sexe*, Paris, Gallimard, Folio Essais.

BUTLER, Judith (1990). *Gender Trouble*, New York, Routledge.

CODE, Lorraine (1986). «Est-ce l'égalité qu'il nous faut?» dans Louise Marcil-Lacoste (dir.), *Égalité et différence des sexes*, Montréal, Cahiers de l'ACFAS, n° 44, p. 19-33.

COLLIN, Françoise (1986). «Du privé et du public», *Les Cahiers du GRIF*, n° 33, p. 47-68.

CONSTANT, Benjamin (1965) [1814]. *De la liberté des Anciens comparée à celle des Modernes*, Paris, Pauvert.

FRAISSE, Geneviève (1996). «Quand gouverner n'est pas représenter» dans Éliane Viennot (dir.), *La démocratie «à la française» ou les femmes indésirables*, Paris, CEDREF, p. 37-49.

IRIGARAY, Luce (1989). *Le temps de la différence*, Paris, Le Livre de poche.

LEFORT, Claude (1981). *L'invention démocratique*, Paris, Fayard.

LIJPHART, Arendt (1977). *Democracy in Plural Societies: A Comparative Exploration*, New Haven, Yale University Press.

McCLURE, Kirstie (1992). «On the subject of rights: Pluralism, plurality and political identity» dans Chantal Mouffe (dir.), *Dimensions of Radical Democracy*, Londres, Verso, p. 108-127.

MENDUS, Susan (1992). «Losing the faith» dans John Dunn (dir.), *Democracy. The Unfinished Journey*, Oxford, Oxford University Press, p. 207-219.

PATEMAN, Carole (1989). *The Disorder of Women*, Stanford, Stanford University Press.

_____ (1988). *The Sexual Contract*, Stanford, Stanford University Press.

PHILLIPS, Anne (1993). *Democracy and Difference*, University Park, Pennsylvania State University Press.

RAWLS, John (1971). *A Theory of Justice*, Cambridge, Harvard University Press.

ROSANVALLON, Pierre (1992). *Le sacre du citoyen. Histoire du suffrage universel en France*, Paris, Gallimard.

SLEDZIEWSKI, Élisabeth G. (1991). «Révolution française: le tournant», dans Georges DUBY et Michèle PERROT (dir.), *Histoire des femmes*, tome IV, Paris, Plon, p. 43-56.

TOCQUEVILLE, Alexis de (1986) [1840]. *De la Démocratie en Amérique*, tome II, Paris, Laffont.

WOLLSTONECRAFT, Mary (1976) [1792]. *Défense des droits de la femme*, Paris, Petite Bibliothèque Payot.

YOUNG, Iris Marion (1994). «Gender as seriality: Thinking about women as a social collective», *Signs*, vol. 19, n° 3, p. 713-738.

Lectures suggérées

COLLIN, Françoise (1992). «Praxis de la différence», *Les Cahiers du GRIF*, n° 46, p. 125-141.

_____ (1986). «Le féminisme et la crise du moderne», préface à Diane Lamoureux, *Fragments et collages*, Montréal, Remue-ménage, p. 7-16.

JONES, Kathleen (1993). *Compassionate Authority. Democracy and the Representation of Women*, New York, Routledge.

PHILLIPS, Anne (1995). *The Politics of Presence*, Oxford, Oxford University Press.

VIENNOT, Éliane (dir.) (1996). *La démocratie «à la française» ou les femmes indésirables*, Paris, CEDREF.

YOUNG, Iris Marion (1990). *Justice and the Politics of Difference*, Princeton, Princeton University Press.

LES ÉTUDES FÉMINISTES :
LE CHASSÉ-CROISÉ DU SAVOIR/POUVOIR

MICHELINE DE SÈVE

Représenter les femmes, la pluralité des femmes, sur le terrain du politique se mesure d'abord en termes d'accès au pouvoir, mais notre présence sur la scène politique ne saurait engendrer de mutation que si elle en élargit les enjeux au-delà de l'intégration, entraîne une refonte des règles afin de nous faire reconnaître comme porteuses d'autres discours, d'autres savoirs sur la société. Autrement, si les femmes refusent d'habiter le pouvoir, de le transformer, comment leurs expériences pourront-elles déboucher sur une praxis réfléchie plutôt que d'être ignorées ou de se dissoudre en une myriade de gestes transitoires sinon anodins ?

Si incommode que l'imbrication paraisse, «il n'y a pas de relations de pouvoir sans constitution corrélative d'un champ de savoir, ni de savoir qui ne suppose et ne constitue en même temps des relations de pouvoir» (Foucault 1975 : 36). Dissocier le pouvoir du savoir, c'est s'offrir bêtement à la récupération et prêter le flanc à toutes les manipulations et, inversement, dissocier le savoir du pouvoir, c'est se draper dans la fausse innocence de l'impuissance, c'est aussi s'enfermer dans une dangereuse illusion car «là où savoir et pouvoir se faussent compagnie, l'"espace de la liberté" se perd» (Arendt 1967 : 391).

Faute de concevoir l'action politique comme le moyen par excellence de changer les choses, le refus du pouvoir risque de déboucher très vite sur une complicité active dans la reconduction de l'ordre établi. Et puis comment accumuler et transmettre un savoir, sans aucun contrôle sur les lieux de rassemblement et les ressources indispensables pour lui donner forme et le développer ?

La liberté est donc fille du pouvoir et du savoir, d'une action de transformation qui s'appuie sur des intentions claires et qui donne les résultats attendus.

UN LIEU OÙ PENSER EN COMMUN : LES ÉTUDES FÉMINISTES

Si le « je pense, donc je suis » de Descartes peut suffire à nous rassurer quant à notre capacité de saisir les choses et le monde, il ne saurait transformer nos idées en connaissances que si nous parvenons à en situer la portée dans un champ d'expériences proches comme distantes. Le savoir exige la mise en rapport de praxis et d'interprétations multiples qu'il s'agit de décanter ; or comment jauger la valeur de mes impressions si je ne suis pas en mesure de les comparer à d'autres ? Comment savoir si ce que je vis est banal ou unique, comment savoir s'il existe d'autres options que celles que j'ai identifiées si je ne dispose pas de sources d'informations plus générales ?

Les femmes ne pouvaient donc se découvrir dans l'identité de positions similaires, pas plus que mesurer leur diversité avant de s'interroger les unes les autres sur leurs pratiques, de se donner un instrument afin d'explorer les frontières de leur inscription dans un espace commun. Mais pour effectuer cette reconnaissance, il leur a d'abord fallu briser leur isolement, accéder à des lieux qui leur permettaient de se réunir et de prendre la parole ; c'est donc un acte de pouvoir que l'on retrouve à l'origine des groupes de prise de conscience des années 1960, ce creuset de la renaissance du féminisme comme mouvement social.

Ces groupes de réflexion et de soutien avaient ceci de nouveau qu'ils transcendaient le cadre individuel de la rébellion des premières féministes et prenaient acte de la nécessité d'un instrument collectif, d'une confrontation critique avec des semblables à soi pour déstructurer un savoir sur les femmes défini en fonction des intentions et des besoins d'un ordre établi sans nous, sinon contre nous. Il s'agissait de sortir du caractère exceptionnel de vies uniques pour saisir l'exemplarité de situations répétées. Il s'agissait également de réaliser que, si fort que soit l'instinct de révolte des femmes, il se buterait aussi bien à notre incapacité à percevoir sans l'aide d'un miroir notre façon d'intérioriser la défroque du genre qu'aux limites de nos forces pour nous dépêtrer seules de l'emprise du pouvoir.

Le malaise individuel débouchait sur un immense ras-le-bol collectif mais, du coup, il nous fallait aussi prendre conscience du fait qu'il était dérisoire d'espérer contrer un ordre social envahissant, au point de nous entrer littéralement dans la peau, avec pour seule ressource, les connaissances rassemblées dans quelques réunions de cuisine. Ce qu'il fallait, c'était rien de moins que de déconstruire/ reconstruire tout le *cursus* des connaissances accumulées dans l'ensemble des disciplines scientifiques pour le baliser à notre tour, sur la base de nos expériences. L'enjeu était double : acquérir, comme les hommes, le pouvoir du savoir, celui de nommer, communiquer et transformer notre rapport au monde mais, au-delà, décanter ce savoir, démasquer son caractère sexiste, l'ouvrir à nos questionnements pour l'amener à servir, enfin, nos propres visées d'action sur le monde.

Les études féministes sont le résultat de ce mouvement de mise en rapport des savoirs particuliers des femmes à l'ensemble du bagage scientifique contemporain. Elles institutionnalisent une pratique amorcée à l'extérieur des murs de l'université, ce qui n'est pas une mince réussite en termes de capacité de transmission des savoirs des femmes sur un terrain placé entièrement sous leur contrôle. En outre, elles élargissent l'espace de connaissances accessibles à des générations d'étudiantes et de chercheures qui échappent ainsi à l'isolement relatif de leurs milieux immédiats sans pour autant avoir à s'en remettre aveuglément à des institutions dont la neutralité n'est pas au-dessus de tout soupçon.

L'apprentissage d'une réflexion critique systématique est pourtant indispensable pour se projeter à distance de soi, déconstruire des automatismes de comportement et de pensée intégrés tout au long d'un processus de socialisation dirigé, et parfois imposé, de l'extérieur. Chacune de nous, mise en contact avec d'autres femmes sur le

terrain d'une réflexion menée en commun, découvre avec soulage-
ment qu'elle n'était pas seule et qu'elle n'avait pas forcément tort de
réagir — mal — dans certaines circonstances. Découvrir que le personnel est politique, et en faire la matière d'une recherche scientifique,
c'est saisir à quel point nos rapports intimes avec notre entourage
sont traversés par notre cantonnement en tant que femmes dans le
rôle de l'Autre.

Néanmoins, si utiles que soient les groupes d'appui dont nous
nous entourons pour découvrir qui nous sommes et où nous nous
situons, leur résonance demeure limitée. Nos savoirs, pour se
cristalliser et nous donner prise sur le monde, demandent un espace plus large pour mettre en rapport une infinité de connaissances laborieusement découvertes, exigent la systématisation, le
cumul et la diffusion de trajectoires qui, autrement, seront reprises
indéfiniment.

S'APPROPRIER LE SAVOIR

La conscience de vivre dans un univers complexe et en perpétuel
changement créerait un état de désorientation permanente si l'on
n'espérait influencer le cours des événements à partir de notre compréhension, au moins partielle, des conditions qui nous affectent de
près ou de loin. Le savoir nous sert de boussole ; c'est l'outil de base
pour adopter une perspective qui serve nos intérêts au lieu de nous
laisser ballotter comme des objets d'autant plus dociles que nous
ignorons où et comment notre résistance pourrait faire la différence.

Le lien éducation-capacité d'action s'est affirmé dans notre société
au point que, de nos jours, les femmes sont plus nombreuses que les
hommes sur les bancs de l'école, du moins jusqu'au niveau du baccalauréat, en attendant qu'elles accentuent leur percée aux deuxième et
troisième cycles, et dans toutes les disciplines dites masculines, à
commencer par les sciences politiques où elles restent minoritaires.
Serait-ce que leur découverte du politique ne les a pas encore ame-
nées à dépasser les frontières du privé où la tradition confinait le
« pouvoir » des femmes ? Ou serait-ce que la résistance à la critique
féministe dans cette chasse-gardée masculiniste leur a dicté le choix

d'une voie alternative pour développer leur propre pensée politique, celle des études féministes?

L'évolution parallèle de la critique féministe dans les sciences sociales et de la réflexion autonome dans les études féministes ne s'est pas poursuivie au même rythme dans toutes les disciplines. Il est vrai que l'accueil varie selon que l'on s'approche ou que l'on s'éloigne des cercles du pouvoir ou selon que nos incursions impliquent ou non la remise en cause de normes jusque-là indisputées. Il reste que nous avons eu tendance à nous replier sur le social au détriment du politique, quitte à décréter que les raisins du pouvoir sont trop verts... Derrière la réticence de bon nombre de féministes à aborder un savoir sur le pouvoir aussi central que celui des sciences politiques, derrière une condamnation du pouvoir de domination dissociée de toute réelle tentative de l'analyser sur les terrains mêmes où il s'élabore, faut-il voir seulement une prudence stratégique? Ne pourrions-nous pas y lire également une forme d'acceptation passive d'un ordre que nous n'osons pas encore déranger?

Sans l'existence d'un lieu où développer librement une pensée radicale, nous n'aurions pu inventer de nouveaux modes de rapport au politique, mais le développement de notre pensée ne saurait s'affirmer en marge d'un savoir accumulé depuis des lustres.

Nous faisons donc face à des exigences contraires: celle de puiser dans un réservoir de connaissances acquises, ce qui suppose l'attitude réceptive du bon élève, et celle de disposer d'un lieu où pousser une recherche critique qui ébranle l'édifice d'un savoir dont il s'agit précisément de révéler le faux universalisme. Les institutions rechignant logiquement à se mettre en question, il n'est que logique de recourir dès lors à un circuit alternatif pour valider notre apport. Cependant, pour que de nouveaux critères de connaissance s'imposent, il importe de les réintroduire dans le circuit officiel, d'y tester et diffuser nos découvertes, quitte à subir les tensions résultant du va-et-vient entre les lieux du savoir qui nous appartiennent et ceux qui *a priori* se voudraient imperméables à notre influence.

Nous approprier le savoir nous amène donc à revendiquer l'accès à l'ensemble des institutions qui disposent de ressources et de moyens dont nous ne saurions nous priver. Mais décanter la formation qui nous y est offerte du sexisme des approches traditionnelles qui se drapent dans l'autorité de disciplines consacrées serait une entreprise vouée à l'échec si nous ne disposions d'autres lieux où s'affirme notre préoccupation de constituer un savoir proprement féministe.

FONDER NOS PROPRES COLLÈGES

Le besoin s'impose de lieux d'apprentissage où développer des connaissances nouvelles sous la direction de personnes qui ne confondent pas l'universalisme avec la transcendance de la seule expérience masculine, et la neutralité avec l'application de critères construits sur la base d'un sexisme qui s'ignore. De tels collèges, axés sur un savoir construit du point de vue des femmes, sont nécessaires afin d'accumuler suffisamment de crédibilité et d'autorité pour pouvoir affronter l'étroitesse des cadres du savoir établi.

Pour l'instant, pas plus qu'ailleurs dans les instances de pouvoir, les femmes n'ont de place au centre du dispositif scientifique :

> Nous vivons dans une société de l'entre-hommes fonctionnant selon le respect exclusif de la généalogie des fils et des pères et la compétition des frères entre eux. Cela veut dire que nos sociétés ont replié la généalogie des femmes dans celle des hommes. Les filles sont séparées physiquement et culturellement de leurs mères pour entrer dans les familles ou institutions masculines (Irigaray 1989 : 25).

C'est pourquoi le besoin se fait sentir d'un espace d'émergence d'autres visions du monde, celles de femmes qui ne soient plus « sous influence », qui puissent nommer leur réalité, la déployer dans un cadre de recherche attentif à leur présence et soucieux de développer leur autonomie de pensée et d'action. Virginia Woolf déjà rêvait d'un tel collège, un collège « aventureux », écrivait-elle dans *Trois guinées*, une école de liberté fondée « sur la pauvreté et la jeunesse » :

> Le but de ce nouveau collège ne devrait pas être de séparer, de sélectionner, ni de spécialiser, mais au contraire de mélanger. On devrait y rechercher la manière dont le corps et l'esprit peuvent être amenés à coopérer, il faudra découvrir quelles nouvelles combinaisons pourraient ouvrir des espaces propices à la vie humaine (Woolf 1978 : 79).

Les études féministes nous ont offert un espace de ce type, dégagé de l'emprise du sexisme et centré sur les préoccupations, les perspectives de femmes de provenances diverses. Mais la tendance légitime de ce nouveau champ à rechercher une forme d'autarcie serait pernicieuse si elle aboutissait à reproduire l'exclusion des femmes de la communauté scientifique comme telle. Virginia Woolf elle-même était très sensible à la nécessité de garantir «l'influence des filles d'hommes cultivés» — une influence qu'il convient d'élargir à toutes les femmes — en leur ouvrant la porte des collèges reconnus, clé de l'indépendance financière, sans laquelle «à la merci de leurs pères et de leurs frères, elles seraient de nouveau, consciemment et inconsciemment, favorables à la guerre» (Woolf 1978 : 81).

Heureusement, l'alternative entre le collège pauvre de Virginia Woolf et les collèges comme les autres ne nous emprisonne plus dans la mesure où nous pouvons passer de l'un à l'autre, bâtir l'un et subvertir l'autre, transcender par la critique et l'esprit d'invention les défauts de l'une ou l'autre option. L'éducation s'est démocratisée, nos collèges ont affermi leurs assises et réclament — même si nos institutions ne sont pas toujours pleinement reconnues — une place au cœur des assemblées scientifiques qui contrôlent la circulation et la diffusion du savoir.

Ce qui était d'abord un lieu marginal d'exploration de nouvelles voies de recherche est devenu un lieu de production de connaissances originales qui suscite l'intérêt de la communauté scientifique en général. Et puis, en devenant plus fortes de nos institutions et de notre savoir, nous craignons moins d'exposer à notre tour nos résultats de recherche dans des congrès ou des colloques où nous savons nous mesurer à égalité avec ceux qui ne sont plus nos maîtres mais que nous retrouvons comme nos pairs. Étudiantes, enseignantes ou chercheures y gagnent de participer à la constitution d'un corpus de connaissances où l'humanité s'accorde au féminin comme au masculin, sans compartimentation rigide et, surtout, sans que l'un l'emporte automatiquement sur l'autre.

Nos collèges ne se veulent pas des ghettos mais des bases d'élaboration de connaissances adaptées à nos fins, dans un environnement protégé, certes, mais aussi suffisamment bien outillé pour encourager la production de résultats de recherche qui puissent être soumis à

la critique *extra* comme *intra muros*. Pas question de reproduire le dog-
matisme qui nous a tant heurtées en d'autres lieux; pas question par
conséquent de ronronner tranquillement à l'intérieur d'un espace trop
balisé et trop contrôlé pour se laisser interpeller par divers courants
et divers points de vue. Ce genre de confrontation autour de savoirs
partiels, mobiles, ouverts nous est un oxygène nécessaire car, comme
le constate Jane R. Martin:

> Dans une discipline aussi récente que la nôtre, l'élaboration de pro-
> grammes de recherche diversifiés et même radicalement divergents
> est souhaitable. Il n'y a pas, selon moi, de meilleure façon d'étouffer
> la créativité ou de réduire la diversité des interprétations que de dres-
> ser une liste des concepts à éviter à tout prix (Martin 1994: 639, tra-
> duction libre).

Nous risquons moins de reproduire dans nos collèges les systèmes
de connaissances figés et les protocoles de recherche restreints si
nous maintenons ouverte la porte aux demandes en provenance des
femmes, à l'intérieur comme à l'extérieur des murs de nos universités. Et nous risquons moins de céder à l'illusion de tout savoir si
nous entretenons des liens avec d'autres milieux scientifiques comme
des lieux d'intervention d'où émergent des questionnements qui
nous surprennent et mettent nos connaissances à l'épreuve.

Autant il nous faut des espaces où mener nos recherches en terrain sûr sans les contraintes arbitraires de disciplines qui ignorent
trop souvent les besoins des femmes, autant il nous faut l'aiguillon
d'une action à poursuivre ou d'auditoires « étrangers » à convaincre.
D'abord, bien sûr, pour nous rappeler, s'il en était besoin, que l'isolement béni de nos officines ne supprime pas un environnement
souvent hostile auquel il est urgent de faire face. Mais aussi pour
éviter de refermer sur nous la trappe d'une autorité indiscutable,
fût-ce celle émanant de féministes.

Affirmer notre pouvoir dans le domaine du savoir exige de nous
colleter avec le réseau de mise en rapport de ses artisans et artisanes
dans la communauté scientifique. La multiplication des points de
rencontre entre chercheures de diverses disciplines et femmes de
divers horizons alimente une collégialité soudée par des affinités
théoriques et des objectifs stratégiques qui nous incitent également

à élargir le cercle de nos milieux respectifs d'insertion dans le monde du savoir :

> Pourtant, peut-être serions-nous en meilleure position sur le plan politique si le contexte institutionnel de savoirs particuliers, et les divers pouvoirs qui leur sont associés, faisait l'objet de discussions plus ouvertes (Barrett 1992 : 215, trad. libre).

Dans les universités, l'établissement de consensus n'est jamais innocent du point de vue du pouvoir, soit du point de vue d'un savoir soucieux de pertinence et dont l'impact se renforce de par les échanges qui fondent sa crédibilité. De cela, il importe de prendre conscience si nous entendons inscrire la présence du mouvement des femmes au cœur des débats qui commandent l'évolution des sciences.

UN SAVOIR EN MOUVEMENT

À l'intérieur même de la résistance, nous dit Foucault, il y a contribution à une forme de pouvoir dont le dispositif est assez fort pour repérer, classer, gérer, nommer, contrôler l'expression de la dissidence. Reste que pour visualiser, ne serait-ce que partiellement, les contours des structures qui nous enserrent, l'accès au savoir est la pierre de touche de la réflexion critique. Le conformisme s'appuie sur des processus de socialisation repris sans questionnement, ce qu'une solide éducation amène à critiquer. L'accès au savoir est balisé par le pouvoir, mais il reste le lieu de passage obligé pour qui entend réaménager le monde et, qui sait, déboucher sur quelque chose de neuf. La rupture et le renfort des connaissances acquises règlent la tension créatrice qui anime toute quête de nouveaux paradigmes. À plus forte raison lorsqu'il s'agit de redéfinir une praxis de transformation de la société qui place au cœur de la recherche les intérêts de sujets particuliers — nous-mêmes — ou de formuler des questions de recherche qui piquent tout spécialement notre curiosité.

Le contrôle qu'on prétend exercer comme femme sur la libre production de soi en société exige le support du savoir. C'est le décapant idéal pour qui se propose de révéler la fausse inéluctabilité de pouvoirs prompts à revêtir l'habit de «l'incontournable nécessité de l'être». L'opacité d'une oppression qui se reproduit par la force des choses est si bien engoncée dans des couches et des couches de règles et de codes consacrés qu'elle ne saurait transparaître sans un rassemblement concerté pour l'éclairer sous les angles les plus divers. Les éléments de connaissance tirés de nos expériences fragmentaires pourront alors contribuer à fissurer l'arrogance d'un savoir qui prétend refléter tout uniment la permanence de l'ordre.

Une démarche critique de ce type, celle qu'adoptent des étudiantes et des chercheures féministes résolues à se poser en sujets plutôt qu'en objets des politiques qui les concernent, ne saurait se développer sans l'appui d'une communauté scientifique large. L'intrusion des femmes dans les sciences et les arts comme dans les institutions sociopolitiques ne saurait reconduire leur confinement en se restreignant au «collège» des études féministes. L'ouverture au doute, au questionnement systématique, entre nous, de nous à eux, de nous à elles, reste la condition de croissance de ce nouveau champ du savoir féministe.

Déclore l'espace fermé de l'entre-nous, échapper à l'exclusion et à la marginalité reste notre objectif là comme partout ailleurs où nous visons une participation pleine et entière dans la sphère publique :

> [...] rien ne nous oblige à penser que l'appropriation du pouvoir sous couvert d'autorité du savoir fait partie intrinsèque de la science. Néanmoins, la création d'une démocratie du savoir, d'une science démocratique, suscite conflit et espoir au même titre que la création d'une démocratie politique (Longino 1993 : 118, trad. libre).

Il est indispensable que nous nous proposions d'intervenir sur le terrain du politique si nous entendons affirmer notre liberté d'action et de pensée dans des sociétés dont nous soyons partie prenante. Cette participation resterait inconséquente et illusoire si elle ne trouvait à s'appuyer sur la compétence et l'inventivité pour dégager la représentation des femmes de la gangue des pouvoirs établis comme des idées reçues. Il appartient aux nouvelles générations de femmes, formées en études féministes et fortes de leurs savoirs acquis dans diverses disciplines, d'ouvrir partout la brèche du doute et de l'imagination créatrice, de façon à faire échec à l'acculturation traditionnelle.

Enfin nous éprouvons la liberté d'agir, de nous rassembler et de confronter nos points de vue dans tous les secteurs de l'activité sociale et politique. L'émerveillement de découvrir qui nous sommes et comment nous sommes quand nous entreprenons à notre tour de dire et de façonner le monde devrait suffire à nous pousser les unes vers les autres et à multiplier les occasions de débattre entre partenaires d'une même quête de savoir/pouvoir. L'occasion nous est offerte d'imaginer une nouvelle version, au pluriel, d'un récit très ancien, celui qui veut qu'une femme ait été la première à croquer dans le fruit de l'arbre de la connaissance...

Bibliographie

ARENDT, Hannah (1967). *Essai sur la révolution*, Paris, Gallimard.

BARRETT, Michèle (1992). «Words and things: Materialism and method in contemporary feminist analysis» dans Michèle Barrett et Anne Phillips (dir.), *Destabilizing Theory. Contemporary Feminist Debates*, Stanford, Stanford University Press, p. 201-219.

FOUCAULT, Michel (1975). *Surveiller et punir*, Paris, Gallimard.

IRIGARAY, Luce (1989). *Le temps de la différence*, Paris, Librairie générale française.

LONGINO, Helen E. (1993). «Subjects, power and knowledge: Description and prescription» dans Linda Alcoff et Elizabeth Potter (dir.), *Feminist Epistemologies*, Londres, Routledge, p. 101-120.

MARTIN, Jane R. (1994). «Methodological essentialism, false difference, and other dangerous traps», *Signs*, vol. 19, n° 3, p. 630-657.

WOOLF, Virginia (1978). *Trois guinées*, Paris, Des femmes.

Lectures suggérées

BUTLER, Judith et Joan W. SCOTT (dir.) (1992). *Feminists Theorize the Political*, Londres/New York, Routledge.

HARDING, Sandra (dir.) (1987). *Feminism and Methodology. Social Science Issues*, Bloomington, Indiana University Press.

PHILLIPS, Anne (1993). *Democracy & Difference*, University Park, The Pennsylvania State University Press.

SAWICKI, Jana (1991). *Disciplining Foucault. Feminism, Power and Theory*, Londres/New York, Routledge.

II. LA PRÉSENCE AU SEIN DES INSTITUTIONS POLITIQUES

LA REPRÉSENTATION DES FEMMES PAR LA VOIE(X) D'UNE « DÉMASCULINISATION » DU STYLE PARLEMENTAIRE

MANON TREMBLAY ET ÉDITH GARNEAU

INTRODUCTION [1]

L'augmentation progressive du nombre des femmes au sein des institutions électives depuis la fin des années 1960 s'est accompagnée d'une croissance et d'une diversification des analyses concernant l'expérience des femmes sur la scène politique. Depuis les premiers ouvrages à caractère descriptif sur leur participation politique (Depatie 1971, Diamond 1977, Duverger 1955, Gruberg 1968, Kirkpatrick 1974, 1976, Vallance 1979), les problématiques se sont élargies, précisées et diversifiées. Un champ de recherches récemment articulé comme perspective analytique de la participation politique des femmes est celui de l'impact qu'ont les politiciennes sur le système politique, entendons par là sur la culture politique et parlementaire, sur l'*agenda* et le processus politiques. Le questionnement plus restreint qui anime ce champ est celui de savoir si la présence de femmes en politique peut avoir des retombées sur l'ensemble des femmes. Autrement dit, l'accès de quelques femmes aux institutions politiques a-t-il pour corollaire une transformation des conditions de vie de l'ensemble des femmes?

Cette problématique relativement à l'idée que les femmes politiques représentent la population féminine a déjà été abordée au Québec: chez les candidates et les candidats du Parti libéral du

Québec (PLQ), du Parti québécois (PQ) et du Nouveau Parti démocratique du Québec (NPDQ) à l'élection québécoise de 1989
(Tremblay 1992, 1993, 1995) ; chez les parlementaires du Québec à la
Chambre des communes et à l'Assemblée nationale (Tremblay et
Pelletier 1993, 1995) ; enfin, chez les mairesses et les maires du
Québec en 1993 (Tremblay 1996, Tardy et Tremblay 1994). Dans tous
les cas (quoique d'une façon nettement moins marquée chez les
mairesses et les maires), des écarts importants s'étaient manifestés
entre les réponses des femmes et celles des hommes, les premières
endossant l'idée d'une responsabilité particulière à l'égard des
femmes, les hommes valorisant plutôt une conception plus classique
— c'est-à-dire unitaire — de la représentation politique. Le présent
texte veut poursuivre cette réflexion, cette fois avec les femmes élues
à Ottawa en octobre 1993.

L'ARGUMENT DU POIDS NUMÉRIQUE

La deuxième vague du mouvement féministe au Canada prend son
essor avec la Commission royale d'enquête sur la situation de la
femme et le dépôt du rapport Bird en 1970. Ce document souligne,
entre autres choses, l'absence des femmes des institutions démocratiques canadiennes, et ce, en dépit du fait que les Canadiennes ont
le droit de vote et d'éligibilité depuis 1918 et 1920[2]. Certes, plus de
vingt-cinq ans après la publication du rapport Bird, les choses ont
tout de même changé. Les femmes sont plus présentes au Parlement,
constituant maintenant 18,3 % des membres de la Chambre des communes, plusieurs ayant même été titulaires de ministères. On a pris
conscience au sein des partis des conséquences de l'absence des
femmes des lieux de pouvoir, et des mesures — plus ou moins
sérieuses selon les formations politiques, il faut le dire — ont été
prises en ce sens (Maillé 1990a : 22-24). De la même façon, la population endosse davantage un rôle actif des femmes sur la scène politique[3] (Maillé 1990b : 72-83). Puis du côté du mouvement féministe,
surtout depuis la première moitié des années 1980, un travail s'effectue afin que plus de candidates se présentent, et ce, dans des
circonscriptions importantes. Dans cet esprit, le mouvement s'est

engagé à encourager les femmes à aller de l'avant en politique (au Québec, pensons seulement aux cercles politiques locaux de l'Association féminine pour l'éducation et l'action sociale — AFÉAS), sans compter les réflexions d'universitaires sur les femmes et la politique au Canada.

Par de telles actions, le mouvement féministe — ou du moins sa branche libérale et réformiste — poursuit l'objectif d'accroître le nombre de femmes au sein des lieux de pouvoir. Plusieurs arguments justifient une telle mobilisation, dont l'un veut que l'augmentation du nombre de femmes dans les institutions politiques aurait des conséquences bénéfiques sur les conditions de vie de la population féminine. Selon Klein (1984), des expériences de vie non traditionnelles, mais surtout les discriminations qu'elles entraînent pour les femmes, favorisent le développement et l'expression d'une conscience féministe, encore plus chez celles qui ont le sentiment de partager un statut minoritaire au sein d'une organisation (voir aussi Mueller 1982 et, plus récemment, Sigel 1996 : 130-132, qui développe la notion de conscience de minoritaires). Or, dans la mesure où les élues appartiennent à un groupe statistiquement défavorisé par rapport aux hommes et qu'elles-mêmes sont susceptibles de vivre de la discrimination[4], elles se trouvent en situation d'orienter leur rôle vers un changement et une amélioration de la position sociale de la masse des femmes en se faisant les porte-parole des revendications du mouvement féministe[5].

Cet article s'inscrit dans la foulée d'un tel argument, dans la mesure où il s'intéresse à l'augmentation numérique des femmes en politique comme stratégie de transformation des conditions de vie de l'ensemble des femmes. Il repose sur plusieurs questionnements, que la recherche entreprise veut explorer. Les femmes politiques se reconnaissent-elles — collectivement et personnellement — un rôle dans la défense et la promotion des droits des femmes ? Comment voient-elles l'impact des femmes en politique ? Ce sont là des questions que nous avons posées aux députées fédérales.

AXES D'ANALYSE ET PRÉCISIONS MÉTHODOLOGIQUES

Privilégiant l'analyse de liens entre l'élite politique féminine et la masse des femmes, notre objectif est de cerner les attitudes des politiciennes par rapport à la problématique plus générale de la représentation politique des femmes. Autrement dit, par-delà une représentation numérique encore largement symbolique, les législatrices sont-elles disposées à parler et à agir d'une manière qui favorise le changement et l'amélioration du statut social des femmes? Le cas échéant, en quoi consiste cette représentation et, surtout, quels en sont les effets sur le système politique? En vue de répondre à ce questionnement, nous avons rencontré des députées canadiennes. Leurs réponses à une série de questions ont été traitées en fonction de deux axes d'analyse.

Un premier axe d'analyse — l'axe de la représentation — privilégie la perception que les femmes élues ont de leur rôle en regard des autres femmes. Se reconnaissent-elles ou non, d'un point de vue collectif et personnel, la responsabilité de représenter la population féminine? Si tel n'est pas le cas, nous avons voulu savoir pourquoi. Si, au contraire, elles considèrent qu'elles ont cette responsabilité, nous avons alors posé quelques questions complémentaires destinées à préciser ce rôle qu'elles se disent prêtes à assumer sur la scène politique.

Un second axe d'analyse — l'axe de l'impact — porte sur l'évaluation que les législatrices font de leur présence dans l'arène politique. Croient-elles faire une différence en politique, sur le style parlementaire notamment? En posant cette question, notre intention est d'explorer l'idée suivante: par-delà des opinions et des comportements dirigés vers un changement et une amélioration du statut social des femmes (que ce soit en Chambre, dans leur circonscription, en comité parlementaire ou ailleurs), la représentation de la population féminine peut aussi procéder d'une transformation de l'univers politique, traditionnellement défini comme masculin. Il s'agit alors de modifier la culture politique, c'est-à-dire les valeurs et les conduites en politique.

C'est d'ailleurs de ce deuxième axe d'analyse que découle une de nos hypothèses, soit que l'impact des femmes élues en politique s'exerce bien davantage à un palier symbolique qu'en termes de mobilisation féministe. Autrement dit, nous défendons l'idée que la représentation politique des femmes passe également par un travail de transformation de la culture politique, pour intégrer des valeurs plus près des expériences des femmes. En effet, en dépit de l'augmentation de leur nombre (particulièrement depuis l'élection de 1984), les députées se voient toujours limitées dans leurs capacités de parler et d'agir dans un sens qui soit favorable aux femmes et aux demandes féministes (Bashevkin 1989, Tremblay et Pelletier 1995 : 127-166). Pourtant, leur seule présence contribue à modifier l'univers symbolique du politique, entendons par là les façons de penser, de dire et de faire en politique (Sineau 1988 : 182-196).

Au début de l'année 1994, nous avons sollicité une rencontre auprès de toutes les femmes élues (53 au total) au Parlement fédéral à l'élection du 25 octobre 1993. Leur réaction a été très positive ; notre taux de réponse s'établit à 81,5 %. La plupart des entrevues se sont déroulées entre les mois de février et novembre 1994, le plus souvent au parlement, quelques fois dans les bureaux de circonscription[6].

PRÉSENTATION DES RÉSULTATS

Dans la deuxième édition de *Women as Candidates in American Politics*, Susan J. Carroll, tirant profit de l'élection de 1992, exploite de nouveau cette idée selon laquelle les femmes politiques ont la responsabilité particulière de représenter les femmes :

> Le manque de sièges vacants, l'avantage des titulaires de fonction, les frais croissants des campagnes électorales et les hésitations des chefs de parti à recruter des candidates pour des sièges où la victoire est possible constituent d'énormes obstacles à une plus grande représentation des femmes. En entravant l'accès des femmes aux postes électifs, ces obstacles ont aussi nui à la représentation des intérêts des femmes (1994 : 173, traduction libre).

C'est précisément cette idée qu'il importe ici de préciser, à savoir si la notion de représentation politique peut nous aider à discerner les liens entre l'élite politique féminine et la masse des femmes. Dans un livre publié récemment, *The Gilded Ghetto: Women and Political Power in Canada*, Sydney Sharpe mentionne que, pour Judy LaMarsh, une ministre libérale fédérale dans les années 1960, être une femme en politique signifiait certes de représenter sa circonscription, mais en plus d'agir comme «the woman's watchdog» (1994: 83). Les femmes politiques se perçoivent-elles comme les «chiens de garde» des intérêts des femmes[7] et, le cas échéant, de quelle manière?

L'axe de la représentation

Dans un ouvrage marquant des sciences politiques, Hanna F. Pitkin (1967) distingue deux types de représentation politique. Une première, dite *standing for*, réfère à ce que sont les personnes élues: le critère de la représentation politique repose sur le poids numérique et sur des caractéristiques sociales, telles que le sexe, l'âge et l'origine ethnique. Ainsi, le Parlement devient «représentatif» dans la mesure où il constitue un microcosme de la société, par exemple, s'il se compose de 52 % de femmes. En outre, les parlementaires peuvent en soi évoquer des causes, des luttes et des idéaux, comme la présence de députées rappelle les mobilisations féministes pour la citoyenneté des femmes. Une seconde forme de représentation politique, dite *acting for*, considère plutôt les gestes posés par les personnes élues: parlent-elles et agissent-elles de manière à soutenir les intérêts d'un groupe social? Alors que la représentation du type *standing for* privilégie l'aspect collectif de la représentation politique (soit le nombre de femmes élues, considéré comme un indicateur du degré de représentation politique des femmes), la représentation du type *acting for* se préoccupe davantage de leurs conduites individuelles: chaque femme politique parle-t-elle et agit-elle de manière à défendre les intérêts de la masse des femmes[8]?

Des études canadiennes et étrangères montrent que les politiciennes, tant d'un point de vue collectif qu'individuel, représentent la population des femmes. C'est la conclusion à laquelle parviennent Thompson

(1980), Mezey (1980), Whip (1991) et Tremblay (1992) : en tant que groupe, la majorité des femmes politiques se reconnaissent une responsabilité particulière envers la population féminine. En outre, nombre d'études démontrent que des femmes politiques se conduisent d'une façon à soutenir les intérêts des femmes (Burrell 1994 : 151-174 ; Carroll 1992, 1994 : 138-156 ; Dodson et Carroll 1991 ; Eichler 1979 ; Thomas 1994 : 55-84 ; Tremblay 1995). Peut-on conclure qu'il y a un lien entre représentation quantitative et représentation qualitative ? Autrement dit, est-ce que le fait qu'il y ait des politiciennes implique que les femmes et leurs intérêts (tels qu'exprimés par le mouvement féministe[9]) sont représentés ? Plusieurs travaux montrent que le sexe ne constitue pas nécessairement la variable la plus déterminante de la représentation politique des femmes (Berkman et O'Connor 1993, Norris 1986, Thomas 1989, Tremblay 1993). Aussi, afin de mieux cerner la nature des relations entre l'élite politique féminine et la masse des femmes, nous avons posé deux questions — l'une portant sur la dimension collective, l'autre sur l'aspect individuel — à des femmes parlementaires au Canada.

La représentation politique des femmes d'un point de vue collectif

Dans l'optique d'une représentation du type *standing for*, la répartition numérique de caractéristiques sociales au sein du corps législatif devient le critère de représentativité. C'est dans cet esprit, par exemple, que la Commission sur la réforme électorale et le financement des partis (commission Lortie 1991 : 97) soulignait qu'en 1988 les femmes n'avaient atteint que 25,9 % d'un objectif de représentation électorale qui reflète leur importance démographique. Nous avons soumis la question suivante aux députées fédérales : «Parce qu'elles sont femmes, croyez-vous que les femmes élues députées ont une plus grande responsabilité que les hommes élus députés de représenter la population féminine?» Une majorité des femmes interrogées acquiescent à cette proposition, bien que toutes n'avancent pas pour cela l'argument du déterminisme biologique. Lorsqu'elles le font, elles établissent un lien direct entre le fait d'être femme et une plus grande responsabilité de représenter les femmes : «D'après moi, les femmes qui siègent au Parlement y apportent évidemment une dimension différente de celle des hommes et elles ont évidemment un plus grand rôle de représentation [des femmes] simplement parce qu'elles sont des femmes» (123, trad. libre).

Pourtant, sans quitter tout à fait le terrain du discours naturaliste, ces élues raisonnent aussi en termes de socialisation et de rôles sociaux de sexe[10]: le fait d'être femme confère une perspective et des expériences qui aident à comprendre les dossiers généralement associés à la gent féminine, justifiant également que les femmes politiques nourrissent des liens privilégiés à l'égard de la représentation politique des femmes, comparativement à leurs collègues masculins: «[...] en tant que femme, je vais peut-être voir les choses d'un point de vue plus féminin. Je vais résoudre les problèmes d'un point de vue féminin. Je vais identifier les problèmes d'après une perspective féminine. Je vais forcément voir les choses sous un angle différent.» (351, trad. libre), ou encore: «Comme femme, mon expérience me permet sans doute de les représenter plus facilement que mes collègues masculins, tout comme je suppose qu'ils trouvent plus facile que moi de représenter les choses masculines» (125, trad. libre). Corrélativement, cette perspective et ces expériences communes qui justifient que les politiciennes représentent la population féminine expliquent aussi qu'elles le fassent en raison du désintérêt des hommes pour ces questions:

> Pas une plus grande responsabilité, [...] parce que tout le monde en politique devrait assumer la même part de responsabilité. Je pense qu'on confie davantage de responsabilités aux politiciennes... on leur fait porter le poids de cette responsabilité. [...] Nous devons le faire parce que les hommes ne le feront pas. [...] Certains d'entre eux ne comprennent pas la situation. Certains comprennent mais ne veulent pas partager le pouvoir et certains croient honnêtement qu'il n'y a aucun problème (132, trad. libre).

Un autre argument pour soutenir le principe d'une représentation collective des femmes par les politiciennes emprunte au discours féministe, évoquant les besoins ou la cause des femmes: «ce que je veux dire, c'est que les députées ont la responsabilité de veiller à ce que le Parlement réponde aux besoins des femmes» (122, trad. libre) et: «il faut arriver, nous [les femmes politiques], à faire notre place, d'abord à l'intérieur du parti, puis il faut souvent rappeler la cause des femmes » (243). Cette option demeure toutefois largement minoritaire : peu d'entre elles en appellent explicitement au féminisme pour justifier une représentation politique des femmes. Nous croyons que certaines cherchent ainsi à éviter l'étiquette de féministes, soit par crainte de susciter l'hostilité des collègues, soit en raison d'une conception faussée du féminisme (c'est-à-dire évacuer l'image de la radicalité). Une telle réaction a aussi été identifiée chez les députées du Québec (Maillé 1990b : 158-162 ; Tremblay et Pelletier 1995 : 175-181).

Bien qu'elles acceptent de représenter les femmes, les élues d'Ottawa ne manquent pas de souligner qu'il s'agit là d'une responsabilité additionnelle dans un horaire déjà lourdement chargé, une responsabilité parmi d'autres : « Je pense que cela pourrait certainement être un autre aspect de notre rôle, tout comme je reconnais qu'une partie de mon rôle est aussi de représenter les jeunes puisque je suis plus jeune que beaucoup de députés. Mais [...] cela ne peut pas être uniquement ma responsabilité. Ce ne serait tout simplement pas juste » (124, trad. libre). En outre, on insiste pour dire que la représentation des femmes — et conséquemment la préoccupation pour ce qu'il est coutume de nommer les dossiers-femmes — constitue en fait une représentation plus large, c'est-à-dire sociétale :

> Je ne m'occupe pas seulement des dossiers-femmes, je m'occupe de tous les dossiers, mais tous les dossiers concernent les femmes. Selon moi, les questions de société concernent les femmes, parce que si vous parlez d'économie, ça concerne les femmes, si vous parlez des programmes sociaux, du système de sécurité sociale, ça concerne les femmes, si vous parlez de main-d'œuvre, ça concerne les femmes. [...] le soin des enfants n'est pas un dossier-femmes, c'est une question sociale et les hommes doivent être responsables de ces dossiers et y prendre part autant que les femmes (127, trad. libre).

Cette lecture de la représentation politique des femmes dans un cadre sociétal rappelle non seulement l'importance des contraintes électoralistes sur le discours des parlementaires, mais également de l'environnement politique plutôt hostile aux revendications des femmes, comme le mentionne une députée : parler en termes de « questions de société » constitue alors une stratégie de camouflage de questions jugées moins nobles... Le point de vue sociétal rappelle également que le féminisme constitue un projet de société qui ne se limite pas aux seules femmes [11]. Aussi, bien qu'elles ne se fassent pas les porte-parole du discours féministe, les femmes politiques n'en reprennent pas moins certaines de ses idées.

Au moins trois arguments ont pu être identifiés dans le discours des répondantes qui rejettent l'idée de représenter les femmes. Le premier renvoie à une conception de la représentation politique qui repose sur le principe de la territorialité, en vertu duquel les députées représentent la population de leur circonscription :

> Dire « je suis une femme députée, donc je représente les femmes de ma circonscription... ». Non, je représente tous les hommes. [...] Je représente tous les électeurs et toutes les électrices, que je sois d'accord ou non avec leur niveau économique, avec leur façon de gagner leur vie, avec leurs croyances religieuses. Je ne peux pas simplement dire : « Je vous représente en tant que femme ! » Parce que ce serait prendre des groupes d'intérêts et dire « Bon, je vais vous représenter. » Mais alors que dirait le fermier ? « C'est une femme, elle représente seulement les femmes. » Cela ferait plus de tort que de bien à la cause (348, trad. libre).

Ce point de vue postule l'égalité des citoyennes et des citoyens devant la représentation politique ; il rejette dans l'ombre les forces sociales qui contribuent à structurer le rôle des parlementaires, dont l'idéologie partisane et les pressions des groupes d'intérêts.

Niant un rapport de représentation basé sur le sexe, il devient conséquent de soutenir que la représentation politique des femmes concerne aussi les hommes : « Je pense [...] que les hommes devraient prendre cette responsabilité au sérieux et qu'ils doivent participer. Ils doivent se joindre aux femmes qui sont leurs collègues et amies » (127, trad. libre). D'ailleurs, à la limite, penser une telle représentation politique des femmes par les femmes signifie-t-il que les hommes peuvent moins espérer de leur députée ?

> Je pense qu'il est juste de dire que comme femme [...] nous avons plus de crédibilité ou plus de connaissances ou de compétences per-

sonnelles pour représenter certains intérêts ou dossiers, simplement en raison [...] de notre expérience de vie. Mais de dire que, comme je suis une femme, les hommes ne peuvent pas s'attendre à ce que je les représente aussi bien que les femmes [...] j'ose espérer et croire que ce n'est pas le cas (345, trad. libre).

Tout se passe comme si la représentation politique des femmes impliquait un parti-pris à l'encontre de l'électorat masculin...

Le second argument pour rejeter l'idée de représenter les femmes — toutefois largement minoritaire — veut que celles-ci n'aient pas besoin d'être prises en charge : « Les femmes ont autant de capacités intellectuelles, politiques, économiques, sociales que les hommes. Il nous suffit, de façon individuelle, [de] prendre [la] place qu'on désire selon notre caractère » (131). Cette opinion, fortement inspirée du discours libéral, privilégie l'action des femmes sur une base individuelle en vue d'améliorer leurs conditions de vie, plutôt qu'une stratégie de mobilisation collective. C'est là une option qui se situe aux antipodes du féminisme.

Un dernier argument suggère que les politiciennes ne peuvent représenter les femmes, étant dans l'incapacité de refléter la complexité de leurs expériences de vie :

Si vous dites que seules les femmes peuvent représenter les femmes, alors il en faut pour représenter les féministes radicales. Il faut aussi des femmes pour représenter les femmes de REAL WOMEN, d'autres pour représenter les femmes victimes de violence, d'autres pour représenter les femmes de carrière et d'autres pour représenter les mères au foyer [...]. Ce n'est évidemment pas de cette façon que le système de représentation fonctionne (345, trad. libre).

Cette députée pousse la logique de la représentation où le Parlement constitue un microcosme de la société : le morcellement du corps social rend caduque toute traduction empirique d'un idéal représentatif au sein des institutions politiques. La diversité des femmes est ici invoquée non pour nourrir le projet d'une représentation politique des femmes qui soit large et polyforme, mais bien plutôt pour le déclarer illusoire, le tuer dans l'œuf. En outre, elle laisse entendre qu'une oppression commune ne peut suffire à justifier la représentation politique des femmes, mais que doivent s'y superposer tous les autres traits sociaux (comme l'appartenance à un groupe ou la profession).

La représentation politique des femmes
d'un point de vue individuel

Nous avons également cherché à savoir si, sur une base individuelle, les femmes en politique se reconnaissaient ou non la responsabilité de représenter les femmes[12]. Encore ici, une majorité de répondantes ressentent une telle responsabilité, la justifiant principalement par les arguments déjà évoqués plus haut. C'est pourquoi il devient plus intéressant de cerner ce qu'implique pour elles, concrètement, le fait de représenter les femmes. Nous aborderons ainsi les moyens dont elles croient disposer, ainsi que les obstacles qui limitent leurs capacités de représenter les femmes.

Conformément à l'idée d'une représentation du type *acting for*, il se dégage que les femmes parlementaires parlent et agissent dans l'espace politique dans un sens qui est favorable aux femmes et aux demandes féministes. Pour cela, elles déploient des moyens qui encadrent leurs paroles et leurs gestes. Nous avons distingué deux types de moyens, soit les moyens formels (ceux qui s'inscrivent dans les espaces et les règles du jeu parlementaire, comme les comités parlementaires ou les *caucus*) et les moyens informels (comme les échanges avec les groupes féministes ou les discussions de couloir entre parlementaires).

Une première observation consiste à noter le sentiment d'efficacité des élues face à la représentation politique des femmes : non seulement elles acquiescent à l'idée d'assumer cette responsabilité, mais elles considèrent avoir les moyens — tant formels qu'informels — d'atteindre cet objectif.

On remarque ensuite que, très largement, elles recourent aux moyens de type formel, soit ceux qui s'inscrivent dans le contexte parlementaire. On pense d'abord aux moyens qu'offre la Chambre basse : les élues interviennent aux Communes sur des dossiers qui affectent plus immédiatement les femmes que les hommes, en présentant un projet de loi ou une motion, en déposant une pétition, en recourant à l'article 31 du règlement de la Chambre[13] ou en se faisant les porte-parole des groupes féministes. Des députées, surtout du parti au pouvoir, affirment faire du lobbying auprès des ministres sur des questions qui intéressent les femmes. Un événement souligné par plusieurs députées est le « Parlement de femmes » du 8 mars 1994 : durant cette journée, les femmes sont devenues les actrices de l'avant-scène au Parlement, incarnant les principaux rôles et débattant de questions-femmes. Cette action de représentation, hautement symbolique, présente l'avantage de respecter les règles du jeu parlementaire, notamment celle de la discipline de parti[14], obstacle incontestable à la représentation politique des femmes, comme nous le verrons plus loin.

Précisément pour cette raison, les comités parlementaires apparaissent comme un espace plus propice à la représentation politique des femmes, notamment parce qu'ils permettent une meilleure collaboration entre les élues de toutes allégeances, dans un contexte où la discipline de parti s'applique de façon moins stricte. Des législatrices ont dit y travailler dans un esprit de consensus, en vue du meilleur intérêt des femmes. Certaines vont même jusqu'à adopter un préjugé en leur faveur, comme en témoigne cette députée :

> On peut ouvrir des portes à certaines femmes, parce qu'il y a des postes où on pourrait favoriser des femmes... comme dans [les] Travaux publics. [...] Oui, on peut dire : « Écoutez, serait-ce possible qu'on donne un pourcentage égal de contrats à des femmes et à des hommes, s'il y a assez de femmes pour le faire ? » C'est quelque chose que je vais suivre, comme pour les postes de fonctionnaires, voir quel est le pourcentage, puis essayer d'améliorer la situation des femmes et aussi les salaires (238).

Des députées ont également dit s'assurer que soit représenté le point de vue des femmes en comités parlementaires.

En termes de moyens formels, on pense finalement aux *caucus*, où les députées soulèvent des dossiers-femmes lors des rencontres du *caucus* national, où elles cherchent aussi à gagner l'appui de collègues masculins dans ces dossiers. À cet égard, le *caucus* des femmes du Parti libéral semble jouer un rôle prépondérant dans la mobilisation de ces députées : il constitue un lieu d'information, de conscientisation et de discussion des questions d'intérêt pour les femmes, un lieu d'élaboration de stratégies en vue de les faire progresser, finalement une structure de pression sur le *caucus* national et l'exécutif. La reconnaissance officielle par le Parti du Groupe libéral féminin témoigne non seulement de son intérêt pour les dossiers-femmes, mais constitue également un moyen de conscientiser les députés et de légitimer l'intérêt qu'y portent les députées. Outre les *caucus*, d'autres structures partisanes ont été mentionnées comme moyen de représenter les femmes, notamment les fonds de soutien destinés à promouvoir et à soutenir les candidatures féminines.

Du côté des moyens informels — c'est-à-dire ceux qui se situent principalement hors du champ parlementaire —, on mentionne le fait d'entretenir des contacts avec des groupes féministes, que ce soit en les informant de ce qui se passe au Parlement concernant les dossiers-femmes, ou en suscitant des rencontres avec eux. Comme l'explique cette députée, les liens avec les groupes féministes contribuent à inspirer les politiciennes :

> [...] les ONG près de la colline parlementaire s'intéressent aux dossiers-femmes, et les liens qui existent entre elles et nous comme parlementaires sont une très bonne occasion d'obtenir des conseils, de l'appui et des suggestions par rapport aux domaines sur lesquels nous devrions nous concentrer (125, trad. libre).

Carroll (1992) a déjà démontré que les politiciennes américaines qui entretiennent des liens avec des groupes féministes (en étant elles-mêmes membres de ces groupes) sont plus soucieuses de représenter les femmes que celles qui n'entretiennent pas de tels rapports. Cet aspect des échanges entre l'élite politique féminine et la masse des femmes demeure à approfondir dans le contexte canadien[15].

Un autre moyen informel de représenter les femmes se situe davantage à un niveau symbolique, en offrant des modèles de femmes politiques. L'objectif ainsi poursuivi est de transformer les mentalités populaires en regard de l'exercice de la citoyenneté politique par les femmes, voire d'en inciter d'autres à faire le saut en politique. De façon plus marginale, on nous a également parlé d'étudier les décisions politiques en tenant compte de leurs effets différents sur l'un et l'autre sexe, de travailler à faire prendre conscience aux femmes de leurs conditions de vie discriminatoires, ou même, d'user de la séduction féminine comme moyen de représenter les femmes...

En dépit de leur sentiment d'efficacité, les politiciennes n'en voient pas moins leurs intentions limitées par des obstacles liés principalement à leur appartenance de parti et aux règles du jeu parlementaire. Du côté des obstacles liés aux organisations partisanes, celui de la discipline de parti ressort le plus fréquemment des réponses des députées. Les philosophies de parti rendent difficile l'obtention d'un consensus entre femmes d'horizons politiques différents, avec pour résultat un manque de concertation des élues dans la défense et la promotion de dossiers-femmes. S'il apparaît plus aisé aux députées du PLC et du BQ de s'entendre, les difficultés sont exacerbées avec les élues du Parti réformiste qui rejettent carrément (sauf une) l'idée même que les femmes constituent un groupe politiquement significatif. Ce clivage idéologique entre, d'une part, les députées du PLC et du BQ et, d'autre part, les députées réformistes n'est certes pas étranger, du moins en partie, à une conception différente du rôle de l'État, les premières lui reconnaissant une place active dans la gestion de la société politique, alors que les secondes se font plutôt les chantres d'une conception néolibérale qui plaide pour un rôle minimal de l'État. Dans ce contexte, comment les députées pourraient-elles se mobiliser en vue de représenter les femmes?

Outre la discipline et les philosophies partisanes, on mentionne également le manque d'ouverture des partis, lesquels hésitent à intégrer les questions-femmes à leur plate-forme électorale. Ils se montrent aussi réticents à nommer des femmes à des postes de responsabilité. Pourtant, ils auraient là l'occasion d'offrir des modèles de femmes titulaires de rôles de pouvoir en politique.

On évoque d'autres obstacles à la représentation politique des femmes, liés cette fois au contexte institutionnel et parlementaire. Ainsi, les contraintes de temps semblent limiter considérablement les capacités des femmes politiques de représenter la masse des femmes: elles manquent de temps pour étudier les dossiers-femmes et pour élaborer des stratégies en vue de les défendre. Pour certaines, le statut en Chambre se veut également un obstacle; les députées du parti au pouvoir ont l'avantage de pouvoir accéder à l'exécutif, voire au premier ministre. Le lent fonctionnement des administrations parlementaire et publique constitue une autre entrave à la représentation politique des femmes.

Un obstacle qui ressort cependant avec insistance est celui de la culture politique masculine. Comme le mentionnent Chowdhury et Nelson (1994), les institutions politiques formelles baignent dans une culture et une pratique propres à l'identité et aux expériences masculines : les modes de fonctionnement généralement associés aux hommes y dominent en toute légitimité. En outre, les institutions politiques sont traversées par une culture de la «fraternité» (ou le *Old Boys' Network*) qui, par définition, s'accommode mal de la présence des femmes. Ainsi, plusieurs élues ont mentionné être perçues comme des trouble-fête lorsqu'elles abordent un dossier-femmes, voire même être ignorées de leurs collègues masculins... Comme l'explique une députée, le nombre encore trop faible de femmes en politique a pour conséquence de limiter leurs capacités de parler et d'agir d'une façon favorable aux femmes et aux demandes féministes :

> Il y a beaucoup d'obstacles pour les femmes. Si vous parlez du rôle des élues de représenter les femmes, il faut faire très attention. Si vous exprimez votre opinion avec conviction, on vous marginalisera. On m'a dit que dès que la présidente du *caucus* des femmes se lève pour parler à la Chambre [...] ils n'écoutent tout simplement pas. Il faut faire attention à la manière dont vous livrez votre message. Il y a toutes sortes d'obstacles systémiques, comme le *Old Boys' Network*. Ici, nous devons nous battre pour avoir des toilettes pour femmes [...]. Si vous ne faites pas partie du groupe, il est difficile d'y entrer. Alors, si vous êtes une femme qui ne fait pas partie du groupe... (108, trad. libre).

Dans un article classique de la sociologie organisationnelle portant sur les rapports femmes-hommes, Kanter (1977) jette les fondements théoriques de la notion de «masse critique». Elle suggère que la proportion entre les différentes catégories de personnes au sein d'une organisation influence leurs interactions. Elle établit ainsi quatre types de groupes, dont le groupe asymétrique (*skewed group*) qui répond à la proportion 85/15, ce qui, globalement, représente la répartition actuelle des hommes et des femmes au Parlement canadien. Les femmes se trouvent alors non seulement en position d'être dominées numériquement, mais aussi culturellement : en tant que groupe quantitativement le plus important, les hommes définissent les valeurs, les normes et les modèles de comportement acceptables et les imposent aux femmes. Elles sont encore trop peu nombreuses pour constituer ce que Kanter nomme une «masse critique» capable de redéfinir la culture, les rapports entre les sexes et les rôles à l'intérieur de l'organisation où elles évoluent. En fait, la proportion actuelle de femmes aux Communes les situe entre le groupe asymétrique et le groupe incliné (ou *tilted group*, dont les proportions varient entre 85/15 et 65/35). Dans ce dernier cas, le groupe minoritaire — les femmes — est numériquement assez important pour constituer une masse critique essentielle à la remise en question des paramètres imposés par la partie majoritaire — les hommes. La culture organisationnelle devient plus hétérogène, c'est-à-dire plus ouverte à différentes façons de penser, de dire et de faire.

Dans cet esprit, nous croyons qu'un aspect crucial de la représentation politique des femmes réside dans la «démasculinisation» de l'univers politique[16]. Encore peu envisagée car échappant aux conceptions classiques de la représentation politique du *standing for* et *acting for*, il nous semble qu'une conséquence majeure de l'accès des femmes aux institutions politiques réside dans un travail de transformation d'une culture politique «mâle», afin qu'elle soit moins polarisée vers l'identité et les expériences d'un seul groupe et intègre davantage celles des femmes.

L'axe de l'impact

Selon la théorie de Kanter, à partir d'un seuil de 18 %, les femmes, bien que toujours en position minoritaire, se trouvent mieux en mesure de critiquer la culture masculine au sein d'une organisation, cherchant alors à la marquer de leurs expériences. Nous avons voulu savoir si une telle proposition nous aiderait à cerner la notion de représentation politique des femmes. Des études américaines le laissent croire; les politiciennes favoriseraient une transformation des perceptions de leurs collègues masculins quant aux rôles sociaux des femmes (MacManus 1981, O'Connor et Segal 1990, Saltzstein 1986, Welch et Thomas 1991). Nous avons donc demandé aux femmes parlementaires si elles croyaient faire une différence en politique et, le cas échéant, quel était son impact. Dans un contexte où la capacité des législatrices de parler et d'agir pour les femmes reste limitée à cause de leur faible nombre, la confiance en leurs possibilités de transformer la culture politique masculine constitue sans doute une nouvelle dimension de la représentation politique des femmes.

Une première observation frappante est la quasi-unanimité des réponses des politiciennes : toutes, sauf deux, ont soutenu une telle idée. Cependant, certaines envisagent cet impact en termes prospectifs et évolutifs : à plus long terme et en plus grand nombre, les femmes feront une différence, ajoutant une dimension temporelle à la proposition de Kanter. D'autres nuancent en suggérant que les différences proviennent aussi de la personnalité. D'une façon générale, les élues justifient l'impact des femmes en politique en recourant au discours de la différence : les politiciennes font une différence en raison de leur socialisation (ce processus assumant la liaison entre la femelle biologique et la femme sociale) et des rôles sociaux selon les sexes. Cette députée en donne un exemple :

> Il y a certaines différences, évidemment, [entre] les femmes et les hommes. Nos sentiments. Comment nous vivons les choses. Ce que nous considérons comme des priorités. Et quand on regarde tout... [ce que] ça prend pour devenir femme, on se rend évidemment compte qu'une femme peut parfois voir les choses un peu différemment. Ou qu'elle peut apporter un point de vue juste un petit peu différent. Et je pense que c'est important. [...] dans une famille, la mère et le père [...] apportent chacun leurs qualités particulières. Selon moi, c'est la même chose au Parlement, c'est pour cela que je pense que les différences sont très importantes (350, trad. libre).

L'institutionnalisation de la différence des sexes dans la famille repose sur une argumentation naturaliste (voir entre autres Mathieu 1971), que certaines reprennent intégralement, liant le biologique au social en matière d'identité sociosexuelle : « Nous avons une expérience collective. Je pense qu'il y a des différences biologiques, des différences biologiques évidentes, qui créent une réalité qu'il est important de comprendre » (125, trad. libre).

Une seconde observation concerne la définition de cette différence : elle s'inscrit dans une conception « privatisée » des femmes (Sapiro 1983), selon laquelle, même à l'extérieur de la sphère privée, les femmes restent pensées selon les modèles traditionnels rattachés au fait d'être femme, soit l'épouse, la mère et la ménagère. À ces rôles se rattachent des valeurs comme le sens moral et l'humanisme, la modestie et l'effacement, la minutie, la douceur, etc. Or cette conception des femmes imprègne l'argumentation des députées quant au sens de leur impact sur le style parlementaire. Nous illustrerons maintenant cette conception de leur influence en retenant trois aspects de la culture parlementaire, soit les façons de penser, de dire et de faire.

Les élues croient avoir un impact sur les façons de penser en politique. Ainsi, elles disent être plus attentives aux détails que les hommes :

> Une femme va souvent beaucoup plus en profondeur. Elle va chercher beaucoup plus d'exemples, de statistiques. Moi, ce que je vois, jusqu'à présent, c'est comme ça. Les hommes font plus de discours superficiels. [...] Souvent, au lieu de faire de la recherche, ils disent : « On va parler général. » C'est beaucoup plus général. C'est moins précis (238).

Une autre députée croit que si les femmes politiques peuvent être rationnelles, elles n'en intègrent pas moins des dimensions plus subjectives : « Il y a des femmes qui sont articulées, qui ne nient pas ce que j'appelle, moi, la réalité du cœur, mais qui sont capables de le dire d'une façon raisonnable et sensée et non "agressante" » (239). Aux femmes revient la gestion de l'affectif, en vertu de la division entre le privé et le public. Mais parce qu'elles sont dans l'espace public, les femmes politiques se trouvent à faire la jonction, le consensus diraient certaines d'entre elles, entre les valeurs du public et celles du privé.

On mentionne également que les façons de dire des femmes et des hommes politiques ne sont pas les mêmes. En fait, les femmes contribuent à transformer la forme et le fond des débats au Parlement. Ainsi, les caractéristiques des politiciennes cristallisent des intérêts qui devraient être intégrés aux discussions parlementaires :

«Je ne veux pas dire que les femmes au Parlement viennent nécessairement de milieux féminins traditionnels, mais certains éléments
de leur expérience reflètent un intérêt différent qui devrait aussi faire
partie du débat» (349, trad. libre). Au plan de la forme du discours,
les femmes se perçoivent comme plus «civilisées» et modérées que
les hommes lors de leurs interventions en Chambre:

> Le style des femmes à la Chambre des communes est certainement
> un peu plus discipliné, par exemple à la Période des questions, quand
> les gens font des commentaires, vous savez, des commentaires gros-
> siers de part et d'autre, je ne suis pas sûre que les femmes participent
> à ça. [...] Il semble que les femmes soient un petit peu plus courtoises
> et disciplinées dans leurs débats (351, trad. libre).

D'où leur rejet d'un langage parlementaire qui recourt aux injures
et consiste à interrompre continuellement; de là leur aversion d'un
certain style parlementaire qu'elles jugent pompeux: «Des gens à la
Chambre font un préambule, de vrais moulins à paroles, et on se
demande: "Va-t-il finir par en venir au fait?" C'est pourtant le moment de parler pour dire les vraies choses» (347, trad. libre).

Finalement, les femmes considèrent qu'elles affectent les façons de
faire en politique. L'idée maîtresse de cette conception «privatisée»
des femmes politiques veut qu'elles humanisent cette pratique:

> Notre présence fournit l'occasion d'assouplir nos pratiques de ges-
> tion, de permettre l'échec, de faire en sorte qu'il devienne acceptable
> de demander de l'aide... plus de douceur... Les gens parlent de bien-
> veillance, de gentillesse, peu importe. [...] D'après moi, la présence
> de plus de femmes au Parlement pourrait apporter cela. [...] Nous
> devons changer les normes, ça commence déjà, mais ça va changer
> encore plus avec [...] une représentation plus large (125, trad. libre).

Cette humanisation du politique par les femmes se traduit de différentes façons: elles font pression sur leurs collègues masculins afin
qu'ils modifient certains comportements sexistes et se posent comme
les salvatrices des mœurs politiques. En outre, en plus grand nombre,
elles pourraient insister pour que soient réconciliées les obligations
familiales et les responsabilités politiques:

> Je prends l'exemple de la Chambre ; la Chambre siège jusqu'à
> 6 heures et demie. Si j'avais des enfants à la garderie, à 6 heures ils
> doivent quitter la garderie. Qu'est-ce que je fais quand je suis en
> Chambre ? Il faut s'organiser pour avoir quelqu'un qui va chercher
> les enfants. S'il y avait plus de femmes qui prenaient les décisions, en
> ce qui concerne l'horaire de la Chambre, c'est évident qu'à 6 heures
> on aurait terminé (128).

Enfin, les femmes adopteraient un style politique moins conflictuel
(la confrontation étant davantage associée à la définition de l'identité masculine) et plus tourné vers la coopération :

> Je pense qu'il y a moins de barrières entre les femmes, même de
> partis différents, [...] qu'entre les hommes. Les hommes sont habi-
> tués à avoir des choses... Leur ancienneté est très importante. La dis-
> cipline de parti est très importante. Ici il y a autant de concurrence
> pour réussir dans les deux groupes, mais je pense que nous sommes
> plus habituées à coopérer, à préserver la paix... nous avons tendance
> à nous rapprocher facilement, ce que les hommes ne font pas, selon
> moi (115, trad. libre).

Nous avons présenté ces quelques exemples pour illustrer le fait
que, parce qu'elles sont définies en fonction du privé, la présence
des femmes dans l'arène parlementaire peut contribuer à « démas-
culiniser » la culture politique.

CONCLUSION

Certains des résultats présentés dans cet article soulèvent des
réflexions. Ainsi, nous croyons que cette représentation des femmes
en termes de « démasculinisation » de la culture politique découle
d'un contexte hostile à une représentation plus classique en termes
d'opinions et d'actions. Prenons simplement l'idéologie de parti qui
limite la possibilité pour les politiciennes de différentes allégeances
de s'unir autour de la cause des femmes (voir Tremblay et Pelletier
1995 : 149-156 ; Young 1997). Ceci est particulièrement vrai pour les
députées réformistes, qui refusent d'accorder une attention particulière à un quelconque groupe social — dont les femmes, qu'elles

définissent comme un groupe d'intérêts au même titre que le lobby des banques, des groupes linguistiques, etc. Par ailleurs, nous défendons l'idée que l'idéologie de parti — notamment la discipline de parti — peut constituer un atout à la représentation politique des femmes. Certes, cette règle comporte ses contraintes, dans la mesure où elle oblige les élues à endosser des projets de loi qui ne sont pas nécessairement favorables à la cause des femmes, mais elle peut aussi obliger les députés masculins à soutenir des législations favorables à la population féminine. Dans ce contexte, il importe que les militantes fassent inscrire leurs revendications au programme de leur parti politique, engageant ainsi — du moins en théorie — un éventuel gouvernement (même à majorité masculine) à les respecter.

Les pressions exercées par les groupes de femmes sur le gouvernement nous semblent tout aussi stratégiques. Nous pensons notamment aux larges mobilisations comme la marche «Du pain et des roses» de l'été 1995, où le gouvernement du Parti québécois a tout de même répondu favorablement à certaines demandes exprimées alors par les femmes. Finalement, il nous semble que la situation politique québécoise actuelle offre une ouverture aux pressions des groupes de femmes, puisque, dans l'éventualité d'un prochain référendum sur l'avenir constitutionnel du Québec, le gouvernement du Parti québécois ne peut se permettre de perdre l'appui de larges pans de l'électorat, à commencer par les femmes francophones.

Pour l'heure, la représentation des femmes, entravée par les barrières d'ordre formel, subit une pression pour se déplacer vers un terrain plus informel, soit vers un travail de transformation de la symbolique politique et parlementaire. Des recherches futures devraient tenter de cerner l'impact de cette «démasculinisation» de la culture politique, dans un contexte où les femmes trouvent encore peu de modèles politiques féminins, voire de modèles de leadership alternatif à l'exercice actuel du pouvoir politique. En outre, il serait important d'évaluer dans quelle mesure les législatrices sont disposées à agir sur les paramètres culturels de l'univers politique en vue de représenter les femmes.

Il nous semblerait également important de chercher à préciser les liens qui se développent, d'une part, entre les femmes parlementaires elles-mêmes et, d'autre part, entre celles-ci et les groupes féministes. En dépit des contraintes qui les empêchent de s'unir sur la base des questions-femmes, plusieurs politiciennes ont mentionné la coopération qui existe entre les élues sur certains dossiers, tel celui de la violence envers les femmes (thématique très près des considérations humanistes, il est vrai). Bien que cette question semble avoir la capacité de mobiliser les politiciennes, il reste à établir les conditions d'une telle collaboration entre législatrices, ses formes et ses effets possibles sur leur statut dans l'univers parlementaire. Disons qu'au sein même du PLC, le *caucus* des femmes joue un rôle important dans la représentation politique des femmes, en agissant comme un véritable groupe de pression sur le gouvernement. C'est là, il nous semble, un objet de recherche nouveau et important à approfondir.

De la même façon, si les liens avec les groupes féministes constituent sans aucun doute une source d'information, de motivation et d'organisation pour les politiciennes, les modalités pratiques de cette collaboration restent à établir. Le mouvement féministe québécois a déjà manifesté son intérêt pour cette question (D'Amours 1995). L'élection de féministes en politique en constitue un exemple : l'élection québécoise de 1994 a ouvert les portes de l'Assemblée nationale à plusieurs féministes. L'observation de la scène politique québécoise au cours des prochaines années permettra de saisir si, par-delà les paroles et les gestes, la représentation politique des femmes peut mener à une « démasculinisation » non seulement du style parlementaire, mais aussi des programmes politiques et des politiques publiques.

Notes

1. Cette recherche a été rendue possible grâce à une subvention du Conseil de recherches en sciences humaines du Canada (n° 410-93-0163). Les auteures tiennent à remercier Chantal Maillé pour ses commentaires sur cet article.

2. Notons que ces droits n'ont pas été accordés à toutes les femmes au même moment. À titre d'exemple, Maillé mentionne que « ce n'est qu'en 1960 que les Inuit hommes et femmes et les Indiennes et Indiens inscrits vivant dans les réserves ont pu exercer leur droit de vote » (1990a : 1).

3. Un sondage réalisé par Gallup Canada permet de constater qu'en 1975 73 % des personnes interrogées n'avaient pas de préférence quant au sexe de la personne dirigeant un parti politique fédéral, cette proportion se situant à 77 % en janvier 1993 (Bozinoff et Turcotte 1993).

4. Plusieurs études démontrent que les femmes en politique font l'objet de discrimination sous diverses formes : relations hiérarchiques et sexistes avec les collègues masculins (Tremblay et Pelletier 1995 : 102-124), exclusion des postes d'influence dans les partis (Bashevkin 1982, 1991, 1993 : 65-92), ressources financières moindres au moment de s'engager dans une course à l'investiture (Brodie 1991), attribution de circonscriptions moins compétitives (Erickson 1991, 1993, et, pour un autre son de cloche, voir Pelletier et Tremblay 1992, Studlar et Matland 1996).

5. Notre intention n'est toutefois pas d'affirmer que seules les composantes personnelles et sociales influencent les politiciennes quant à leur rôle à l'égard de la masse des femmes. D'autres éléments interviennent, dont les facteurs liés aux institutions, comme la proportion de femmes au sein d'une organisation où elles se retrouvent dans un rôle non traditionnel (Kanter 1977, Yoder 1991), et les pressions à la conformité (Thomas 1994 : 85-104).

6. Les entretiens étaient de type semi-directif, tous enregistrés sauf un, ils avaient une durée moyenne d'environ 50 minutes. Chaque entrevue a été retranscrite intégralement ; les références des extraits cités ici renvoient à ces transcriptions.

7. Cette image des politiciennes comme « chiens de garde » des intérêts des femmes n'est certes pas étrangère au traitement médiatique des femmes politiques. Il y aurait donc lieu de se demander dans quelle mesure les femmes dans la population en général ont intériorisé une telle image du rôle des politiciennes, ce qui dépasse largement l'objet de cet article.

8. Parler des « intérêts de la masse des femmes » n'est pas sans soulever certains questionnements. Outre l'aspect normalisateur et réducteur d'une telle idée, la question se pose de savoir s'il est possible de penser les femmes comme un groupe uni par une communauté d'intérêts (voir Vickers 1997, Young 1994). Primo, les expériences des femmes répondent bien davantage aux critères de la diversité qu'à ceux de l'unité. Secundo, appliquer la logique de la politique des groupes d'intérêts aux femmes ne peut se faire sans poser certains problèmes (voir notam-

ment Diamond et Hartsock 1981, Sapiro 1981). Tertio, il est aisé de défendre l'idée que ce qui peut être vu comme étant dans l'intérêt d'un profil de femmes ne répond pas nécessairement aux expériences d'autres femmes. Il suffit pour cela de penser aux dissensions au sein du féminisme entre les lesbiennes et les femmes hétérosexuelles ou, encore, aux clivages en fonction de la langue d'expression privilégiée au Canada, nommément les conflits entre les Canadiennes anglophones, les francophones hors Québec, les Franco- et les Anglo-Québécoises.

9. La notion de «demandes formulées par le mouvement féministe» nécessite également certaines précisions. Elle réfère aux revendications exprimées principalement, mais non exclusivement, par le mouvement féministe. Ces demandes impliquent des retombées plus nombreuses et plus manifestes pour les femmes que pour les hommes. Par exemple, bien que la revendication, formulée au moment de la marche «Du pain et des roses», d'augmenter le salaire minimum ne concerne pas que les femmes (des hommes travaillent aussi au salaire minimum), statistiquement plus de femmes que d'hommes se trouvent au bas de l'échelle salariale. Qui plus est, il importe aussi de préciser qu'il ne se dégage pas de consensus au sein du mouvement féministe sur la nature de ces «demandes féministes». Une telle absence de consensus est particulièrement évidente au Québec dans le débat sur le port du voile islamique.

10. La distinction entre les argumentations naturaliste et sociologique reste théorique. Dans la réalité, il nous semble plus juste d'envisager ces logiques comme étant étroitement entremêlées (complémentaires, en fait).

11. Projet qui cherche en fait de plus en plus à s'ouvrir à la critique postmoderne de la diversité parmi les femmes elles-mêmes, caractéristique par rapport à laquelle les élues montrent d'ailleurs une grande sensibilité. Comme l'explique de Sève: «la quête d'autonomie individuelle qui incite chacune à se construire comme sujet indépendamment de toute assignation extra-déterminée à une identité de sexe, de genre, de classe, d'ethnie ou de race demeure la quintessence de la théorie féministe comme théorie critique» (1994: 29). En réalité, cet aménagement des positions féministes n'est plus fixe, mais modelé par des événements historiques et culturels.

12. À cet effet, nous avons posé la question suivante: «Nous parlions de représentation politique tout à l'heure. Personnellement, croyez-vous avoir la responsabilité particulière de représenter la population féminine?»

13. Lequel permet à chaque membre du Parlement de «faire une déclaration pendant au plus une minute» (Canada 1994a).

14. En fait, à cette occasion les femmes de tous les partis (même du Parti réformiste) se sont entendues pour parler de sujets qui concernent les femmes, tout en respectant la philosophie de leur parti. Pour avoir une idée de la teneur des débats en Chambre à cette occasion, voir Canada 1994b.

15. Édith Garneau a abordé cette question dans *Politiciennes et réseaux de femmes dans la région d'Ottawa : conjuration, connivence ou représentation politique*.

16. Historiquement, les femmes ont été exclues du domaine politique, non seulement de sa pratique, mais aussi de son univers symbolique : ce sont les hommes qui ont défini les valeurs et les règles du jeu politique, qui les ont traduites dans des institutions à travers un exercice quotidien de la gouverne, pour en devenir les acteurs quasi exclusifs — pour ne pas dire exclusifs jusqu'à une époque récente. En raison d'une socialisation qui marque encore les filles et les garçons d'une façon différente, les femmes arrivent en politique comme des *outsiders* : peu nombreuses, elles doivent non seulement s'adapter à la culture ambiante, mais permettre à leurs collègues masculins de cohabiter avec elles. Comme nous le verrons en analysant l'impact des députées, cette mise en commun passe par de nombreuses critiques de la part du groupe minoritaire des façons de penser, de dire et de faire du groupe majoritaire, même si dans l'ensemble elles se conforment à la culture parlementaire. Ne disposant pas encore de la force du nombre, les femmes affirment leurs différences non pas dans les espaces spécifiquement codifiés de l'univers politique et parlementaire (par exemple, en s'opposant à la discipline de parti), mais dans leurs façons d'interpréter et de gérer leur rôle politique. Précisons en outre que cette notion de «démasculinisation» n'a pas pour corollaire la féminisation totale de l'univers politique.

Bibliographie

BASHEVKIN, Sylvia B. (1993). *Toeing the Lines. Women and Party Politics in English Canada*, 2e édition, Toronto, Oxford University Press.

_____ (1991). «La participation des femmes aux partis politiques» dans Kathy Megyery (dir.), *Les femmes et la politique canadienne. Pour une représentation équitable*, Montréal, Wilson & Lafleur, coll. d'études de la Commission royale d'enquête sur la réforme électorale et le financement des partis, n° 6, p. 67-88.

_____ (1989). «Political parties and the representation of women» dans Alain-G. Gagnon et Brian A. Tanguay (dir.), *Canadian Parties in Transition*, Toronto, Nelson Canada, p. 446-460.

_____ (1982). «Women's participation in the Ontario political parties, 1971-1981», *Journal of Canadian Studies*, vol. 17, n° 2, p. 44-54.

BERKMAN, Michael B. et Robert E. O'CONNOR (1993). «Do women legislators matter? Female legislators and State abortion policy», *American Politics Quarterly*, vol. 21, n° 1, p. 102-124.

BOZINOFF, Lorne et André TURCOTTE (1993). «Effects of a woman party leader on electorate remains stable», *Gallup Report*, 14 janvier.

BRODIE, Janine (en coll. avec Celia CHANDLER) (1991). «Les femmes et le processus électoral au Canada» dans Kathy Megyery (dir.), *Les femmes et la politique canadienne. Pour une représentation équitable*, Montréal, Wilson & Lafleur, coll. d'études de la Commission royale d'enquête sur la réforme électorale et le financement des partis, n° 6, p. 3-66.

BURRELL, Barbara C. (1994). *A Woman's Place is in the House. Campaigning for Congress in the Feminist Era*, Ann Arbor, University of Michigan Press.

CANADA (Chambre des communes) (1994a). *Règlement de la Chambre des communes*, Ottawa, Communication Canada.

_____ (1994b). *Débats de la Chambre des communes*, 35e législature, 1re session, Ottawa, Communication Canada, 8 mars.

CARROLL, Susan J. (1994). *Women as Candidates in American Politics*, Bloomington, Indiana University Press.

_____ (1992). « Women State legislators, women's organizations, and the representation of women's culture in the United States » dans Jill M. Bystydzienski (dir.), *Women Transforming Politics. Worldwide Strategies for Empowerment*, Bloomington, Indiana University Press, p. 24-40.

CHOWDHURY, Najma et Barbara J. NELSON (en coll. avec Kathryn A. CARVER, Nancy J. JOHNSON et Paula L. O'LOUGHLIN) (1994). « Redefining politics : Patterns of women's political engagement from a global perspective » dans Barbara J. Nelson et Najma Chowdhury (dir.), *Women and Politics Worldwide*, New Haven, Yale University Press, p. 3-24.

COMMISSION BIRD (1970). *Rapport de la Commission royale d'enquête sur la situation de la femme au Canada*, Ottawa, Approvisionnements et Services Canada.

COMMISSION LORTIE (1991). *Pour une démocratie électorale renouvelée. Rapport final*, Montréal, Wilson & Lafleur, coll. d'études de la Commission royale d'enquête sur la réforme électorale et le financement des partis, n° 1.

D'AMOURS, Martine (1995). « Entre les élues et les groupes de femmes. Le courant passera-t-il ? », *La Gazette des femmes*, vol. 16, n° 4, p. 15-20.

DEPATIE, Francine (1971). *La participation politique des femmes au Québec*, Ottawa, Information Canada, coll. d'études préparées pour la Commission royale d'enquête sur la situation de la femme au Canada, n° 10.

De SÈVE, Micheline (1994). « Femmes, action politique et identité », *Cahiers de recherche sociologique*, n° 29, p. 25-39.

DIAMOND, Irene (1977). *Sex Roles in the State House*, New Haven, Yale University Press.

DIAMOND, Irene et Nancy HARTSOCK (1981). « Beyond interests in politics : A comment on Virginia Sapiro's "When are interests interesting ? The problem of political representation of women" », *American Political Science Review*, vol. 75, n° 3, p. 717-721.

DODSON, Debra et Susan J. CARROLL (1991). *Reshaping the Agenda : Women in State Legislatures*, New Brunswick (N. J.), Rutgers-The State University of New Jersey, Eagleton Institute of Politics, Center for the American Woman and Politics.

DUVERGER, Maurice (1955). *La participation des femmes à la vie politique*, Paris, UNESCO.

EICHLER, Margrit (1979). «Sex equality and political participation of women in Canada. Some survey results», *International Review of Sociology*, vol. 15, n° 7, p. 49-75.

ERICKSON, Lynda (1993). «Making her way in: Women, parties and candidacies in Canada» dans Joni Lovenduski et Pippa Norris (dir.), *Gender & Party Politics*, Londres, Sage, p. 60-85.

_____ (1991). «Les candidatures de femmes à la Chambre des communes» dans Kathy Megyery (dir.), *Les femmes et la politique canadienne. Pour une représentation équitable*, Montréal, Wilson & Lafleur, coll. d'études de la Commission royale d'enquête sur la réforme électorale et le financement des partis, n° 6, p. 111-137.

GARNEAU, Édith (1995). *Politiciennes et réseaux de femmes dans la région d'Ottawa: conjuration, connivence ou représentation politique*, thèse de maîtrise, Ottawa, Université d'Ottawa, Département de science politique.

GRUBERG, Martin (1968). *Women in American Politics; An Assessment and Sourcebook*, Oshkosh, Academia Press.

KANTER, Rosabeth Moss (1977). «Some effects of proportions on group life: Skewed sex ratios and responses to token women», *American Journal of Sociology*, vol. 82, n° 5, p. 965-990.

KIRKPATRICK, Jeane J. (1976). *The New Presidential Elites. Men and Women in National Politics*, New York, Russell Sage.

_____ (1974). *Political Woman*, New York, Basic Books.

KLEIN, Ethel (1984). *Gender Politics. From Consciousness to Mass Politics*, Cambridge, Harvard University Press.

MacMANUS, Susan A. (1981). «A city's first female officeholder: "Coattails" for future female officeseekers?», *Western Political Quarterly*, vol. 34, n° 1, p. 88-99.

MAILLÉ, Chantal (1990a). *Vers un nouveau pouvoir. Les femmes en politique au Canada*, Ottawa, Conseil consultatif canadien sur la situation de la femme.

_____ (1990b). *Les Québécoises et la conquête du pouvoir politique*, Montréal, Saint-Martin.

MATHIEU, Nicole-Claude (1971). « Notes pour une définition sociologique des catégories de sexe », *Épistémologie sociologique*, vol. 2, n° 2, p. 19-39.

MEZEY, Susan Gluck (1980). « Perceptions of women's roles on local councils in Connecticut » dans Debra W. Stewart (dir.), *Women in Local Politics*, Metuchen (N. J.), Scarecrow Press, p. 177-197.

MUELLER, Carol (1982). « Feminism and the New Women in public office », *Women & Politics*, vol. 2, n° 3, p. 7-21.

NORRIS, Pippa (1986). « Women in Congress : A policy difference ? », *Politics*, vol. 6, n° 1, p. 34-40.

O'CONNOR, Karen et Jeffrey A. SEGAL (1990). « Justice Sandra Day O'Connor and the Supreme Court's reaction to its first female member », *Women & Politics*, vol. 10, n° 2, p. 95-104.

PELLETIER, Réjean et Manon TREMBLAY (1992). « Les femmes sont-elles candidates dans des circonscriptions perdues d'avance ? De l'examen d'une croyance », *Canadian Journal of Political Science/Revue canadienne de science politique*, vol. 25, n° 2, p. 249-267.

PITKIN, Hanna Fenichel (1967). *The Concept of Representation*, Berkeley, University of California Press.

SALTZSTEIN, Grace Hall (1986). « Female mayors and women in municipal jobs », *American Journal of Political Science*, vol. 30, n° 1, p. 140-164.

SAPIRO, Virginia (1983). *The Political Integration of Women. Roles, Socialization, and Politics*, Urbana, University of Illinois Press.

_____ (1981). « Research frontier essay : When are interests interesting ? The problem of political representation of women », *American Political Science Review*, vol. 75, n° 3, p. 701-716.

SHARPE, Sydney (1994). *The Gilded Ghetto : Women and Political Power in Canada*, Toronto, Harper Collins.

SIGEL, Roberta S. (1996). *Ambition & Accommodation. How Women View Gender Relations*, Chicago, The University of Chicago Press.

SINEAU, Mariette (1988). *Des femmes en politique*, Paris, Economica.

STUDLAR, Donley T. et Richard E. MATLAND (1996). « The dynamics of women's representation in the Canadian provinces : 1975-1994 », *Canadian Journal of Political Science/Revue canadienne de science politique*, vol. 29, n° 2, p. 269-293.

TARDY, Évelyne et Manon TREMBLAY (1994). « Différences de genre et méthodologie : enquête auprès des mairesses et des maires du Québec », communication présentée au colloque *Femmes et représentation politique au Canada/Women and Political Representation in Canada*, Ottawa, Université d'Ottawa.

THOMAS, Sue (1994). *How Women Legislate*, New York, Oxford University Press.

_____ (1989). « Voting patterns in the California Assembly : The role of gender », *Women & Politics*, vol. 9, n° 4, p. 43-56.

THOMPSON, Joan Hulse (1980). « Role perceptions of women in the Ninety-Fourth Congress, 1975-1976 », *Political Science Quarterly*, vol. 95, n° 1, p. 71-81.

TREMBLAY, Manon (1996). « Do political women represent women ? Views of discrimination and representation among female and male mayors in Québec », *International Review of Women and Leadership*, vol. 2, n° 1, p. 34-46.

_____ (1995). « Gender and support for feminism. A case study of 1989 Quebec general election » dans François-Pierre Gingras (dir.), *Gender and Politics in Contemporary Canada*, Toronto, Oxford University Press, p. 31-55.

_____ (1993). « Political party, political philosophy and feminism : A case study of the female and male candidates in the 1989 Quebec general election », *Canadian Journal of Political Science/Revue canadienne de science politique*, vol. 26, n° 3, p. 507-522.

_____ (1992). « Quand les femmes se distinguent : Féminisme et représentation politique au Québec », *Canadian Journal of Political Science/Revue canadienne de science politique*, vol. 25, n° 1, p. 55-68.

TREMBLAY, Manon et Réjean PELLETIER (1995). *Que font-elles en politique ?*, Sainte-Foy, PUL.

_____ (1993). « Femmes et représentation politique : sur quelques perceptions des députées et députés du Québec », *Recherches féministes*, vol. 6, n° 2, p. 89-114.

VALLANCE, Elizabeth (1979). *Women in the House : A Study of Women Members of Parliament*, Londres, Athlone Press.

VICKERS, Jill (1997). « Toward a feminist understanding of representation » dans Jane Arscott et Linda Trimble (dir.), *In the Presence of Women. Representation in Canadian Governments*, Toronto, Harcourt Brace, p. 20-46.

WELCH, Susan et Sue THOMAS (1991). « Do women in public office make a difference ? » dans Debra L. Dodson (dir.), *Gender and Policymaking. Studies of Women in Office*, New Brunswick (N. J.), Rutgers-The State University of New Jersey, Eagleton Institute of Politics, Center for the American Woman and Politics, p. 13-19.

WHIP, Rosemary (1991). « Representing women : Australian female parliamentarians on the horns of a dilemma », *Women & Politics*, vol. 11, n° 3, p. 1-22.

YODER, Janice D. (1991). « Rethinking tokenism : Looking beyond numbers », *Gender and Society*, vol. 5, n° 2, p. 178-192.

YOUNG, Iris Marion (1994). « Gender as seriality : Thinking about women as a social collective », *Signs*, vol. 19, n° 3, p. 713-738.

YOUNG, Lisa (1997). « Fulfilling the mandate of difference : Women in the Canadian House of Commons » dans Jane Arscott et Linda Trimble (dir.), *In the Presence of Women. Representation in Canadian Governments*, Toronto, Harcourt Brace, p. 82-103.

Lectures suggérées

MAILLÉ, Chantal (1991). « La problématique de la représentation politique des femmes : où en sommes-nous ? », Gouvernement du Québec, *L'égalité. Les moyens pour y arriver*, Québec, Publications du Québec, p. 51-62.

PHILLIPS, Anne (1991). *Engendering Democracy*, University Park, Pennsylvania State University Press (particulièrement les pages 60 à 91).

SAPIRO, Virginia (1981). « Research frontier essay : When are interests interesting ? The problem of political representation of women », *American Political Science Review*, vol. 75, n° 3, p. 701-716.

TREMBLAY, Manon et Réjean PELLETIER (1995). *Que font-elles en politique ?*, Sainte-Foy, PUL.

UNE FEMME EN POLITIQUE MUNICIPALE : TÉMOIGNAGE D'UNE CANDIDATE AUX ÉLECTIONS À LA MAIRIE DE MONTRÉAL, 1994

Yolande Cohen

La question de la représentation des femmes en politique, objet de cet ouvrage, se pose encore dans des termes archaïques, il faut bien le dire. Les femmes ne sont pas encore la majorité dans les parlements et encore moins dans les sphères de pouvoir réel, même si elles sont désormais prises en compte. La question, maintes fois analysée par une abondante production critique ces trente dernières années, est encore d'actualité et mérite plus ample réflexion. Plutôt que de l'aborder comme je l'ai déjà fait auparavant, j'ai choisi de présenter un témoignage à partir de ma propre expérience de femme projetée en politique par un beau matin d'été[1].

C'est sur la scène municipale montréalaise que cette expérience fort enrichissante a eu lieu. La raison en est simple : la participation des femmes aux élections municipales et scolaires ne soulève pas autant de résistances qu'aux niveaux provincial et fédéral puisqu'elles y sont nettement plus représentées. Et en ce sens, ma candidature à la mairie s'inscrit bien dans la tendance nationale observée par Maillé et Tardy (1988) qui notent la prédominance de candidatures féminines au municipal[2] — bien qu'à Montréal, peu de femmes s'y soient aventurées. En ce qui concerne l'âge, à quarante-cinq ans, je ne démentais pas non plus la moyenne nationale : selon les données canadiennes, l'âge moyen des femmes qui s'engagent dans les activités politiques se situe après la quarantaine (Strong-Boag 1988). Plus ou moins libérées des contraintes de carrière ou de famille, ces femmes imaginent pouvoir s'adonner plus facilement aux joies de l'exercice actif de la citoyenneté.

L'apparente proximité du pouvoir municipal et des problèmes quotidiens facilite également l'engagement des femmes (qui n'ont pas à envisager de longs déplacements, par exemple). En outre, l'image controversée que projettent souvent les politiciens a conduit à désacraliser la fonction politique, qui apparaît plus accessible, incitant nombre de femmes à faire le saut. Après tout, elles peuvent en faire autant, alors même que les politiques d'action positive les encouragent à briguer des postes traditionnellement réservés à des notables, à des hommes d'affaires, ou à d'autres membres des professions libérales.

Ma première incursion en politique municipale (je m'étais présentée dans le district 22 en 1990 pour Montréal Écologique mais sans faire campagne), l'automne 1994, comme candidate à la mairie de Montréal pour un petit parti au nom imprononçable, la Coalition démocratique-Montréal Écologique (CDME), m'a permis de faire l'expérience *in vivo* de ce que signifie la participation d'une femme à la politique. Pour ponctuelle qu'elle soit, cette expérience m'a donné un aperçu des difficultés de mettre des convictions en pratique, bref de passer du discours aux actes. Ayant réfléchi pendant de longues années sur la question des femmes et du pouvoir politique, et ayant toujours trouvé le jeu partisan trop limité, je me suis longtemps abstenue de faire le saut en politique active. L'extrême polarisation du débat national au Québec et mon statut de Québécoise d'adoption ajoutaient à ces blocages et au malaise que ressentent souvent les femmes qui veulent jouer leur rôle de citoyenne à part entière. Alors pourquoi m'être engagée en 1994, si tardivement alors que la campagne était largement amorcée, et dans ce parti?

PETITE HISTOIRE D'UNE CAMPAGNE ÉLECTORALE

À une journaliste qui m'interrogeait sur les raisons de mon engagement dans cette campagne, j'ai répondu qu'il était conséquent avec mes engagements de toujours, dans le mouvement étudiant d'abord, et dans le féminisme ensuite, dans le mouvement écologiste aujourd'hui; autant dire dans une mouvance de gauche dont j'ai souvent douté de l'efficacité mais jamais vraiment mis en question la pertinence sociale. Il lui apparaissait insensé qu'une femme, universitaire, mère de deux enfants et relativement satisfaite de son sort se jette dans la mêlée au sein d'une formation politique qui, du fait de sa dualité (les deux partis, la Coalition démocratique et Montréal Écologique, n'avaient pas fusionné mais s'étaient fédérés, gardant leurs prérogatives intactes), la faisait douter du résultat. J'essayais tant bien que mal de la convaincre de l'importance d'avoir une candidate progressiste qui fasse valoir les questions de la pauvreté, du logement social, des défis écologiques, de la sécurité dans les rues, etc. sur une tribune publique. Il fallait faire de la politique différemment et faire fonctionner la démocratie de façon à la rendre réelle (notre fameux slogan de la démocratie participative). Elle resta sceptique — elle en avait entendu d'autres avant moi proférer de grands principes — et doutait de notre capacité à réaliser, par exemple, la collecte sélective des déchets sur tout le territoire de la Communauté urbaine de Montréal (CUM) sans, comme nous le prétendions, augmenter les taxes. En d'autres termes, comment pouvions-nous procéder à des réformes aussi substantielles que l'amélioration de l'environnement, la réduction de la pauvreté, la construction de nouveaux logements sociaux sans alourdir le fardeau fiscal des Montréalais?

Une question de choix, entre le social et le somptuaire, entre le gaspillage et l'économie, entre la gauche et la droite, pour l'écologie sociale, lui répondis-je sans sourciller. Je savais que ce n'était pas si simple, et qu'il nous serait difficile, au cours de cette campagne électorale, de nous prononcer sur la façon dont nous allions «régler» le problème de Montréal, qui se posait, cette année-là particulièrement, en termes d'allègement du fardeau fiscal. Sur cette question cruciale, la CDME n'avait qu'une position de principe, soit que les taxes sont nécessaires pour rétablir l'équité sociale, et une stratégie, qui était de ne pas faire de fausse représentation ou de démagogie; car, pensait-on, la question des taxes n'était que le révélateur de la diminution de la population vivant à Montréal.

Il fallait, j'en convins aisément, ramener les gens à Montréal, combattre l'étalement urbain et la concurrence que se font les villes de la CUM pour attirer les commerces, les industries et les ménages. Le fardeau fiscal, réparti sur une population plus dense, serait moindre. Tout le monde dès lors s'entendait pour revitaliser Montréal, pour demander un nouveau pacte fiscal avec Québec qui avantagerait Montréal par des paiements de péréquation par exemple ; les moyens à mettre en œuvre pour réaliser ce programme différaient. Mais pratiquement il fallait aussi être sensible à l'appauvrissement des Montréalais et aborder la question des taxes de façon particulière. Telles étaient les questions, sans réponse simple, auxquelles j'allais me trouver confrontée.

Ainsi, engagée dans une campagne électorale dont le nouveau-vieux parti fédérant ME et Coalition démocratique (CDME) n'avait pas imaginé le déroulement, je me suis trouvée projetée dans un tourbillon dont j'ai encore des difficultés à faire le bilan. Il faut faire un double constat ici : *a*) conformément à la règle maintes fois décrite (voir entre autres Drouilly et Dorion 1988, Vickers 1989, Bashevkin 1983, 1993, Cohen 1994), ce sont les petits partis, qui n'ont aucune chance de gagner qui vont chercher des candidates et *b*) les femmes qui acceptent implicitement d'être des «candidatures-sacrifice» ne servent qu'à mousser celles des autres. Les budgets, dérisoires, mis à la disposition de la candidature à la mairie et le refus de vétérans de la politique municipale de se présenter à ce poste traduisent bien où étaient nos priorités. Toutefois, on comprend aussi l'intérêt que peut susciter une candidature féminine en termes médiatiques et symboliques...

Parfaitement consciente de ces données, j'aurais fort bien pu refuser le jeu que l'on me proposait : les dés étaient pipés. Contre toute attente, j'acceptai pour des raisons diverses. Tout d'abord, j'étais membre fondatrice de Montréal Écologique, et sans en être une militante assidue, j'avais contribué à lui donner certaines orientations qui me tenaient à cœur (l'écoféminisme et la justice sociale en particulier). Mon engagement dans un parti municipal aux grandes prétentions et aux réalisations modestes me posait néanmoins quelques problèmes. Résolument hostile au syndrome de l'éclatement, qui caractérise souvent les velléités de changement dans ces petits groupes, je m'en étais éloignée en pressant mes amis de cesser les batailles internes. Ils m'assurèrent quand ils vinrent me proposer d'être candidate que la nouvelle fédération répondait à mes attentes et que la réunification complète n'était qu'une affaire de mois...

D'autre part, il me semblait aussi qu'accepter de faire campagne signifiait l'ouverture d'alternatives possibles : le débat est toujours salutaire pour la démocratie. Il y avait également une part de jeu dans ma décision : l'envie de connaître les réactions que provoque le parler vrai, parce que c'est ce à quoi on croit profondément. C'était sous-estimer, dois-je aussi avouer, l'ampleur des forces auxquelles je serais confrontée : ambitions personnelles et partisanes, mobilisation de ressources énormes (financières et humaines), intérêts nombreux et contradictoires qui ont fait de l'arène municipale leur fief. Bref, le combat serait forcément très inégal entre les principaux prétendants à la mairie. Serais-je prise au sérieux ?

C'est l'autre surprise que nous réservait cette campagne : d'emblée, j'apparaissais parmi les quatre principaux candidats appelés à débattre de l'avenir de Montréal. La présence de deux conseillers au sein de la CDME, vétérans bien connus de l'opposition à l'Hôtel de Ville, le fait de présenter une femme à la mairie et de nombreux candidats des minorités dites ethniques contribuèrent à nous projeter à l'avant-scène du débat. L'élement de nouveauté a joué en notre faveur. Durant la conférence de presse annonçant ma candidature à la mairie, un journaliste nous a demandé si la CDME était un parti ethnique (le fait d'être moi-même d'origine marocaine et la présence d'anglophones et de membres des minorités visibles à la conférence de presse explique cette remarque, qui fait aussi l'amalgame entre les femmes et les minorités ethniques). C'est sans doute cette configuration particulière de la CDME qui a suscité l'intérêt des médias. Notre entrée sur la scène publique se faisait sous le signe du changement, avec des têtes et des idées nouvelles.

La dynamique soudain devint autre : en nous prenant au sérieux, les journalistes d'abord et la population ensuite nous forçaient à être à la hauteur de leurs attentes. À partir de là, les choses changeaient : il ne s'agissait plus de faire acte de présence pour nous faire connaître, il nous fallait devenir crédibles. Cela signifiait concrètement constituer une équipe forte pour faire campagne, réviser notre programme pour qu'il soit compréhensible par tous, faire une campagne de financement adéquate, etc. En somme, il nous aurait fallu sortir du cocon groupusculaire dans lequel nous nous complaisions pour devenir une véritable option politique.

ANATOMIE D'UNE DÉFAITE (OU D'UNE VICTOIRE SYMBOLIQUE)

J'ai vite acquis la conviction qu'il nous fallait démontrer la pertinence de nos propositions mais aussi notre capacité à rendre nos principes tangibles et concrets. Si nous avons réussi à sensibiliser l'opinion publique à l'existence d'alternatives à l'administration aveugle des finances publiques, nous sommes restés loin d'une actualisation de notre programme en termes de réponses concrètes à des questions précises: comment faire pour que la gestion écologique des déchets puisse être réalisée sans que cela ne coûte des millions supplémentaires? Que faire de la carrière Miron? Du stationnement, du Casino et de toutes les sociétés paramunicipales de Montréal, du conflit avec les cols bleus?

Le manque de vision des autres partis municipaux et notre propre incapacité à faire que notre vision n'apparaisse pas utopique, donc irréalisable, nous ont conduits à l'impasse des débats centrés sur les taxes. Purement électoraliste, ce débat oscillait entre des promesses de baisser telles taxes (l'abolition de la surtaxe sur les commerces, par exemple, promise par Pierre Bourque) et la nécessité de maintenir les principaux services municipaux pour lesquels les gens restent à Montréal. Comment sortir de ces questions qui enferment les gens dans de faux dilemmes et réduisent la réalité à des équations démagogiques? La pire étant la proposition du candidat Bourque de laisser trente minutes de grâce aux automobilistes pour le paiement des parcomètres...

Certes, une campagne n'est sans doute pas le lieu pour discuter les détails du fonctionnement d'une administration, mais alors quand les gens vont-ils savoir de quoi il s'agit réellement? Mon *a priori* du parler vrai et en profondeur en a sans doute rebuté plus d'un, mais la fonction éducative d'une campagne restait pour moi un des objectifs majeurs de mon implication (on n'est pas professeure pour rien). À défaut de gagner les élections, je tâchais d'en élever le débat...

La difficulté était de rendre compatibles des principes et la capacité de payer de la population montréalaise. Ainsi, les mesures pour diminuer l'accès des voitures au centre-ville et améliorer le système de transport public impliquent des dépenses considérables, qui n'ont jamais été engagées en temps de croissance et qui sont difficiles à réaliser en temps de crise. Elles impliquent surtout une détermination et une concertation réelle de la part des gouvernants des différentes villes et de Québec.

Irréalistes ces propositions? Peut-être; en tout cas, dans la façon dont elles étaient formulées, on semblait ignorer la grave crise des finances publiques. Car s'il est vrai que la politique écologiste permet d'aboutir à des formes de développement durable, et donc d'économie à grande échelle, il est aussi certain qu'elle contrevient aux pratiques actuelles, basées sur une économie de consommation et de destruction.

En ce sens, il s'agissait de montrer qu'il existe une autre priorisation, qui tient compte de l'écologie et qui peut rapporter en termes de développement urbain et social, par la réduction des dépenses de santé liées à la pollution des villes par exemple. Mais il y a loin des études attestant des bienfaits de l'écologie à leur réalisation effective. En campagne électorale, ces objectifs apparaissaient plutôt comme des perspectives lointaines, qu'on ne parviendrait à réaliser que s'ils étaient financièrement accessibles. Il s'agissait de trouver les moyens de les réaliser avec les ressources existantes, sans imposer des taxes du genre pollueur-payeur, qui mènent à l'exclusion, en favorisant plutôt des mesures incitatives qui améliorent la qualité de vie des gens sans punir (le covoiturage, les voies réservées pour le transport en commun en sont de bons exemples). Ces idées devaient permettre de rendre notre programme plus opératoire dans une conjoncture difficile, où tout en étant sensible à l'écologie, la population n'en faisait pas sa priorité. Pour nous non plus, elles n'étaient pas prioritaires ni suffisamment intégrées à notre campagne. Ce qui repose le problème du parti et de sa capacité à défendre et à faire adopter ses positions par l'électorat.

L'articulation de positions électorales par un parti, dont une fraction est antiélectoraliste et l'autre dans l'opposition, fut extrêmement difficile sinon impossible à réaliser. Car derrière les slogans de démocratie participative se cache l'incapacité de prendre des décisions ouvertement et de se doter d'une organisation qui fonctionne (le refus d'avoir un chef, par exemple, a conduit à des situations cocasses où n'étant pas chef du parti, je ne pouvais répondre aux journalistes sur certaines questions), ce qui laissait ouverte la voie de la tyrannie d'un groupe sur les autres, ou d'individus sur le groupe. Je ne raconterai pas une autre fois l'histoire de l'idéal trahi. Depuis des lustres, cette histoire est bien connue, et l'idéal, qu'il soit socialiste, écologiste ou humanitaire sort toujours amoché de sa confrontation avec la classe politique.

Alors, devons-nous comprendre que la politique ne peut être pratiquée que par certains dinosaures prêts à tout pour exercer le pouvoir et qu'il nous reste le large champ du contre-pouvoir, de l'influence ou du lobby ? Plus qu'ailleurs encore, du fait peut-être de la spécificité de l'arène municipale (faiblesse des partis municipaux, médiatisation à outrance de la campagne à la mairie au détriment de celles dans les districts), la toute-puissance des chefs sur leur parti est considérable. Il semble — le récent compte rendu du conseil général du parti victorieux, Vision Montréal, faisant état de dissensions entre le parti et les élus, l'atteste — que les partis n'existent que grâce à leurs chefs, lesquels ne se sentent donc pas obligés de s'y référer. Les partis apparaissent et disparaissent avec les campagnes électorales. Entre temps, les conseillers municipaux élus se sentent complètement indépendants de leur parti. On peut se demander d'ailleurs si les partis municipaux ne sont pas une espèce en voie de disparition. Le premier magistrat occupe l'avant-scène, et ce bien avant la mass-médiatisation des élections municipales (qu'on pense à Jean Drapeau), faisant du parti un instrument de ses politiques. On a beaucoup reproché à Jean Doré de faire cavalier seul, et à son exécutif d'en mener plus large que le parti ne l'aurait souhaité. La CDME s'insurgeait contre ces pratiques, d'abord en distinguant le chef et le candidat à la mairie, tradition instaurée par le Rassemblement des citoyens et citoyennes de Montréal (RCM), et en insistant sur l'aspect collégial de cette candidature (ce qui, après les premières conférences de presse, disparut pour cause d'impraticabilité).

Ces différents aspects de la politique municipale (tensions dans le partage des prérogatives entre Québec et les villes, etc.) renforcent les résistances politiques traditionnelles et affaiblissent l'exercice de la démocratie. Force est de constater que n'y accèdent que ceux qui savent ou veulent manipuler le public, qui exercent un charisme sur leur parti, qui sont télégéniques et, si l'on en croit un observateur attentif des présidentielles américaines, ceux qui ont un estomac endurci, apte à subir l'épreuve des campagnes de levée de fonds à travers le pays, à toutes les heures et sous toutes les latitudes.

Alors comment concilier cette réalité, souvent triviale, de campagnes électorales dont l'issue n'est pas déterminée seulement par les programmes ou par les personnes, mais par l'organisation, les fonds que l'on peut recueillir et l'image que l'on peut projeter? Comment concilier les attentes inconciliables des électeurs eux-mêmes, ayant des volontés contradictoires et ne sachant comment voter, car ce qui se passe devant eux leur semble un cirque?

LA DÉMOCRATIE MUNICIPALE

Les récentes mesures d'aménagement de la politique municipale témoignent d'une ouverture certaine. La loi n'exige plus de dépôt d'argent pour se porter candidat à la mairie et un nombre minime de signatures (vingt-cinq citoyens de Montréal) est requis. Le nombre relativement élevé de candidats à chaque élection, douze cette fois-ci, atteste de la latitude qui existe dans ce domaine. On le sait, des obstacles plus systémiques enserrent la politique municipale au Québec: les municipalités sont régies par une Charte dont le gouvernement du Québec définit les principaux paramètres, depuis la capacité de lever des taxes jusqu'aux règlements administratifs; la politique municipale s'apparente plus souvent qu'autrement à la gestion des affaires courantes, ce qui n'a pas empêché la formation de partis politiques qui arborent des couleurs particulières, apparentés à la droite ou à la gauche. L'exercice de la démocratie ne semble pas de ce fait constituer un enjeu aussi considérable qu'aux autres paliers de gouvernement, ce qui se traduit souvent par un très fort taux d'abstention à des élections qui ont jusqu'à très récemment consisté à réélire le même parti (le Parti civique) et son chef, Jean Drapeau.

L'élection en 1986 de Jean Doré et l'accession au pouvoir du RCM marque une nette rupture avec la tradition de patronage avec laquelle Jean Drapeau avait déjà en son temps tenté de rompre, sans trop de succès. Son programme de large démocratisation des services de la Ville et de transparence politique annonçait des jours meilleurs pour les démocrates et la gauche montréalaise. L'histoire de la rupture entre le RCM et les forces progressistes, lente et inexorable pendant le premier mandat, consommée durant le second, est relativement connue. Idéaux trahis, abus de pouvoir entre les mains de l'exécutif, afflux dans le parti d'opportunistes et de petits barons avides de pouvoir et de passe-droits, toute la panoplie des critiques de gauche a été utilisée pour caractériser l'évolution du RCM entre 1986 et 1994.

Les démissions de nombreux conseillers élus, l'affaiblissement considérable du RCM, abandonné par les militants de la première heure, tout cela contribuait à discréditer un parti pourtant fort de milliers de membres et d'ardents militants. Mais si tout cela présageait une certaine déroute, on n'y voyait nullement le signe de la défaite retentissante qui fut infligée au RCM et au maire sortant Jean Doré, le 6 novembre 1994. Avec cet échec, c'est toute la politique de gauche qu'il faut analyser ; car, n'en déplaise aux purs et durs, qui ne considèrent plus le RCM comme étant représentatif de la gauche, le verdict populaire a bel et bien condamné des politiques menées en son nom, par exemple, les conventions collectives bétonnées des employés municipaux, le gonflement démesuré de l'administration publique devenue un véritable gouvernement, bref le coût exorbitant des politiques publiques.

Le résultat était résumé dans un slogan qui a proliféré sur de nombreuses affiches anonymes à Montréal : « Doré = augmentation des taxes ». De ça, le citoyen payeur ne voulait plus ; la popularité des partis qui promettaient de réduire les dépenses et les taxes s'explique largement par l'échec du RCM à contenir les dépenses publiques, parfois somptuaires. L'association gauche = plus de dépenses = plus de taxes se faisait instantanément dans l'esprit de la population. En pleine récession, ce mélange était explosif.

Dans une telle conjoncture, se présenter pour un parti encore plus à gauche que le RCM, avec des nostalgiques du bon vieux RCM, première mouture mâtinée d'écologistes, était clairement une gageure. Ne croyant pas qu'une alternative de gauche au RCM avait une quelconque chance de passer, je tentais de me positionner au centre, dans un créneau qui avait quelque possibilité de répondre aux aspirations des gens sans pour autant faire l'impasse sur mes convictions. Je me heurtais au solide front des convaincus, des militants et des détenteurs de la vérité universelle, à la gauche pure et révolutionnaire, en un mot je faisais face à la go-gauche.

L'état de la gauche montréalaise telle que je l'ai vue lors de ces élections se résume facilement: un potentiel et une conviction formidables (que d'enthousiasme, que de projets, que de réseaux et d'engagement bénévole), une démobilisation non moins grande et, pour ceux qui de peine et de misère continuent d'y œuvrer, un défaitisme sans nom. En somme, une présence forte dans la société civile, mais une division et une concurrence internes au niveau politique.

POUR UNE NOUVELLE, NOUVELLE GAUCHE?

La campagne municipale de 1994 illustre la perplexité des électeurs devant une telle situation. Le jeu partisan étant relativement ouvert aux municipales, à cause de la relative apesanteur idéologique et politique du scrutin municipal (il n'y a pas de partis politiques à Toronto par exemple), on aurait pu s'attendre à une plus grande dynamique des partis.

Ainsi, bien que les trois autres partis aient été alimentés par des transfuges du RCM, une étanchéité absolue existait entre ces partis durant toute la campagne électorale. À aucun moment il ne fut question d'une union ponctuelle entre les deux partis dits de gauche, le RCM et la CDME, même si tout le monde soulignait la complicité qui existait entre les deux. Alors pourquoi n'ai-je pas pris l'initiative de le faire, comme candidate? J'ai soulevé cette possibilité très tôt dans la campagne — ce qui aurait signifié sans doute mon retrait négocié de la course — sans obtenir autre chose qu'une fin de non-recevoir de la part de mon comité de la CDME.

C'est alors que je compris que je jouais le jeu traditionnel de la femme-alibi, car les deux vétérans qui auraient dû se présenter à la mairie ne voulaient pas risquer leurs sièges et préféraient envoyer une femme à l'abattoir. Sachant tout cela pour l'avoir dit des femmes politiques que j'avais étudiées, j'en faisais le constat devant le groupe, sans être écoutée (je n'accepterais pas d'être une femme-potiche, je ne dirai rien si je n'en suis pas moi-même convaincue, etc.). Il me restait le choix de me démettre ou de continuer. Il était certain que si je continuais, ce serait à mes risques et périls : je ne pouvais pas attendre de soutien de mon groupe (bien qu'individuellement certains m'appuyaient). Une fois accepté le défi, commençait une sorte de *one woman show*, durant lequel il me fallait inventer au fur et à mesure la partition.

Responsable et irresponsable, timorée et impétueuse, toutes sortes d'adjectifs devaient qualifier ensuite ma performance, que l'on s'accordait dans l'ensemble à trouver positive : on avait réussi à mettre la CDME sur la carte. Je trouvais quant à moi l'expérience extrêmement stimulante, bien que le prix à payer fût fort élevé. L'omniprésence du public, qui relègue le privé à l'arrière-plan, conduit à décrocher de la réalité : on en vient très vite à vivre comme dans une bulle, avec son petit groupe de campagne, journalistes et coéquipiers proches. Les contacts avec le public sont toujours médiatisés et tronqués ; même en l'absence des journalistes, on est toujours accompagné. On n'est plus soi-même, et cela fausse très souvent les perceptions que l'on peut avoir des choses, et affecter son jugement. Pour une femme, il faut ajouter l'attitude particulière des gens envers vous : une curiosité mêlée d'interrogations (bienveillantes ou malveillantes) sur vos capacités à réaliser vos engagements. Au préjugé souvent favorable qui accueille une candidature féminine, il faut ajouter l'impondérable que représente une femme en politique. C'est particulièrement perceptible dans les attitudes des journalistes : quand ils ont affaire aux femmes, ils se retranchent derrière un égalitarisme tâtillon dans l'attribution du temps de parole qui éclate aussitôt dans le cours du débat. Ainsi, à l'émission *Le Point* de Radio-Canada, le journaliste m'avait interrompue si souvent qu'il s'est senti obligé de me redonner la parole en fin d'émission.

RÉFLEXIONS POLITIQUES

Au-delà de la narration des évènements qui ont marqué un tournant dans l'administration municipale, je tirerai les quelques enseignements suivants de cette campagne.

D'abord, la CDME sort fortement ébranlée de cette élection : elle doit repenser ses structures dans leur ensemble. Cette réalité contraste fortement avec les attentes nombreuses que son discours généreux suscite partout dans la population. Celle-ci doute pourtant de la capacité de tels partis de mener à bien leur programme. Il s'agissait alors de préciser nos intentions et de mesurer ce qui était faisable et ce qui ne l'était pas. Cette actualisation des principes exigeait en fait un travail de mise à jour et de confrontation à la réalité qu'après plus de douze ans de politique municipale certains de nos membres n'avaient pas encore réalisé.

Le second élément concerne plus directement la question du pouvoir. La CDME tient pour une vertu cardinale le fait de s'opposer. L'héritage du marxisme et de l'anarchisme, combinés en un mélange détonant, conduit à la fois à vouloir user du pouvoir que confère un parti et à se méfier des élections et des magouilles électorales. Nous avons donc entrepris cette campagne à la mairie avec des objectifs contradictoires et surtout avec des idées totalement fausses de la réalité politique. Si l'analyse de départ qui condamnait l'administration Doré était justifiée, les conséquences n'en furent jamais tirées en ce qui concernait la stratégie que l'on devait adopter. Avant la publication des premiers sondages, Vision Montréal n'était pas considéré comme un opposant de taille au RCM ; composée des restes d'autres partis, cette formation n'apparaissait pas comme pouvant mobiliser les mécontents, tandis que Pierre Bourque n'avait pas acquis la stature d'un chef.

En fait, il s'agissait par cette campagne de forcer le RCM, qui a toujours été la référence de la CDME, dont presque tous nos membres provenaient, à prendre acte de notre présence. C'était de façon assez classique une manière de faire de l'opposition de gauche à la gauche pour qu'elle soit plus progressiste.

Quand je compris, tardivement, que c'était là l'objectif de ma candidature à la mairie, je m'insurgeai et refusai de jouer ce rôle. Car, enfin, comment croire en septembre 1994 que nous allions vers plus de gauche, alors que l'expérience au pouvoir du RCM avait épuisé ce qu'il pouvait y avoir de progressiste dans les ressources des Montréalais? Les vétérans m'assuraient alors que si le combat contre la pauvreté n'avait pas été mené, c'était parce que l'administration Doré avait trahi le programme du RCM et qu'il fallait le remettre sur les rails...

De telles inepties m'ont totalement convaincue que j'étais dans le mauvais groupe pour mener à bien un quelconque programme de rénovation de l'administration municipale. Ces gens-là me semblaient de plus en plus incarner ces dinosaures des fables de Spielberg (c'est aussi à eux que je pensais quand je lançai à plusieurs reprises publiquement que Choquette et le Parti des Montréalais voulaient faire de Montréal un parc jurassique!). Mais ce n'était pas une fable et nous étions déjà en campagne. J'allais apprendre à mes dépens combien le mieux est toujours l'ennemi du bien. Car l'idée qu'on a le meilleur programme, le plus démocratique, le plus juste ne nous fait pas nécessairement gagner... Cela n'était pas en tout cas ma conception d'une campagne électorale. Les idées que l'on voulait mettre de l'avant « pour élever le débat » ne pouvaient pas être, selon moi, de purs principes, érigeant la vertu en loi, rejetant les autres dans l'antre du mal, ou de la compromission.

J'étais là pour me compromettre, avec les gens qui avaient cru à ma candidature, et qui voulaient faire autre chose qu'une campagne symbolique. Et c'est alors que je me rendais compte avec pas mal d'anxiété que ce chemin-là, je devrais le faire relativement seule, sans les autres membres influents du groupe. Ce qui m'a valu une période particulièrement difficile pendant laquelle j'étais prise entre les désirs des instances (le Comité de coordination, formé de membres des deux partis CD et ME, dont je découvrais les multiples oppositions, personnelles et autres) et les analyses qu'avec mon groupe de proches nous faisions. Les tiraillements furent tels que plusieurs de mes attachés politiques démissionnèrent, la pression devenant insupportable pour eux et pour moi. Refusant de nous avouer vaincus, nous avons décidé de continuer, en nous référant le moins possible au Comité de coordination.

Le décalage me semblait grand entre les analyses de la CDME, qui se disait ouverte au féminisme, et l'expérience que certaines d'entre nous avaient vécue. L'aspect pratique et l'expérience réelle du fonctionnement démocratique au sein de la CDME sont à porter à l'actif du féminisme, tandis que certains de ses membres, pas tous, avaient tendance à parler pour parler, sans que les conséquences possibles de leurs paroles ne les émeuvent. Le fait de présenter une candidate devait, selon eux, attester de leur engagement féministe ; en fait, ceux-là n'envisageaient surtout pas que quelqu'un «d'inexpérimenté» comme moi puisse décider par elle-même de l'attitude à adopter en campagne électorale. Ils s'attendaient donc à diriger les opérations, eux les vétérans de la politique, et à limiter ma participation à une candidature symbolique. On a eu de nombreux débats sur cette question, et j'ai affirmé d'emblée qu'en rester au stade symbolique ne m'intéressait guère, puisque c'est souvent le sort des candidatures de femmes. Ils se dirent ravis de mon intention de faire véritablement campagne mais, dans les faits, rien ne changeait, puisqu'on n'avait pas les moyens d'en mener une.

J'ignore comment cela s'est passé pour les femmes dans les autres partis. Durant la campagne, la question de la représentation des femmes et des minorités ethniques est revenue souvent, et tous les partis avaient constitué leurs listes de façon à montrer une représentation, sinon égale, du moins significative de ces groupes : un tiers des candidats de chaque parti provenaient de minorités ethniques et un autre tiers étaient des femmes. Tous répondaient donc aux nouvelles normes de représentation plus ou moins proportionnelle à la population (pour la CDME, la moitié des candidats étaient des femmes, mais c'était en grande partie des candidates qui ne faisaient pas campagne). Les résultats furent bien moins spectaculaires parmi les élues : trois femmes pour le RCM sur six élus ; aucune pour la CDME et pour le PM (sur deux et trois élus, respectivement) et une dizaine de femmes pour Vision Montréal sur 36 élus. Cependant, le maire Bourque a voulu faire preuve de progressisme puisque sa colistière est une femme d'origine haïtienne, et la nomination de Noushig Eloyan comme présidente du comité exécutif symbolise aussi cette orientation.

Pourtant, nous étions, avec mon comité de campagne, déterminés à tenir la dragée haute à Pierre Bourque, qui devenait au cours de la campagne celui qui pouvait prendre la mairie par défaut. J'infléchis pendant un temps la stratégie de la CDME en tâchant de cibler tout autant le maire sortant Jean Doré comme responsable de la catastrophe que vivait Montréal que son adversaire Pierre Bourque. Mais, là encore, les exigences contradictoires de la CDME aboutirent à une confusion, et à une alliance *de facto* avec le RCM, quand celui-ci se trouvait en mauvaise posture dans les sondages.

Je trouvais cette connivence naturelle mais malvenue dans le cadre d'une campagne électorale ; car du moment où l'on présentait une candidate contre Doré, il fallait agir en conséquence et combattre ses politiques. La logique de la CDME, et de bien des personnalités de gauche, était la suivante : il vaut mieux avoir Doré que Bourque... Outre que cette analyse faisait fi de la raison pour laquelle nous nous étions présentés, à savoir l'échec de l'équipe Doré-Cousineau, elle laissait le champ libre à Bourque pour exploiter le sentiment anti-Doré très répandu dans la population. En n'exploitant pas à notre propre compte la vague anti-Doré dont nous connaissions toute l'ampleur (les gens nous disaient leur ras-le-bol de l'administration sortante), nous abandonnions à Pierre Bourque le bénéfice d'être le seul à vouloir le déloger ; se défaire de Jean Doré, tel était le sentiment général des Montréalais. Et c'est ce que nous n'avons pas voulu faire, entre autres choses.

Appuyant cette stratégie, que je croyais être la meilleure, je ne suis pas allée jusqu'au bout parce que je croyais aussi que l'élection de Doré était un moindre mal et qu'il m'était difficile d'aller contre ce sentiment partagé par la gauche (qui a voté pour le RCM et pas pour nous à cause de ce sentiment d'urgence). De fait, nul ne saura si cette erreur nous fut fatale, mais Bourque pouvait voguer vers sa victoire sans que nous ne mettions trop d'énergie à lui barrer le chemin, sinon lors de petites escarmouches sans conséquences. L'erreur d'appréciation de la situation à la mi-campagne, et malgré les sondages qui plaçaient Bourque et Doré à égalité, venait autant du RCM que de nous, à aucun moment ce dernier ne s'est imaginé qu'il perdrait aussi lamentablement les élections. Étrange illusion qui nous fait croire plus fort que l'on est parfois, et inutile d'autres fois. L'erreur stratégique fut commise; il n'y avait plus qu'à s'y tenir en faisant amende honorable.

Telle est donc la troisième leçon que je tire de cette expérience : la vie politique ne se résume pas à de bonnes ou de mauvaises idées, à un programme plus ou moins cohérent et autres préoccupations organisationnelles. Contre toute attente, j'ai reçu de très nombreuses félicitations de la part de mon entourage et de personnes parfaitement inconnues qui venaient me dire que ma candidature avait permis de rehausser le débat, de poser les vraies questions. Évidemment, les gens ont réagi favorablement à une candidate qui se présentait comme la moins politicienne, qui devait défendre leurs intérêts sans avoir d'*agenda* caché. Le prix de cette sympathie est-il celui qui nous condamne à la marginalité? N'accorde-t-on cette sympathie qu'à ceux qui disent vrai mais qui n'ont pas les moyens de réaliser leur programme? Il est indéniable que l'épisode du RCM, qui a porté une certaine gauche au pouvoir, est exceptionnel pour Montréal. En a-t-on payé le prix aux élections de 1994? Il s'agirait de faire un constat beaucoup plus nuancé des compromis qui ont été nécessaires pour parvenir à ce que l'on considère comme des acquis aujourd'hui.

EN GUISE DE CONCLUSION

Comment analyser la vague qui a porté Pierre Bourque à la mairie de Montréal? Doit-on comprendre qu'en ces temps de restriction budgétaire, le réflexe de remettre en selle une administration de droite suggérait l'abandon des largesses habituellement associées à la gauche? Il faut reconnaître que Bourque fut élu sur cette base, remettre de l'ordre dans la maison, lui qui clamait être non pas un politicien mais un visionnaire et un gestionnaire. Il a habilement repris ce sentiment apolitique pour en faire un levier d'intervention qu'il voulait purement administratif (la ville a besoin d'une administration et non d'un gouvernement, disait-il pour justifier la cure d'amaigrissement qu'il préconisait en campagne).

Prise entre le RCM et Vision Montréal, la CDME n'avait aucune chance objective d'en sortir vivante. Et pourtant près de 5 % des électeurs (environ 13 000 personnes) ont voté pour moi. Ce n'est pas négligeable, surtout lorsque l'on considère le raz-de-marée qui a emporté le RCM et le Parti des Montréalais (autrefois Parti civique), les deux plus anciens partis de Montréal. L'on doit s'interroger sur le sens de ce vote, la signification de l'envoi des deux mêmes candidats de la CDME comme conseillers municipaux et enfin sur l'avenir de l'opposition telle qu'on l'a connue à Montréal.

Quant aux conclusions que l'on peut tirer de cette expérience, elles sont nombreuses. Tout d'abord, la gauche est minée au Québec par des facteurs endogènes (son incapacité à adapter ses politiques à la situation réelle qui prévaut actuellement) et exogènes (la question dite nationale qui polarise une grande partie des effectifs militants) qui la placent dans une posture inconfortable et qui accentuent sa marginalisation. Sa rencontre avec le mouvement féministe, ou les militantes qui en sont issues, que ce soit au sein du NPD ou dans la CDME ou encore au RCM première manière n'a pas vraiment eu lieu. Certes, ces partis ont adopté une rhétorique égalitaire et ont fait une place à des femmes qui en ont été les fondatrices (que l'on pense à Léa Cousineau au RCM ou à Andréa Lévy à la CDME et à de nombreuses autres au NPD). Ces militantes dirigent souvent les destinées de ces partis, sans grands problèmes. Mais là s'arrête la cooptation des femmes et de leurs conceptions féministes.

Peu enclins à revoir l'ensemble de leur fonctionnement, ces hommes et ces femmes se comportent d'abord et avant tout comme des militants d'un parti. Or une des critiques féministes les plus percutantes au niveau politique consiste à questionner les idées reçues, en particulier celles qui font de l'égalité un dogme, et à lier étroitement la pratique aux principes. L'apport de la théorie féministe à la pensée sur la démocratie n'a pas, faut-il encore le souligner, trouvé d'ancrage dans un parti politique, ni permis l'élaboration d'autres perspectives au sein des partis ; cela explique en partie pourquoi le féminisme n'a pas percé dans l'arène politique.

En fait, si des féministes ont réussi à se frayer une voie dans cette sphère, elles le font encore à leurs risques et périls, sans l'appui ni la solidarité active des partis, réseaux et groupes qui y manœuvrent.

Leur singularité est de plusieurs ordres et ne procède plus de l'exclusion ouverte, mais bien du manque de familiarité avec un milieu qui ne fonctionne décidément pas sur les mêmes bases que le monde social, économique ou professionnel. On a vu dans le cas d'un parti dit progressiste ce que pouvaient être ces obstacles. Dans le cas de celles qui s'engagent dans les partis traditionnels, la différence d'attitudes et de fonctionnement n'implique pas nécessairement une rupture radicale, et se résout apparemment après les conflits habituels de préséance, de factions, etc., auxquelles les militantes ne peuvent rester étrangères.

Le problème donc n'est pas celui de la représentation accrue de femmes en politique, mais bien de féministes ou de démocrates, c'est-à-dire de femmes et d'hommes qui ont à cœur de transformer le monde politique en un monde réel, dont les décisions, pour partisanes qu'elles soient, visent à assurer justice et équité. Or, si ces idéaux, qui sont ceux des démocraties occidentales, sont usés ou renvoient aux utopies fondatrices, ils n'en restent pas moins mobilisateurs. L'application de ces principes à la complexité de la vie en société est loin d'être évidente, et le travail d'actualisation de la pensée politique reste entièrement à faire. D'un côté, il y a une pratique, souvent archaïque, qui se heurte plus souvent qu'autrement aux questions et antagonismes de personnes; de l'autre, il y a le monde éthéré des idées, toutes plus alléchantes les unes que les autres. Entre les deux, un vide sidéral...

Alors comment sortir de cette impasse, dénoncée depuis que les démocraties existent, par la critique de la démocratie formelle (Marx et Engels), par le féminisme, le libéralisme rawlsien ou celui des droits de la personne, par la postmodernité ou le mouvement écologiste? La gauche doit s'engager sans plus tarder dans la voie d'une transformation radicale de ses mœurs et de sa pensée, sans laquelle, on l'a souvent dit ces dernières années, elle ne sera plus; ni sous sa forme de social-démocratie, et encore moins sous sa forme radicale, de gauchisme, dont l'écologie n'est qu'un des plus récents développements.

Je retiendrai pour cet essai certaines réflexions que m'inspire le débat actuel sur les modalités de réalisation de la citoyenneté. Au Canada, où l'affrontement politique prend souvent la forme d'une incompréhension absolue entre les souverainistes du Québec et le reste du pays, il est intéressant de voir comment se sont institués les droits des femmes et dans quelle mesure ils ont favorisé leur émancipation. Ces questions, bien que très larges, permettent d'envisager à tout le moins les différentes formes d'intégration des femmes à la vie politique. La comparaison s'ouvre également sur une reconsidération des principaux paradigmes de l'émancipation politique des femmes (le nationalisme ne vise-t-il que certaines formes d'émancipation pour certaines catégories sociales? l'acquisition du droit de vote est-elle synonyme d'intégration aux sphères décisionnelles?).

Reste à savoir si la participation politique n'est pas une illusion soigneusement entretenue visant à assurer une représentation factice à ceux qui sont exclus du pouvoir, alors que le véritable pouvoir est ailleurs. Les études sur la participation politique tiennent pour acquis que plus on y participe, plus on a de chances de se faire entendre et plus la démocratie en sort grandie. Dans le cas des femmes, comme pour de nombreuses catégories minorisées, leur participation est constamment assortie de doutes quant à son efficacité et sa capacité à contribuer à leur émancipation. Les discours sur la libération sexuelle, sur la transformation des mentalités pour abolir la violence faite aux femmes, s'appuient sur des représentations plus larges de l'émancipation des femmes, remettant en cause la promesse non tenue de la démocratie. C'est pourquoi le féminisme est divisé sur l'analyse et les stratégies à adopter à l'égard des institutions. Et même si l'on présuppose que les femmes peuvent participer de façon égale au processus démocratique, les féministes revendiquent toujours une place à elles dans la société. Telle est l'ambiguïté majeure et la force du mouvement féministe: réfractaire à toute caractérisation partisane, il est porteur d'aspirations de changements plus larges auxquels le système démocratique doit aussi s'adapter.

Notes

1. Ce témoignage arrive à une étape de la réflexion que je mène sur les femmes et la politique depuis une quinzaine d'années ; d'abord autour de la publication de l'ouvrage collectif que j'ai dirigé (et qui accompagnait le référendum de 1980, Cohen 1981), la seconde qui proposait de montrer les rôles de contre-pouvoir que les femmes ont joué dans l'histoire (Cohen 1987) ; enfin aujourd'hui, une réflexion plus à chaud sur cette question dont les principaux paramètres restent fondamentalement inchangés, sauf pour celles qui ont franchi les multiples obstacles décrits dans tous les textes traitant des femmes et de la politique... ce qui colore toujours la perspective.

2. Les chiffres colligés par Tardy *et al.* (1982, 1995) montrent une forte prédominance des femmes maires dans les plus petites localités, et de conseillères dans les plus grosses. À ce titre, Montréal arrive derrière d'autres grandes villes canadiennes comme Toronto, qui a élu deux fois de suite une femme maire. Quant aux commissions scolaires, dont Chantal Maillé souligne à juste titre l'influence réelle et l'organisation politique, elles sont occupées de haut en bas par des femmes (voir le texte de Chantal Maillé dans le présent ouvrage).

Bibliographie

*BASHEVKIN, Sylvia B. (1993). *Töeing the Lines. Women and Party Politics in English Canada*, 2ᵉ édition, Toronto, Oxford University Press.

_____ (1983). « Social change and political partisanship. The development of women's attitudes in Quebec, 1965-1979 », *Comparative Political Studies*, vol. 16, nᵒ 2, p. 147-172.

COHEN, Yolande (1994). « Le rôle des mouvements de femmes dans l'élargissement de la citoyenneté au Québec » dans Alain-G. Gagnon (dir.), *Québec, État et société*, Montréal, Québec / Amérique, p. 181-202.

_____ (dir.) (1987). *Femmes et contre-pouvoirs*, Montréal, Boréal.

_____ (dir.) (1981). *Femmes et politique*, Montréal, Le Jour.

DROUILLY, Pierre et Jocelyne DORION (1988). *Candidates, députées et ministres. Les femmes et les élections*, Québec, Bibliographique de l'Assemblée nationale.

MAILLÉ, Chantal et Évelyne TARDY (1988). *Militer dans un parti municipal. Les différences entre les femmes et les hommes au RCM, au RP de Québec et à l'Action civique de LaSalle*, Montréal, UQAM, Centre de recherche féministe.

STRONG-BOAG, Veronica (1988). *Lives of Girls and Women in English Canada, 1919-1939*, Toronto, Copp Clark Pitman.

TARDY, Évelyne *et al.* (1995). *Maires et mairesses du Québec: différences et ressemblances* (résultats d'enquête), Montréal, Université du Québec à Montréal, Département de science politique, note de recherche n° 51, janvier.

_____ (1982). *La politique: un monde d'hommes? Une étude sur les mairesses au Québec*, Montréal, Hurtubise HMH.

VICKERS, Jill McCalla (1989). «Feminist approches to women in politics» dans Linda Kealey et Joan Strangster (dir.), *Beyond the Vote. Canadian Women and Politics*, Toronto, University of Toronto Press, p. 16-38.

Lectures suggérées

MAILLÉ, Chantal et Évelyne TARDY (1988). *Militer dans un parti municipal. Les différences entre les femmes et les hommes au RCM, au RP de Québec et à l'Action civique de LaSalle*, Montréal, UQAM, Centre de recherche féministe.

TARDY, Évelyne *et al.* (1995). *Maires et mairesses du Québec: différences et ressemblances* (résultats d'enquête), Montréal, Université du Québec à Montréal, Département de science politique, note de recherche n° 51, janvier.

_____ (1982). *La politique: un monde d'hommes? Une étude sur les mairesses au Québec*, Montréal, Hurtubise HMH.

TRIMBLE, Linda (1995). «Politics where we live: Women and cities» dans James Lightbody (dir.), *Canadian Metropolitics. Governing our Cities*, Toronto, Copp Clark, p. 92-114.

LA POLITIQUE SCOLAIRE ET LES TERRITOIRES POLITIQUES DES FEMMES: POINTS DE CONVERGENCE

Chantal Maillé

Ce texte présente une analyse de la place occupée par les femmes dans le champ de la politique scolaire au Québec à partir des données recueillies dans le cadre d'un projet de recherche sur les femmes dans les commissions scolaires au Québec[1]. Il s'agit d'une recherche exploratoire, puisque rien à ce jour n'a été écrit sur la participation des Québécoises à des activités politiques au niveau des structures scolaires.

Notre démarche vise à répondre à une série de questions. Tout d'abord, en quoi la politique scolaire peut-elle constituer un objet d'étude valable pour approfondir les relations entre les femmes et la politique? Quelles sont les caractéristiques, au niveau statistique, des femmes élues à ce palier en comparaison avec les autres niveaux que sont le municipal, le provincial et le fédéral? Quelles sont les trajectoires des femmes commissaires? Existe-t-il un lien, pour les femmes, entre l'engagement politique au niveau scolaire et l'engagement politique au niveau municipal?

L'ÉDUCATION: UN TERRITOIRE DU POLITIQUE

Notre démarche pose le champ du scolaire comme champ politique. Sur la base de quels critères pouvons-nous justifier ce choix? Convient-il d'inclure dans le terme *politique* tous les niveaux d'activité sociale et les combats plus obscurs menés sur le terrain de la vie privée ? Est-il possible de tracer une ligne permettant de départager aisément ce qui est politique de ce qui ne l'est pas ? En quoi le monde de l'éducation constitue-t-il un territoire du politique ?

Au Québec, les commissions scolaires sont de véritables entités politiques : les commissaires qui y siègent sont élus au suffrage universel au cours d'élections publiques qui ont lieu tous les quatre ans. Par ailleurs, les commissions scolaires disposent du pouvoir de légiférer sur les principaux dossiers touchant aux questions scolaires. De plus, elles ont la capacité de prélever directement des taxes et de les administrer. Après la tenue du scrutin, chaque candidat ou candidate qui a obtenu 20 % ou plus des votes a droit à un remboursement de ses dépenses électorales par la commission scolaire. Un candidat, ou une candidate, a également droit à un remboursement lorsqu'il ou elle est élu par acclamation ou lorsque la procédure d'élection doit être reprise par la suite du décès du candidat ou de la candidate. C'est une personne nommée par la commission scolaire qui est responsable du contrôle des dépenses et du déroulement des élections scolaires (Dupuis 1991, Lemieux 1992).

Même si la participation de la population aux élections scolaires semble beaucoup plus faible qu'aux élections municipales ou provinciales, se situant autour de 20 % en moyenne pour le Québec et de 15 % à Montréal lors des élections de 1990 (Cauchon 1994a), les commissions scolaires sont des lieux disposant d'un véritable pouvoir de prise de décision ; le processus décisionnel n'est pas entièrement concentré entre les mains du personnel administratif, les commissaires ont aussi leur mot à dire. En effet, toutes les décisions doivent être discutées et approuvées par le conseil des commissaires élus, lequel travaille en étroite collaboration avec le personnel administratif de la commission scolaire.

Le faible taux de participation à l'ensemble du processus électif du palier scolaire suscite un certain questionnement. Dans les semaines qui ont précédé et suivi l'élection scolaire de 1994, plusieurs journalistes ont mis en question son caractère démocratique. La démocratie scolaire, en vigueur au Québec depuis vingt ans, n'a jamais fonctionné, écrivait Agnès Gruda (1994b). La journaliste suggérait dans son éditorial que le désintérêt de la population à l'endroit de ce maillon de la vie démocratique tient en partie à la nature même de la fonction des commissions scolaires. Ces dernières prennent des décisions qui concernent rarement le cœur de leur mission éducative, et ces décisions n'ont pas d'impact sur la facture envoyée au contribuable. La journaliste Michèle Ouimet commentait ainsi un sondage réalisé par *La Presse* à la veille des élections scolaires, qui confirmait l'indifférence de la population à l'endroit de cet événement :

> Les élections scolaires du 20 novembre risquent de se dérouler dans l'indifférence générale. Plus de 73 % des Montréalais s'y intéressent peu ou pas du tout. Les grands enjeux sont incompris, les candidats, les chefs et même les partis politiques restent de grands inconnus à la veille du scrutin. Pourtant, 20 ans plus tôt, en 1973, c'était l'engouement : 76 % des Montréalais interrogés par CROP s'intéressaient aux élections. Évidemment, c'était la première fois que les Québécois votaient pour élire leurs commissaires d'école (Ouimet 1994).

Au lendemain des élections de 1994, un second éditorial de la journaliste Agnès Gruda, intitulé fort à propos «La démocratie impossible», faisait état de la nécessité de revoir le fonctionnement de la démocratie scolaire :

> Une frange infime d'un électorat mal recensé a donné un mandat incompréhensible à des élus de toutes tendances. [...] Dans l'ensemble, la démocratie scolaire version 1994 s'est jouée dans l'indifférence générale. Le taux de participation est resté le même qu'en 1990 : 20 % au Québec, 15 % à la CECM. [...] Bref, une fois de plus, sur le plan de la participation comme sur le plan de l'organisation, la démocratie scolaire n'a pas atteint la note de passage.

En conclusion, la journaliste évoquait même l'hypothèse d'abolir ce niveau :

> On ne le répétera jamais assez, le scrutin de dimanche démontre une fois de plus que les élections scolaires, qui n'ont jamais réussi à lever au Québec, fonctionnent de mal en pis. Le fait qu'il s'agisse d'un système démocratique bâtard, qui échappe aux règles régissant tous les autres paliers électoraux, ne favorise pas la guérison du malade. Combien d'autres élections bidon faudra-t-il se payer avant que Québec ne soit frappé d'une illumination et ne comprenne qu'il n'y a que

deux solutions : ou bien réorganiser la démocratie scolaire afin qu'elle puisse fonctionner comme il faut. Ou bien l'abolir (Gruda 1994a).

Si la démocratie scolaire a tant de problèmes à susciter l'intérêt de la population, est-ce à cause des règles qui régissent son fonctionnement ? Peuvent voter aux élections scolaires toutes les personnes qui au moment du scrutin sont majeures, de citoyenneté canadienne, domiciliées au Québec depuis six mois et dont les finances ne sont pas gérées par la Curatelle publique. Peuvent être élues membres d'une commission scolaire toutes les personnes qui ont le droit d'être inscrites sur la liste électorale de cette circonscription et qui vivent sur le territoire de cette commission scolaire depuis au moins six mois au moment des élections. Certaines personnes sont inéligibles à la fonction de commissaire : les membres de l'Assemblée nationale, les membres du Parlement du Canada, les juges d'un tribunal judiciaire et les employés de la commission scolaire ou de la commission régionale dont elle fait partie ainsi que les personnes à qui une peine d'emprisonnement a été imposée.

En nous fondant sur l'ensemble de ces observations, nous maintenons que les commissions scolaires constituent un objet d'étude valable pour comprendre la nature de la participation des femmes à des activités politiques davantage orientées vers la communauté que vers l'État. La question du faible taux de participation montre cependant les limites propres à ce territoire, sans cependant en changer la véritable nature, qui demeure essentiellement politique.

POURQUOI LE PALIER SCOLAIRE ?

Comme point de départ à notre recherche, nous avons formulé l'hypothèse que les commissions scolaires sont des lieux où l'on retrouve davantage de femmes élues et activement engagées qu'aux niveaux municipal, provincial ou fédéral parce qu'elles y rencontrent moins de résistance et d'obstacles. Nous faisons cette déduction à partir de considérations d'abord quantitatives : les pourcentages de femmes élues au palier scolaire sont nettement plus élevés que les pourcentages de femmes élues aux autres paliers d'activité politique.

Au-delà du rapprochement des pourcentages de femmes élues au niveau scolaire et au niveau municipal, y a-t-il une correspondance à établir entre ces deux paliers ? Peut-on établir un parallèle entre l'engagement des femmes dans les commissions scolaires et leur engagement sur la scène municipale ? Doit-on s'attendre à l'arrivée en plus grand nombre de femmes sur la scène municipale comme corollaire à leur présence actuellement très élevée dans les réseaux scolaires ? Le scolaire sert-il de tremplin pour les femmes intéressées à occuper des fonctions politiques à d'autres niveaux ? L'expérience acquise comme commissaire favorise-t-elle une mobilité politique pour les femmes ?

Examinons tout d'abord ce qu'il en est de la participation et de la représentation des femmes au niveau des commissions scolaires. Pourquoi les femmes y sont-elles présentes à titre d'élues et ou de militantes en plus grande proportion qu'aux autres niveaux d'activité politique formelle ? Les obstacles à leur participation y sont-ils moins nombreux qu'en politique municipale, provinciale ou fédérale[2] ?

Compte tenu des connaissances dont nous disposons sur la culture politique des femmes au Québec, il apparaît pertinent d'étudier leur participation aux commissions scolaires dans ce même contexte. On connaît les modalités de la participation des Québécoises, les obstacles qu'elles rencontrent dans le militantisme syndical ou dans la politique aux niveaux municipal, provincial ou fédéral. Notre recherche propose de mieux comprendre les modalités de leur engagement au niveau des commissions scolaires, niveau d'activité politique qui s'est développé récemment à travers de nouvelles règles de fonctionnement et de financement et qui a des responsabilités croissantes à gérer.

Au cours des vingt dernières années s'est constitué un solide champ de recherche sur les femmes et la politique. Des études d'envergure ont été réalisées au Québec et au Canada anglais sur ce sujet, faisant émerger les femmes comme un nouveau champ d'étude à l'intérieur de la science politique. Nous en savons maintenant davantage sur les modalités de leur participation aux élections et aux partis politiques ; plusieurs modèles théoriques peuvent également ment expliquer leur faible intégration dans les lieux traditionnels d'exercice du pouvoir.

Sapiro (1990) a formulé l'idée que la culture politique des femmes prend des formes multiples qui ne sauraient se résumer à leur participation à des structures dont elles étaient complètement exclues jusqu'à récemment. On peut ainsi suggérer que les femmes rencontrent moins d'obstacles pour s'intégrer dans les lieux de pouvoir peu structurés et où les enjeux sont relativement limités. Déjà en 1975, McCormack soutenait que la culture politique que les femmes ont développée en Occident repose surtout sur des activités centrées sur la communauté et où le prestige n'est pas très important.

Cette hypothèse semble toujours pertinente, même si elle a été énoncée il y a plus de vingt ans, particulièrement en ce qui concerne les femmes élues au niveau scolaire ; par définition, à cause de son mandat très spécifique, le palier scolaire peut être vu comme un niveau relativement moins prestigieux que les autres paliers plus formels d'activité politique. La rémunération y est peu élevée, soit entre 3500 et 8000 dollars par année, la visibilité et la couverture médiatique ne sont pas très importantes sauf lorsqu'il se passe des événements particuliers. Le palier scolaire peut être considéré comme un prolongement de la mission éducative des femmes, et l'on peut même supposer que les responsabilités familiales constituent un incitatif majeur à l'engagement au niveau de la politique scolaire, alors que ces mêmes responsabilités sont généralement perçues comme ayant un impact négatif sur la participation active des femmes[3]. Si l'on a souvent invoqué les responsabilités familiales pour expliquer la faible participation des femmes aux partis traditionnels, il est permis ici d'avancer l'hypothèse d'une corrélation positive entre les responsabilités familiales et l'engagement dans la politique scolaire.

Le terrain scolaire constitue un lieu d'action à la croisée des domaines traditionnels d'activité politique et des domaines plus informels car moins structurés. Son mandat est spécifique, tourné vers les besoins de la communauté ; en même temps on n'y retrouve pas le prestige susceptible d'attirer les élites comme dans les partis provinciaux ou fédéraux.

On a dans plusieurs études identifié les partis politiques comme des structures rigides et peu ouvertes aux candidatures de femmes (Maillé 1990a). Cet obstacle ne trouve pas véritablement d'équivalent au niveau scolaire, où il n'y a pas de partis comme tels, sauf dans une certaine mesure sur le territoire de la Commission des écoles catholiques de Montréal (CECM) où œuvrent plusieurs regroupements.

Dans toutes les commissions scolaires, ce sont les commissaires qui ont le pouvoir réglementaire ou législatif, tandis que le pouvoir exécutif appartient au comité exécutif de la commission, qui est assisté par le directeur général et une équipe de cadres (Lemieux 1992 : 218). Autre élément intéressant, la démocratisation de ces élections est un processus relativement récent. Les premières élections scolaires à Montréal remontent en effet à 1973[4]. Avant le début des années 1970, les commissions scolaires constituaient des entités administratives et les commissaires n'étaient pas élus au suffrage universel. Il est permis de penser que la relative nouveauté de ce palier démocratique a joué en faveur d'une intégration rapide des femmes. Ce niveau de gouvernement s'est démocratisé au cours de la période où est apparue la première génération de femmes élues en politique, soit les années 1960. Tout un ensemble de législations favorisant l'émancipation des femmes a été adopté au cours de cette période, ce qui a favorisé l'insertion des femmes dans la vie publique. Enfin, il y a dans les élections scolaires une absence de tradition d'exclusion des femmes, contrairement à ce que l'on retrouve en politique provinciale ou fédérale, où il y a eu exclusion formelle des femmes pendant de très nombreuses années. Les commissions scolaires ne sont pas de nouvelles entités, puisqu'elles furent créées au XIXe siècle[5]. Mais les modalités de désignation des commissaires que l'on connaît aujourd'hui, par voie de scrutin universel, sont, elles, tout à fait contemporaines. Rappelons finalement que l'éducation au Québec a historiquement été un champ d'intervention féminin. Les communautés religieuses ont assumé un rôle de premier plan dans l'éducation jusqu'à l'implantation des mesures contenues dans le rapport Parent durant les années 1960.

DU SCOLAIRE AU MUNICIPAL?

Pour bien comprendre la position occupée par les femmes dans la politique scolaire, un détour par l'univers de la politique municipale s'impose. Y a-t-il des points de convergence entre le scolaire et le municipal? Le premier sert-il de tremplin au second? La situation d'ensemble des femmes élues au municipal au Québec est assez particulière: elles ont fait leur chemin à ce niveau plus qu'au niveau provincial ou fédéral, mais cela est vrai surtout dans les grandes agglomérations, alors qu'elles sont encore largement sous-représentées dans les conseils municipaux des régions rurales.

En 1993, on comptait 8,6 % de mairesses au Québec et 19,2 % de conseillères, alors que dix ans auparavant il y avait 2,8 % de mairesses et 7,6 % de conseillères (ministère des Affaires municipales 1994). En 1995, les pourcentages de conseillères et de mairesses étaient passés respectivement à 19,0 % et 9,3 % (ministère des Affaires municipales 1995). Il y a donc eu une progression du pourcentage d'élues en dix ans, bien que la tendance au cours des trois dernières années n'indique pas que ce mouvement se poursuive. Ces chiffres ne permettent pas de soutenir que la représentation des femmes au niveau municipal est en forte croissance. Au contraire, la progression est assez lente et comparable à maints égards à la progression à d'autres niveaux comme le niveau provincial ou fédéral, niveaux où l'on a pourtant clairement identifié des obstacles à l'insertion des femmes, qui ne semblent pas avoir la même force au municipal.

Même si le palier municipal semble d'accès plus facile, les femmes sont à l'heure actuelle encore largement sous-représentées en tant qu'élues à ce niveau comme au provincial et au fédéral (Maillé 1990a, 1990b). On a cependant constaté une nette progression du nombre de femmes élues au niveau municipal dans les grandes villes au cours de la dernière décennie, mais on ne peut généraliser ce constat en dehors des grands centres urbains canadiens. Plusieurs grandes villes canadiennes ont élu des femmes au poste de mairesse et la plupart comptent des pourcentages plus élevés de femmes siégeant au niveau municipal que les provinces où elles se trouvent ne comptent d'élues au niveau provincial ou fédéral (Maillé 1994).

Le parlement fédéral a élu 17,9 % de femmes aux élections de 1993 (comparativement à 13,2 % aux élections de 1988). La représentation de femmes parlementaires au niveau des provinces varie de 5,8 % à Terre-Neuve à 25,3 % en Colombie-Britannique, alors qu'elle est de 18,4 % au Québec, 20,7 % en Ontario et 20,5 % en Alberta. En 1994, dans les grandes villes, on comptait 45,4 % de femmes au conseil municipal de la ville d'Ottawa, 40 % de femmes au conseil municipal de Calgary, 30 % à Toronto et 31,4 % à Montréal. On observe donc des écarts importants pour ce qui est du nombre de femmes élues aux différents paliers de la vie politique canadienne.

Si les choses semblent plus faciles pour les femmes en politique municipale, on peut par ailleurs identifier des obstacles spécifiques pour les femmes qui veulent s'engager à ce niveau dans les régions rurales. Parmi ceux-ci, signalons une question majeure, soit le type de responsabilités normalement assumées par les conseils municipaux de ces régions, responsabilités plus directement reliées à des secteurs très éloignés des compétences traditionnelles des femmes (s'occuper de paver les routes, par exemple, du déneigement et des problèmes de voirie). Caroline Andrew a développé cette idée :

> On peut suggérer que le profil des activités municipales agit comme un facteur qui limite la participation politique des femmes. L'orientation vers les services «durs», qui a comme fonction de mettre en valeur la propriété, ne crée pas de ponts entre les activités bénévoles des femmes et l'engagement politique. De plus, cette orientation ne correspond pas aux secteurs d'activité où se trouve la majorité des femmes (Andrew 1991 : 70).

Dans les grandes agglomérations, les élues ont accès à un éventail plus large de responsabilités et la mission sociale est davantage mise de l'avant dans les villes que dans les municipalités rurales. Mais il faut ajouter, sur ce dernier point, que la mission du niveau municipal est en voie de se complexifier au Québec et qu'elle gagne en importance, conséquence d'une récente réforme du partage des responsabilités entre le gouvernement provincial et les municipalités, connue sous le nom de réforme Ryan (elle a été introduite par Claude Ryan, le ministre des Affaires municipales en poste jusqu'en 1994 pour le gouvernement libéral).

Selon un document produit par le ministère des Affaires municipales (Caron 1993), on peut identifier neuf fonctions qui sont reliées
aux dépenses effectuées par les municipalités :
- l'administration générale (législation, greffe, évaluation) ;
- la sécurité publique ;
- le transport ;
- l'hygiène du milieu (aqueducs et égouts, enlèvement des ordures) ;
- la santé et le bien-être (inspection des aliments et services de
  garde) ;
- l'urbanisme et la mise en valeur (urbanisme, zonage, rénovation
  et logement) ;
- les loisirs et la culture (centres communautaires, patinoires, pis-
  cines, terrains de jeu, expositions, bibliothèques, musées et autres) ;
- l'électricité ;
- les frais de financement (service de la dette).

La plupart de ces responsabilités sont effectivement très éloignées
des secteurs associés à la mission sociale traditionnelle des femmes.

Le monde municipal subit actuellement les pressions reliées au
transfert de responsabilités du niveau provincial. Ces transferts de
responsabilités de la part de Québec se font sans transfert de crédits
ou d'ajouts au niveau de la capacité de taxation des municipalités.
Cette dynamique fait du municipal un secteur de plus en plus
difficilement gouvernable, où les dimensions sociales deviennent
moins importantes alors que le discours économique semble domi-
ner les échanges entre les parties. Il est permis de penser que les
chances de voir augmenter le nombre de femmes élues en politique
municipale au cours des prochaines années sont assez faibles, compte
tenu de l'ensemble de ces facteurs.

LES FEMMES DANS LE SCOLAIRE

Si l'univers de la politique municipale peut sembler assez éloigné des
champs dans lesquels les femmes ont œuvré, peut-on déduire en

revanche que les fonctions exercées par les commissaires d'école sont plus proches des femmes parce qu'il s'agit du monde de l'éducation? Quels sont les fonctions et pouvoirs des commissaires à l'heure actuelle? Ce sont les grands responsables du fonctionnement d'ensemble d'une commission scolaire, il leur revient donc d'être les maîtres d'œuvre de la planification (Fédération des commissions scolaires 1991 : 13-14). On peut regrouper les fonctions et pouvoirs des commissaires en huit catégories :

1. Fonctions et pouvoirs reliés aux services éducatifs dispensés dans les écoles ;

2. Fonctions et pouvoirs reliés aux services éducatifs dispensés dans les centres d'éducation des adultes ;

3. Fonctions et pouvoirs reliés aux services à la communauté ;

4. Fonctions et pouvoirs reliés aux ressources humaines ;

5. Fonctions et pouvoirs reliés aux ressources matérielles ;

6. Fonctions et pouvoirs reliés aux ressources financières ;

7. Fonctions et pouvoirs reliés au transport des élèves ;

8. Fonctions générales.

Les documents de formation préparés par la Fédération des commissions scolaires (1991, 1992) à l'intention des nouveaux et nouvelles commissaires dressent un tableau des qualités que la fonction exige ; il est intéressant de noter au passage que l'on met l'accent sur des qualités habituellement qualifiées de féminines, comme l'empathie et l'écoute. Leur travail s'inscrit dans un cadre de normes édictées par les instances supérieures de l'éducation, dont le ministère de l'Éducation. Mais où se situe la marge décisionnelle entre ces deux niveaux?

> Québec définit le budget global des commissions scolaires, le salaire du personnel, et il accorde la sanction finale des études, le diplôme, à la suite d'examens. Mais à l'intérieur de ce cadre général, les commissaires disposent d'une marge de manœuvre assez grande, autant dans le domaine de l'organisation pédagogique que dans celui de l'entretien physique (Cauchon 1994b).

Dans ce même article du *Devoir*, on cite quelques exemples pour illustrer le rôle dévolu aux commissaires scolaires :

> Les commissaires peuvent décider de mettre plus ou moins d'élèves par classe, de récupérer des enseignants pour les assigner ailleurs. Ils peuvent augmenter ou diminuer le nombre de professionnels. Ils peuvent favoriser une pédagogie plus qu'une autre sur leur territoire, créer des écoles alternatives, des écoles spécialisées. Ils peuvent soutenir des garderies, des groupes communautaires dans leurs locaux. Ils peuvent répartir les journées d'enseignement de façon différente sur le calendrier. Ils ont à décider d'offrir ou non une foule de services complémentaires à l'enseignement : psychologie, pastorale, agents de liaison interculturelle, services de santé, etc. Ils ont à approuver des manuels scolaires. Ils doivent décider s'il faut renouveler les livres de la bibliothèque, ou s'il faut augmenter le nombre d'ordinateurs. Enjeu majeur : ils ont à mettre en place des mesures de dépistage, d'aide et d'intégration des élèves en difficulté d'apprentissage. Ils ont évidemment à gérer la commission scolaire, à approuver le budget, à voir aussi à ce que la convention collective soit respectée, à entretenir les immeubles.[...] Mais leur travail le plus sensible demeure probablement l'affectation des immeubles : faut-il ouvrir ou fermer une école primaire, secondaire, dans tel secteur ? Faut-il consacrer plus de ressources à telle école compte tenu du milieu local ? C'est le genre de décision qui soulève le plus de passion et de mobilisation parmi les parents et la population (Cauchon 1994b).

Une enquête que nous avons effectuée au début de 1994 auprès des 172 commissions scolaires du Québec a révélé que c'est à ce niveau de gouvernement que l'on enregistrait en 1994 le plus grand nombre de femmes élues sur le territoire québécois. Aux élections scolaires de 1990, 43 % des sièges ont été remportés par des femmes et 29,7 % des postes de présidence de commission scolaire étaient occupés par des femmes.

À la CECM, là où l'on retrouve trois organisations politiques, le Regroupement scolaire confessionnel (RSC), le Mouvement pour une école moderne et ouverte (MEMO) et le COURS (Commissaires unis pour un renouveau scolaire), on comptait 56 % de femmes commissaires en 1990, soit un pourcentage plus élevé que pour l'ensemble de la région de Montréal. Mais, lors des élections de 1994, ce pourcentage est tombé à 38 %, alors que 8 femmes se faisaient élire pour les 21 sièges disponibles. Que penser de cette baisse substantielle du pourcentage de femmes élues ? Tout d'abord, les nombres sont assez petits, la conversion en pourcentages est donc biaisée. Mais faut-il penser que l'existence de regroupements organisés agit comme une barrière pour les femmes qui désirent se présenter ? Il est intéressant d'observer cette baisse dans la proportion de femmes élues à la CECM. Il est possible que la forte médiatisation des débats à la CECM depuis quelques années ait attiré plus d'hommes que ne le font les habituels débats. La CECM est une des rares tribunes qui assure une large visibilité aux commissaires.

Si l'on excepte le cas de la CECM, où l'on retrouve des formations dûment constituées et qui s'affrontent sur la base de leur programme et de leur vision de l'éducation, la majorité des commissions scolaires ne connaissent pas ce type d'organisations, ce qui facilite sans doute l'intégration des femmes. Les données sur les pourcentages d'élues appuient l'hypothèse selon laquelle les commissions scolaires sont des lieux où l'on retrouve davantage de femmes élues et activement impliquées qu'aux paliers municipal, provincial ou fédéral parce qu'elles rencontrent moins de résistance et d'obstacles à ce niveau de pouvoir. Nous avons déjà mentionné que les femmes représentent plus de 43 % des commissaires élus[6]. Les pourcentages de femmes élues pour l'ensemble des commissions scolaires varient de 0 % à 85 % et une proportion importante de commissions scolaires compte plus de 50 % de femmes élues. Dans chaque région du Québec, on retrouve des commissions scolaires comptant plus de 50 % de femmes commissaires.

Les femmes commissaires : motivations et trajectoires

Nous avons voulu confronter nos hypothèses au discours des femmes commissaires, évaluer les obstacles rencontrés ainsi que les parcours militants, et scruter leurs ambitions politiques. Une série de seize entrevues réalisées auprès de femmes élues dans une commission scolaire montréalaise nous a permis d'explorer en profondeur un certain nombre de thèmes. Le guide d'entrevue comportait quatre blocs de questions, soit les caractéristiques sociodémographiques, les antécédents militants, les motifs d'engagement et la perception de l'utilité des regroupements politiques au palier scolaire de même que la perception du rôle des femmes en politique.

La moyenne d'âge des femmes interviewées était de 50 ans, une seule était dans la trentaine alors que sept avaient entre 40 et 49 ans et que huit avaient 50 ans ou plus. Toutes, sauf une, avaient des enfants. La très grande majorité avaient des enfants d'âge adulte, seulement six avaient des enfants de moins de 15 ans et aucune n'avait d'enfant en bas âge (de moins de 6 ans).

À propos du lien entre responsabilités familiales et engagement au niveau scolaire, il ressort de l'analyse des entrevues que les femmes interviewées ne sont pas devenues commissaires lorsque leurs enfants sont nés. Leur cheminement dans la politique scolaire a suivi l'insertion de leurs enfants à l'école dans bien des cas. Plusieurs femmes ont commencé à participer à des comités de parents alors qu'elles n'avaient aucune expérience antérieure d'engagement politique, mais la plupart avaient déjà été actives dans divers comités (comités d'école, de paroisse, entre autres). Certaines avaient déjà été actives à d'autres niveaux d'action politique, soit au provincial et au municipal.

C'est après avoir effectué les premières entrevues que nous avons vu émerger un cheminement que nous n'avions pas entrevu au moment de formuler le canevas de la recherche, soit celui de la filière paroissiale. Par filière paroissiale, nous entendons un réseau de personnes déjà constitué autour des fonctions sociales de l'Église. Plusieurs des femmes interviewées participent très activement aux activités de leur paroisse, qu'il s'agisse d'activités sociales ou religieuses. Cela est particulièrement vrai pour les commissaires qui représentent le Regroupement scolaire confessionnel (RSC) à Montréal. Il s'agit d'une trajectoire logique dans ce cas, puisque le Regroupement met au cœur de son programme un projet éducatif religieux catholique. Compte tenu de la faiblesse de la pratique religieuse en milieu urbain au Québec, il nous a semblé que les femmes de notre échantillon se distinguaient à cet égard.

Deux femmes commissaires qui n'occupent pas d'emploi salarié et qui n'ont jamais été actives dans des partis politiques ont occupé des fonctions importantes au niveau de la paroisse, comme marguillière (fonction élue) ou encore dans les activités récréatives. Dans ces deux cas, on peut postuler que cette expérience a compensé l'absence d'atouts socioprofessionnels dans le recrutement et l'élection.

La très grande majorité des femmes de l'échantillon occupe un emploi, principalement de type professionnel. On note également que leur niveau de scolarité est nettement supérieur à celui des femmes du même groupe d'âge au Québec, puisque plus de la moitié ont un diplôme d'études collégiales ou universitaires. Certaines d'entre elles ont travaillé dans le domaine de l'éducation, comme enseignantes, par exemple. Enfin, la participation à des comités de parents a été la porte d'entrée à la politique scolaire pour plusieurs des femmes interviewées. L'examen de leurs motivations à s'engager au palier scolaire montre une préoccupation partagée à l'endroit de l'éducation et un désir de contribuer à faire bouger les choses dans ce domaine.

Le scolaire : un palier d'engagement politique ?

Quelle perception les commissaires ont-elles de leur fonction ? Nous avons cherché à explorer cette thématique en posant la question suivante : considérez-vous votre engagement dans le scolaire comme une forme d'engagement politique ? Selon les réponses obtenues, il est évident qu'elles identifient ce palier d'action comme un palier politique. Plusieurs mentionnent cependant que, dans le cadre de leur travail, le mot *politique* comporte une connotation péjorative. Une des commissaires restreint la dimension politique au processus électif : « C'est politique parce qu'on est élu, mais je ne vois pas mon rôle comme politique », dit-elle. Une autre déclare : « Je me suis rendu compte au fil des ans que c'était un engagement politique. » Dans ses propos, on devine la dimension politique imposée à partir d'un regard extérieur, et non comme un prisme émanant du sujet. Une troisième commissaire fait état de la même distance : « Est-ce un niveau politique ? Pas pour moi, pour des gens oui, mais pas pour moi. »

On compte donc un premier groupe de répondantes pour qui la dimension politique de leur fonction de commissaire ne va pas de soi ; elle résulte de la construction sociale régissant la fonction. Notons également que ces trois femmes voient dans cette distanciation un élément positif, comme si le terme *politique* dégageait un parfum aux vapeurs toxiques. Une d'elles écrit : « Ça ne devrait pas être politique, mais malheureusement on est pris. Il y a des partis politiques qui existent au scolaire, alors on ne peut pas se le cacher. On a beau ne pas vouloir de connotations politiques, on est aux prises avec cela. » Une autre exprime son aversion profonde pour la chose politique en des termes dénués d'ambiguïté : « Maintenant c'est très politique, avec les deux partis. *I feel disgusted* [...]. Au lieu de regarder les dossiers en profondeur, ils votent en bloc. » Une autre commissaire reprend le même discours : « Pour moi, ça n'a jamais été politique. C'est dommage que ça soit devenu politique, c'est arrivé avant que je sois commissaire, c'est une exigence qui a été portée par le ministre de l'Éducation. Pour moi, c'est une extension du travail que je faisais au comité de parents. »

Dans un registre assez semblable, deux femmes expriment des sentiments ambigus à l'endroit de la dimension politique de leur travail. L'une fait la différence entre la structure, qu'elle qualifie de politique parce qu'il s'agit d'un processus électif, et le côté plus obscur de la politique, la politicaillerie : « C'est un gouvernement parce qu'on est des personnes élues, mais je ne voudrais pas qu'il y ait de politicaillerie », nous a-t-elle confié. Une autre femme a élaboré sur le sens du mot *politique* et nous livre ses impressions en ces termes :

> Tout dépend de la définition que l'on donne à politique. [...] Tout est politique, se plaît-on à dire en science politique et, quand on ne s'occupe pas de politique, elle s'occupe de nous. C'est politique parce qu'il y a un choix de valeurs, un choix de société. On n'aurait pas voulu appeler ça politique parce qu'on pense que l'éducation ne devrait pas être salie par le mot *politique*, parce qu'il a une telle connotation péjorative. Mais il y a des stratégies à faire, en ce sens c'est politique...

Dans un tout autre registre, des commissaires interviewées ont exprimé un point de vue moins réticent, voire enthousiaste à l'endroit du politique : « Absolument, c'est politique, moi je suis de la théorie qui voit de la politique partout. Il y a un jeu de pouvoir, tu as des idées à défendre, c'est politique. » Une autre se dit tout à fait consciente de la dimension politique du palier scolaire, mais elle fait état du pouvoir limité de ce niveau de gouvernement : « On ne fait pas de la grosse politique, on n'a pas beaucoup de pouvoirs. Au municipal ils ont le pouvoir de changer des domaines de juridiction, le pouvoir d'investir, nous on a le pouvoir de gérer les décisions du ministère. » Pour une des commissaires, le terme *politique* ne comporte pas de connotation péjorative. Selon elle, ce terme a davantage une portée globalement positive, et la dimension politique de son mandat n'est pas associée au processus électif, mais bien à la nature de la tâche : « Pour moi, c'est une forme d'engagement politique. C'est la chose publique, c'est dans ce sens-là. Même si ce n'était pas à l'intérieur d'un parti, ça serait toujours un rôle politique. Ça implique de prendre des décisions pour des choses qui vont affecter toute la société. C'est un niveau politique. » On a aussi retrouvé le même type d'analyse, dans une version plus concise, chez une autre commissaire : « Pour moi, c'est une forme d'engagement politique mais une forme d'engagement social aussi. »

Certaines réponses sont plus ambiguës, plus difficiles à déchiffrer. Ainsi, cette commissaire désabusée face aux limites de son pouvoir nous a répondu : « Oui, tout à fait [c'est politique]. Souvent les gens disent : vous êtes là pour l'intérêt des enfants, c'est beau, c'est joli, c'est mignon, mais le ministre de l'Éducation est là pour l'intérêt de qui ? » Une autre réponse présente la même ambiguïté : « Je ne l'ai pas fait dans un sens politique quand je l'ai fait, mais ça a une dimension politique certaine. Avec la loi 107 on a eu la possibilité de faire des partis, d'avoir des idéologies et de se présenter sous une bannière et de débattre ça en groupe, donc en ce sens-là c'est de plus en plus géré comme des partis, on est encore jeunes là-dedans, mais la dimension politique est là. » Enfin, la distinction entre politique et politicaillerie revient dans cette dernière réponse, qui présente une synthèse des points de vue exprimés et qui surtout montre le discours paradoxal de ces femmes à l'endroit de la politique :

Oui et non, c'est politique dans le bon sens du terme. Dès qu'on est public, on est politique dans n'importe quel regroupement, dès qu'on a une fonction avec un mandat à faire valoir, un but à réaliser. Je vais faire la distinction entre la politique et la politicaillerie, qui est de gagner pour gagner. Je reviens toujours à mon message de base qui est d'être là pour les enfants.

Le scolaire : un tremplin pour la politique municipale ?

Nous avons également voulu savoir si ces femmes commissaires envisagent de se présenter à un autre palier de vie politique, afin de vérifier l'hypothèse selon laquelle la politique scolaire sert de tremplin pour accéder à d'autres niveaux d'activité politique. Les réponses obtenues confirment qu'une majorité des femmes de l'échantillon (les deux tiers) ne rejette pas l'idée de s'engager à un autre niveau d'activité politique. Il y a cependant toutes sortes de nuances, qui vont d'hésitations liées à des considérations personnelles sur la qualité de vie à l'affirmation de leur ambition : cela fait partie de leurs plans. Mais un point très intéressant ressort de cette première exploration : si l'on songe à se présenter à d'autres niveaux, ce n'est pas pour plusieurs d'entre elles au niveau municipal, mais au niveau provincial ou fédéral. Plusieurs ont déjà été sollicitées, ce qui confirme que le palier scolaire donne de la visibilité aux commissaires, condition essentielle pour le recrutement dans les formations politiques : on approche certaines personnes parce qu'elles sont connues dans leur milieu.

On peut donc à ce stade tirer quelques conclusions partielles à propos du lien entre le palier scolaire et les autres niveaux d'action politique. Dans le contexte de Montréal, la politique scolaire est un tremplin pour la politique municipale seulement pour quelques femmes. Plusieurs y voient une étape qui les conduira éventuellement à la politique au niveau provincial ou fédéral. La majorité des femmes interviewées envisage sérieusement de se présenter à un autre palier. Néanmoins, pour un tiers d'entre elles, le scolaire n'est pas une étape dans leur carrière politique ; c'est la finalité de leur engagement.

Parmi celles qui ont été sollicitées pour se porter candidates à d'autres niveaux, une femme nous a confié qu'elle avait été approchée au municipal, offre qu'elle a déclinée. Elle a cependant expliqué que si on lui demandait de se présenter au provincial, une fois que son dernier enfant serait parti de la maison, elle hésiterait longtemps entre son sens des responsabilités et sa qualité de vie. Une autre a été approchée par le PQ et a précisé qu cette offre l'avait beaucoup attirée, mais qu'elle a préféré accepter la direction d'un groupe de pression proche du PQ car il lui aurait été difficile de l'emporter dans le comté qu'on lui offrait. Une autre commissaire n'entendait pas se présenter au municipal mais avait souvent pensé à faire le saut au niveau provincial: «J'ai tout ce qu'il faut, mais pour moi c'est une question de temps et puis aussi de parti — encore faut-il qu'il y ait un parti qui nous intéresse.»

On pourrait regrouper dans une deuxième catégorie toutes celles qui ne ferment pas la porte à l'idée de se présenter à un autre niveau que la politique scolaire mais qui ont sciemment décidé d'en repousser l'échéance, ou encore, qui en sont à l'étape de la réflexion à ce sujet. Par exemple, une commissaire explique qu'elle a déjà été approchée pour des élections municipales; si elle a répondu non, elle ne fait pas pour autant une croix sur cette option. Une autre élue raconte y avoir pensé, et explique que, pour elle, «c'est une question de circonstances, de disponibilité». Une femme nous a expliqué que la politique scolaire constituait un excellent lieu d'apprentissage: «C'est sûr que ça donne le goût. Le pont est là pour la politique plus élevée, on apprend énormément.» Celle-ci a aussi précisé que tous les autres niveaux d'activité politique l'intéressent. Enfin, les réponses de quatre autres femmes, à l'intérieur d'un registre étendu, confirment qu'elles pourraient très bien faire le saut à un autre niveau politique si certaines conditions se trouvaient réunies. Pour l'une d'entre elles, l'âge est un facteur qui la motive à repousser ce saut: «Pas maintenant, peut-être quand je serai plus vieille.» Une autre femme dit n'avoir jamais été sollicitée mais, conclut-elle, «je ne dirais jamais non». Une autre attend qu'on la sollicite pour le palier municipal et, enfin, une quatrième a déjà été approchée pour le fédéral, mais a décliné l'offre; c'est cependant ce niveau qui l'intéresserait dans le futur.

Dans le dernier groupe se trouvent des femmes qui rejettent carrément la possibilité de se présenter à un autre niveau d'activité politique que le scolaire. Fait intéressant, plusieurs expriment un point de vue négatif à l'endroit des femmes qui font le saut à un autre niveau, comme s'il s'agissait d'une pratique inacceptable et déloyale à l'égard du monde scolaire : « Je trouve ça regrettable les gens qui se présentent commissaires pour aller à un autre palier politique. Je crois beaucoup au scolaire et mon implication va rester au niveau scolaire. » Faisant écho à cette opinion, une femme a expliqué qu'on lui a souvent demandé de se présenter aux niveaux fédéral, provincial et municipal, mais que l'éducation demeure sa priorité. Une troisième a invoqué l'intégrité pour ne pas se présenter à un autre niveau politique, estimant qu'elle n'aurait aucune chance de mieux travailler pour l'éducation autant en politique provinciale et fédérale qu'au niveau municipal. Elle fait finalement référence à des considérations personnelles en confiant que ses ennuis de santé constituent une sérieuse limitation. Une autre refuse de considérer un engagement politique à un niveau supérieur, précisant qu'elle ne se trouve pas assez « blindée ». Enfin, une dernière interviewée nous a expliqué très simplement les raisons de son choix : « Je n'aime pas la politique, pas du tout, point final. » L'examen des propos de ces commissaires indique que la perception du palier scolaire comme tremplin pour une carrière en politique doit être nuancée puisque ce type d'ambition est loin d'être unanime.

CONCLUSION

Dans ce chapitre, nous avons étudié la participation des femmes aux commissions scolaires au Québec. Nous avions au départ formulé l'hypothèse que les commissions scolaires sont des lieux où l'on retrouve davantage de femmes élues et activement impliquées qu'aux paliers municipal, provincial ou fédéral parce qu'elles rencontrent moins de résistance et d'obstacles à ce niveau de pouvoir.

C'est dans les commissions scolaires que l'on retrouve les plus forts pourcentages de femmes élues. Nos observations montrent qu'il y a possiblement un lien entre ces résultats et l'absence de structures politiques rigides. Mais le scolaire est aussi un palier qui n'a pas encore trouvé pleinement d'écho auprès de la population, en témoignent les taux de participation très faibles aux élections scolaires. Plusieurs femmes commissaires envisagent sérieusement de se présenter à un autre palier politique, mais contrairement à l'une de nos intuitions de départ, ce n'est pas nécessairement le niveau municipal qu'elles visent. En étudiant les modalités de participation des femmes à des activités politiques davantage tournées vers la communauté que les lieux traditionnels de pouvoir, cette étude a permis de dégager des intuitions et hypothèses nouvelles au sujet des femmes et de la politique.

Notes

1. Le projet de recherche « La participation des femmes aux commissions scolaires au Québec » est financé par le fonds FCAR/programme Établissement de nouveaux chercheurs, 1993-1996.

2. Nous avons participé à deux enquêtes-terrain sur les obstacles que rencontrent les femmes dans le militantisme. Ces études ont corroboré des recherches antérieures montrant l'existence d'obstacles propres aux femmes dans l'exercice d'activités politiques. Voir Gingras, Maillé et Tardy (1989) et Maillé et Tardy (1988).

3. Voir entre autres, sur la question des responsabilités familiales et le militantisme des femmes, Gingras, Maillé et Tardy (1989).

4. Voir Proulx (1994).

5. Voir Audet (1971 : 63). Il semble qu'avant 1867 des commissaires scolaires aient été élus par le peuple, mais cette formule fut modifiée et il fallut attendre 1973 pour que l'on assiste à de véritables élections démocratiques.

6. Ces chiffres ont été cumulés auprès de chacune des 172 commissions scolaires sur le territoire québécois. Nous avons contacté la direction des commissions scolaires et demandé combien de femmes siégeaient au conseil. Les données ont été recueillies entre janvier et mars 1994.

Bibliographie

ANDREW, Caroline (1991). « Le pouvoir local : stratégies de pouvoir ou nouvelle impasse pour les femmes ? », Gouvernement du Québec, *L'égalité, les moyens pour y arriver*, Québec, Publications du Québec, p. 63-75.

AUDET, Louis-Philippe (1971). *Histoire de l'enseignement au Québec, 1608-1971*, tome 2, Montréal, Holt, Rinehart et Winston.

CARON, Jean-Paul (1993). *La fonction municipale et ses exigences*, Gouvernement du Québec, ministère des Affaires municipales, document pour la formation des aspirants aux fonctions municipales.

CAUCHON, Paul (1994a). « Des enjeux : le décrochage et... faire voter les gens », Montréal, *Le Devoir*, 19 novembre, p. 1.

_____ (1994b). « Je fais de la politique artisanale », Montréal, *Le Devoir*, 17 novembre, p. 1.

DUPUIS, Philippe (dir.) (1991). *Le système d'éducation au Québec*, Montréal, Gaëtan Morin.

FÉDÉRATION DES COMMISSIONS SCOLAIRES DU QUÉBEC (1992). *Leadership et travail d'équipe*, Sainte-Foy.

_____ (1991). *Au cœur des décisions*, Sainte-Foy.

GINGRAS, Anne-Marie, Chantal MAILLÉ et Évelyne TARDY (1989). *Sexes et militantisme*, Montréal, CIDIHCA.

GRUDA, Agnès (1994a). « La démocratie impossible », Montréal, *La Presse*, 22 novembre, p. B-2.

_____ (1994b). « Démocratie scolaire : le test », Montréal, *La Presse*, 12 novembre, p. B-2.

LEMIEUX, André (dir.) (1992). *L'organisation de l'éducation au Québec*, Ottawa, Agence d'Arc.

MAILLÉ, Chantal (1994). « Women and political representation » dans Alain-G. Gagnon et James Bickerton (dir.), *Canadian Politics*, Peterborough, Broadview Press, p. 156-172.

_____ (1990a). *Les Québécoises et la conquête du pouvoir politique*, Montréal, Saint-Martin.

_____ (1990b). *Vers un nouveau pouvoir : les femmes en politique au Canada*, Ottawa, Conseil consultatif canadien sur la situation de la femme.

MAILLÉ, Chantal et Évelyne TARDY (1988). *Militer dans un parti municipal. Les différences entre les femmes et les hommes au RCM, au RP de Québec et à l'Action civique de LaSalle,* Montréal, UQAM, Centre de recherche féministe.

McCORMACK, Thelma (1975). «Towards a non-sexist perspective on social life and social science» dans Marcia Millman et Rosabeth Moss Kanter (dir.), *Another Voice: Feminist Perspectives on Social Life and Social Science,* New York, Doubleday, p. 1-33.

MINISTÈRE DES AFFAIRES MUNICIPALES (1995). *Statistiques,* Québec, ministère des Affaires municipales.

_____ (1994). *En toute équité* (brochure publiée pour le 8 mars 1994), Québec, ministère des Affaires municipales.

OUIMET, Michèle (1994). «Élections scolaires: c'est l'indifférence», Montréal, *La Presse,* 12 novembre, p. A-1.

PROULX, Jean-Pierre (1994). «Le désintérêt et la confusion règnent plus que jamais», Montréal, *La Presse,* 12 novembre, p. B-4.

SAPIRO, Virginia (1990). «Political connections: Gender and the meaning of politics» dans Lucille Beaudry, Chantal Maillé et Lawrence Olivier (dir.), *Les avenues de la science politique. Théories, paradigmes et scientificité. Actes du colloque de la société québécoise de science politique,* Montréal, ACFAS, p. 57-71.

Lectures suggérées

DUPUIS, Philippe (dir.) (1991). *Le système d'éducation au Québec,* Montréal, Gaëtan Morin.

FÉDÉRATION DES COMMISSIONS SCOLAIRES DU QUÉBEC (1992). *Leadership et travail d'équipe,* Sainte-Foy.

_____ (1991). *Au cœur des décisions,* Sainte-Foy.

LEMIEUX, André (dir.) (1992). *L'organisation de l'éducation au Québec,* Ottawa, Agence d'Arc.

SAPIRO, Virginia (1990). «Political connections: Gender and the meaning of politics» dans Lucille Beaudry, Chantal Maillé et Lawrence Olivier (dir.), *Les avenues de la science politique. Théories, paradigmes et scientificité. Actes du colloque de la société québécoise de science politique,* Montréal, ACFAS, p. 57-71.

III. L'ANALYSE DES POLITIQUES PUBLIQUES

ENTRE L'ÉGALITÉ ET LA DIFFÉRENCE : LE RAPPORT DES FEMMES À L'ÉTAT-PROVIDENCE AU QUÉBEC ET AU CANADA

Danielle Dufresne

INTRODUCTION

C'est un truisme d'affirmer que depuis plus d'une quinzaine d'années l'État-providence en Occident traverse une importante crise d'identité et vit une phase de restructuration. Dans ce contexte, il s'avère nécessaire de s'interroger sur la place des femmes face à cet État[1]. Notre étude est davantage centrée sur le Québec, mais pour un tel sujet, il est impossible de faire abstraction du palier fédéral canadien. Il nous est donc apparu utile de situer dans un continuum historique le rapport que les femmes ont entretenu avec l'État-providence depuis les toutes premières mesures sociales au tournant du siècle jusqu'à aujourd'hui. Il nous est impossible, dans le cadre d'un article, de nous livrer à une étude exhaustive et en profondeur de cette problématique, mais il nous est cependant permis de tenter de caractériser le type de relations qu'ont les femmes avec cet État, relations qui, sur le plan social et politique, s'articulent entre l'identité de genre et la «neutralité» égalitaire.

En ce sens, selon nous, l'État-providence a été successivement et simultanément androcentriste et émancipateur pour les femmes du Québec et du Canada. Par des mesures sélectives d'assistance aux personnes dépendantes et des mesures universelles d'assurance aux citoyens, l'État a situé les femmes et défini leur rôle. Celles-ci ont aussi usé de stratégies individuelles et collectives d'égalité des individus ou de différence de genre, selon l'attitude soit émancipatrice, soit androcentriste de l'État. Il faut toutefois spécifier que l'aspect émancipateur que nous attribuons à l'État-providence canadien et québécois n'est pas le fruit d'une action délibérée, mais plutôt une conséquence plus ou moins prévisible de l'intégration et de la salarisation partielle des activités féminines de la reproduction sociale.

Afin d'éclairer le rapport que les femmes entretiennent face à l'État-providence, nous avons attaché notre réflexion au rapport entre certaines mesures et politiques sociales de l'État et l'organisation sociale et sexuelle du travail. Dans leur relation à l'État-providence, les femmes ont navigué entre les mesures d'assistance et d'assurance et entre le travail salarié et domestique. Dans ce cadre, leur citoyenneté politique et sociale suit un parcours singulier. Les pratiques et discours d'acteurs sociaux, tels le mouvement syndical et surtout le mouvement des femmes, seront aussi privilégiés pour scruter cette relation.

La démarche que nous empruntons ici suit une périodisation historique : dans un premier temps, nous examinerons l'émergence de l'État interventionniste, période qui s'échelonne des débuts de l'ère industrielle jusqu'à la mise en place de l'État-providence canadien, né de la Crise et du second conflit mondial.

La seconde partie se divise en trois blocs d'inégale longueur. Les deux premières périodes, séparées par 1960, nous mènent de la consolidation de l'État-providence au début de sa phase de restructuration, à l'orée des années 1980 : c'est l'ère des «Trente Glorieuses» (1945-1975). Cette coupure de 1960 nous est apparue importante : les années 1960 et 1970 sont celles de l'apogée de l'État-providence, où se poursuit dans le secteur tertiaire l'organisation industrielle du travail, inspirée du taylorisme et du fordisme. Au Québec, c'est à partir de ces années que surgit, avec la «Révolution tranquille», une vision moderniste de l'intervention de l'État. Enfin, ces années sont aussi celles du féminisme militant.

Plus succinct, le dernier bloc s'attache à la crise de l'État-providence qui sévit depuis une quinzaine d'années. Crise qui influe sur les politiques sociales de l'État, mais qui marque également une crise du fordisme, désormais supplanté par une organisation plus flexible et mondialisée du travail. En toile de fond s'accentuent les tensions liées à l'exclusion sociale et concomittantes à l'apprentissage malaisé de nouveaux rapports sociaux de sexe dans l'univers du public et du privé. Nous concluons en nous interrogeant sur la citoyenneté des femmes à l'heure de la crise de l'État-providence. Dans ce contexte, une définition univoque de l'État-providence s'avère irréaliste, car des spécificités tant dans le temps que dans l'espace (Canada-Québec) colorent la problématique des rapports sociaux, sexuels et politiques que les femmes entretiennent avec ce dernier.

LES FEMMES ENTRE LE PATRIARCAT ET L'ÉTAT

Durant la période qui s'enclenche au tournant du siècle dernier pour se terminer avant la Seconde Guerre mondiale, les interventions ponctuelles de l'État viennent en quelque sorte suppléer, par la « charité publique », aux mécanismes privés de l'ordre patriarcal et industriel. Ce rôle paternaliste de l'État auprès des personnes dépendantes par leur sexe, leur âge ou leur indigence, nous amène à traiter d'abord de la construction politique, sociale et économique du concept de la dépendance.

Liberté, inégalité et dépendance

Dans l'ère précédant le libéralisme politique, la société était structurée par une hiérarchie quasi immuable des ordres sociaux et du statut des personnes. Seuls quelques individus, de par leur rang ou leur fortune, étaient considérés indépendants. La masse de la population vivait dans une dépendance sociale non stigmatisante, « normale » pour l'époque.

Les révolutions démocratiques et les réformes politiques élargiront soit radicalement, soit peu à peu, ce concept d'indépendance. C'est par l'attribution de droits juridiques et politiques, non plus reliés à la propriété mais à la citoyenneté sexuée au masculin, que le statut d'indépendance s'acquiert. C'est ce qu'on nomme, de façon abusive, le suffrage universel, lié à la liberté de contracter.

Ce processus d'individualisation de la relation des hommes au politique et à l'État libéral ne se fait (et ne peut se faire) que par l'exclusion des femmes comme individues libres et autonomes[2]. Elles sont reléguées à la (leur) nature. Le rapport subordonné qu'elles entretiennent dans la famille avec les hommes est considéré comme naturel et non social. Leurs responsabilités domestiques et leurs tâches dans la reproduction des êtres et des moyens de subsistance n'est pas un travail, mais relève plutôt d'un statut de dépendance à la famille.

De l'ordre patriarcal de la famille élargie à l'ordre industriel

Dans l'ère préindustrielle et au début de l'industrialisation, la communauté familiale élargie consomme sa propre production domestique (nourriture, vêtements, etc.), et l'utilisation des produits manufacturés n'est pas très fréquente. Cette famille patriarcale et préurbaine se caractérise par la division sexuelle du travail, l'apport des autres membres de la famille (enfants, parenté) ou de la communauté et par l'interpénétration des lieux de travail et de vie pour ses membres des deux sexes. Le travail présente encore un aspect artisanal, et une bonne partie des moyens de subsistance est tirée d'activités non salariées reliées aux produits de l'agriculture ou de l'élevage, ou encore d'activités salariées saisonnières (conserveries, pêche, coupe de bois, etc.).

C'est la manufacture qui prolétarisera et sédentarisera les artisans pour les transformer en ouvriers de métier. Avec les progrès de la mécanisation durant la deuxième moitié du XIXe siècle et la mise en place, en 1879, de la National Policy axée surtout sur le rail, la grande industrie se déploie. À ses côtés se développe le secteur manufacturier du textile et du vêtement, qui embauche surtout des travailleurs non qualifiés, dont beaucoup de femmes et d'enfants. Les conditions de travail sont pénibles, voire dangereuses. Le chômage est fréquent. Les salaires, déterminés au rendement, sont irréguliers et faibles, en particulier pour les enfants et les femmes qui connaissent souvent la surexploitation du travail à domicile (*sweating system*).

Cette prolétarisation accélère l'urbanisation, activée par l'immigration et les déplacements intérieurs, surtout vers Montréal, alors métropole industrielle du Canada. Mais les conditions de vie urbaines sont pitoyables : quasi-inexistence de l'hygiène et des services publics de base (aqueducs, égoûts, électricité, etc.), déficience de l'alimentation en vitamines et produits laitiers, taux très élevé de mortalité infantile, tuberculose et épidémies presque endémiques.

C'est pour contrer les déplorables conditions de travail et de salaire que sont formés en Amérique du Nord d'importants regroupements syndicaux. Syndicats qui, malgré leur neutralité affichée en matière de religion, recrutent passablement d'adhérents au Québec. Le premier grand regroupement, les Chevaliers du travail, s'apparente aux anciennes mutuelles d'entraide de par son membership composite où journaliers, artisans, voire petits commerçants et «ménagères» côtoient des ouvriers de métier. Il interpelle aussi les pouvoirs publics en matière de législation sociale et du travail, et de services publics.

Mais, dès la fin du XIXe siècle, il est supplanté par les syndicats de métiers, mieux adaptés au capitalisme libéral de la grande industrie. Pratiquant un syndicalisme d'affaires et de rapport de force, ils sont peu sensibles à l'entraide entre les différents prolétaires. Ils tentent aussi de rejeter de leurs rangs les travailleurs non qualifiés, dont les travailleurs immigrants et les femmes[3]. Méfiants envers l'autorité politique qui a le plus souvent joué le rôle de gendarme des employeurs, ils ne manifestent que peu d'enthousiasme, voire de l'indifférence, envers les premières mesures sociales de l'État.

Les premières mesures sociales : protection et assistance

En 1872, le syndicalisme est légalisé au Canada et perd son caractère clandestin. Le Québec et l'Ontario adoptent des lois sur les accidents industriels, en 1909 et en 1914 respectivement. Ces mesures inspirées de législations similaires en Europe visent à faire assumer socialement les risques et les responsabilités liés au travail.

En 1884 pour l'Ontario, et en 1885 pour le Québec, puis de nouveau en 1910, on adopte des lois pour restreindre les heures de travail des femmes et abaisser l'âge minimum réglementaire à douze ans et plus, pour les garçons, et quatorze ans les filles (selon la loi de 1885). Puis, en 1919, est adoptée au Québec la loi du salaire minimum pour les femmes, comme d'ailleurs dans les autres provinces. Ces mesures protectionnistes à l'égard des femmes et des enfants dans les établissements industriels définissent le caractère d'appoint de leur travail et l'infériorité de leur rémunération face au salaire masculin, seul gagne-pain légitime des familles. Il faudra attendre l'entre-deux-guerres et les pressions des groupes réformistes (souvent proches des pouvoirs en place) pour que soient adoptées des mesures de prise en charge des personnes hors du marché du travail.

Il s'agit des lois québécoises de l'assistance publique aux indigents et démunis en 1921 et celle de l'aide aux mères nécessiteuses de 1937. Pour pouvoir bénéficier de ces mesures, il faut démontrer que l'on est *incapable* de subvenir à ses besoins et offrir de solides garanties de moralité (certificat signé par un maire, médecin ou curé). La Loi sur l'assistance aux mères nécessiteuses est, à cet égard, particulièrement normative. On exige deux certificats de moralité, dont l'un doit être émis par une autorité religieuse. À l'origine, seules les mères de deux enfants et plus et celles dont le mari est interné sont admissibles, ce qui exclut les femmes séparées, abandonnées ou dont le mari est en prison (il y a sûrement de leur faute). Quant aux mères divorcées ou célibataires (filles-mères), elles n'ont aucune existence sociale à cette époque.

Ces mesures provinciales de protection et d'assistance forment les deux volets d'une situation, stigmatisante pour les bénéficiaires, de subordination à l'État et de dépendance face au travail salarié masculin, dont elles sont en quelque sorte le négatif.

Réforme et suffrage : un féminisme de la différence

Face à l'indifférence manifestée par les organisations de l'aristocratie ouvrière que sont les syndicats de métiers, d'autres prendront le relais : le mouvement de réforme sociale. Ce mouvement, majoritairement composé de femmes issues des classes moyennes et aisées, se développe au tournant du siècle. Il se donne pour objectif d'améliorer l'hygiène publique et les conditions de vie des mères et des enfants du prolétariat urbain. Des œuvres comme la Goutte de lait et la création de l'hôpital Sainte-Justine pour enfants vont dans ce sens.

Les ligues de tempérance et groupes féminins de réforme sont aussi à l'origine du mouvement suffragiste, des combats pour l'élargissement des droits des femmes mariées et pour l'accès des filles à l'éducation supérieure. Ces groupes laïques sont très actifs dans le milieu anglo-protestant. Même au Québec, ce sont des anglophones, auxquelles viennent se joindre quelques francophones, qui mettent sur pied, en 1893, le Montreal Local Council of Women. Ce n'est qu'en 1907 que les francophones catholiques fondent la Fédération nationale Saint-Jean-Baptiste. Sous la pression du clergé, la Fédération (1907-1933) abandonne la revendication du suffrage pour viser l'élargissement des droits civils des femmes et promouvoir l'éducation des filles. Elle œuvre aussi auprès des ouvrières, vendeuses et employées, bientôt relayée dans les années 1920 et 1930, par les syndicats catholiques.

Tant au Canada qu'au Québec, ces groupes féminins sont résolument favorables à la distinction des sphères domestique et du travail. C'est pourquoi elles demandent le salaire familial masculin et des mesures de protection du travail féminin. Dans la même ligne de pensée, c'est parce qu'elles sont femmes et mères qu'elles réclament une participation à la sphère publique; ce «maternalisme» social, ou spirituel chez les religieuses, leur permet d'interpeller le politique au nom de leur différence et de leur complémentarité.

Concernant les communautés religieuses féminines, on peut penser que leur forte présence au Québec a freiné l'éclosion d'un mouvement de réforme laïque, féminin et autonome (Dumont 1983). En effet, dès le milieu du XIXe siècle, les religieuses ont ouvert des asiles, sortes de garderies, pour de nombreuses mères ouvrières. Elles s'appliquent aussi à développer l'éducation supérieure des filles. Enfin elles assurent et administrent presque toutes les charges de l'assistance sociale, même celles découlant de législations gouvernementales, telle celle de l'assistance publique aux indigents de 1921[4].

Avec l'adoption de mesures protectionnistes et l'extension du suffrage aux femmes en 1918 au niveau fédéral, bientôt suivi par la majorité des provinces, le mouvement féminin de réforme sociale amorce son déclin au Canada, après la Première Guerre mondiale. Au Québec, il faut plutôt parler de fragmentation et de réalignement du mouvement : dès les années 1920, les féministes, surtout francophones, se réorganisent en ciblant l'obtention du droit de vote au niveau provincial.

C'est au nom de leur identité spécifiquement féminine que la majorité des féministes québécoises réclament le suffrage. «C'est la différence des femmes par rapport aux hommes en tant que sexe (*gender*) et non leur équivalence en tant qu'individu(e)s qui fonde à leurs yeux (pour ces dernières) la revendication suffragiste» (Rosanvallon 1992 : 405). Mais c'est au nom de cette différence qu'on leur refuse. En effet, malgré son rattachement au parlementarisme britannique, le Québec d'avant la «Révolution tranquille» n'est pas tout à fait une démocratie libérale. C'est plutôt un État paternaliste et patriarcal où le conservatisme national et les traditions catholique et «familialiste» pèsent lourd sur les femmes.

La relative précocité du suffrage féminin en pays anglo-protestant s'expliquerait, pour une large part, par l'axe réformateur et différentialiste de leur démocratie : une démocratie libérale d'intérêts individuels, où groupes sociaux (groupes ethniques ou groupes de sexe) viennent peu à peu s'adjoindre, sans s'y fondre, à la société civile.

Quoi qu'il en soit, les activités en faveur de la réforme sociale et du suffrage que mènent les femmes de cette époque les outillent pour pénétrer la sphère publique et pour accéder à la citoyenneté. «Les services que les femmes ont rendus à la communauté ont favorisé leur intégration complète comme citoyennes [...] ils leur ont aussi procuré une reconnaissance publique et une légitimité politique» (Sarvasy 1994 : 318, traduction libre).

L'ÉTAT-PROVIDENCE, D'UNE CRISE À L'AUTRE

Dans cette partie, nous nous intéresserons aux premières mesures assurantielles de l'État-providence canadien, vers 1940, jusqu'à sa remise en question.

1. L'émergence de l'État-providence au Canada et au Québec, 1940-1960

Le rôle de l'État canadien

La Seconde Guerre mondiale offre l'occasion aux pays occidentaux, dont le Canada, de mettre en place des États plus interventionnistes au plan économique et social. Déjà, lors de la Dépression, les mesures provinciales d'assistance aux indigents et aux personnes dépendantes avaient démontré leur insuffisance face à l'ampleur du chômage. Avaient alors été mis en place, et administrés conjointement par les paliers fédéral, provincial et municipal, des travaux publics et des «secours directs» versés à des hommes aptes au travail, mais sans ressources, ce qui est précurseur d'un changement dans le rôle de l'État. En 1933-1934, au plus fort de la Crise, près du tiers de la population de Montréal bénéficiait de ces mesures d'assistance publique (Pelletier et Vaillancourt 1974: 215).

Contrairement à d'autres démocraties occidentales, l'implantation de l'État-providence canadien, à partir de 1940, correspond moins à un compromis entre le capital et le travail, sous l'égide de l'État, qu'à une initiative des institutions fédérales (Jenson 1989). Cette initiative fédérale rallie généralement l'opinion publique et les partis politiques au Canada anglais. C'est par la constitution d'un paradigme d'identité nationale et non pas d'économie nationale, qui reste très exportatrice et continentale, que s'ébauche l'État-providence au Canada.

En s'érigeant stabilisateur économique et édicteur de «normes nationales» en matière de sécurité sociale, l'État-providence canadien laisse aux provinces la poursuite des politiques d'assistance aux personnes dépendantes de par leur indigence ou par leur sexe. Conséquemment, les législations provinciales se substituent au salaire, tandis que la législation fédérale subventionne les salaires (Ursel

1992 : 225). Cette division entre l'attribution des politiques assurantielles au fédéral et des mesures d'assistance aux provinces sera remise en question au cours des années 1960.

Des mesures sociales universelles, mais sexuées

Entre 1940 et 1960, trois importants programmes fédéraux universels sont mis en place. Il s'agit du programme de sécurité de
vieillesse pour tous les citoyens âgés de plus de 70 ans (restructuré
en 1951), de l'assurance-chômage et des allocations familiales. Ce
sont ces deux derniers qui retiendront notre attention. Si l'assurance-
chômage couvre environ 75 % des travailleurs, indépendamment de
leur sexe, elle vise surtout le prolétariat urbain. Les travailleurs sai-
sonniers n'y avaient pas droit (Guest 1993).

Sont aussi exclus les employés des gouvernements, dont beaucoup
sont des femmes, telles les enseignantes et les infirmières. Certes,
celles-ci risquent peu de connaître le chômage, mais la sécurité d'emploi n'existe pas encore. En outre, pour être admissibles, les femmes
mariées doivent, dans les deux premières années suivant leur
mariage, faire la preuve qu'elles entendent rester sur le marché du
travail. Il n'était pas possible aux enseignantes et aux infirmières du
Québec de faire cette démonstration, car, pour elles, le mariage
signifiait le plus souvent un licenciement immédiat[5].

Les allocations familiales sont universelles pour toutes les mères.
Mais elles sont en quelque sorte une forme d'assistance aux personnes
dépendantes, suppléant au revenu (masculin) principal, une sorte
de salaire familial réclamé depuis le début du siècle par les groupes
de réforme sociale[6]. Le rapport fédéral Marsh (1943), initiateur des
mesures assurantielles de l'époque est d'ailleurs fort explicite à ce
sujet, puisqu'on espère par ces mesures favoriser le retour au foyer
des travailleuses. Espoir réalisé dès 1946, car la main-d'œuvre féminine, qui correspondait pendant la guerre au tiers des travailleurs,
retombe à 25 % du total (Gauthier 1985 : 274). Les garderies organisées par le gouvernement canadien durant la guerre cessent aussi
leurs activités. Les allocations familiales sanctionnent l'exclusion des
femmes du travail salarié. Ces mesures ont aussi une portée nata-

liste, puisqu'on assiste après 1945 à des taux de nuptialité jusqu'alors inégalés et conséquemment à de multiples familles nucléaires de taille moyenne : le fameux *baby boom*.

La portée universelle de mesures assurantielles, telles l'assurance-chômage et les allocations familiales, occulte leur aspect éminemment sexué face à la production et à la reproduction. Elles instituent structurellement la dépendance des femmes face à leur conjoint et à l'État, ce dernier en venant ainsi à combler le revenu masculin. C'est le début du règne du couple pourvoyeur-ménagère, modèle dominant en Occident jusqu'à la fin des années 1960 et l'explosion du mouvement des femmes[7]. Ce modèle repose sur une stricte division sexuelle et sociale du travail, où la définition même du travail repose exclusivement sur le travail masculin salarié, productif et marchandisé. Le travail domestique de la ménagère au foyer, exclu du salariat, est de ce fait exclu de la définition même du concept du travail (Vandelac 1981). Ce modèle s'arrime aussi intimement à l'organisation tayloriste et fordiste de la production et de la reproduction sociale et sexuelle des biens et des services sur le marché et dans la famille.

Taylorisme et fordisme : la production des biens de masse

C'est dans la période de l'entre-deux-guerres que le taylorisme et le fordisme se mettent en place. Mais c'est après la Seconde Guerre mondiale qu'ils prennent leur essor, essor auquel l'État participe grandement.

Le taylorisme, c'est le règne du travail parcellaire, fragmenté, de la tâche. Le fordisme, c'est la prédominance de la chaîne, de la cadence, de la soumission et de l'encadrement du travail par les outils qui en dictent le contenu. À eux deux, par la concentration industrielle, ils permettent la production de masse, à laquelle s'adjoindra bientôt la consommation de masse.

À cette organisation du travail se moule étroitement un nouveau type de syndicalisme : le syndicalisme industriel. Émergeant au cœur même du syndicalisme de métiers dans les années 1930, il connaît toutefois sa véritable expansion à partir des années 1940. Ses actions syndicales, conjuguées à la croissance économique et aux mesures publiques assurantielles de soutien à l'emploi et à la consommation, permettent une amélioration substantielle du revenu des ménages. Conséquemment, s'accentue l'implantation du salaire familial masculin et du modèle du couple pourvoyeur-ménagère.

Donc, l'organisation fordiste et le syndicalisme industriel propagent l'éthique productiviste du travail[8], qui repose aussi sur sa face cachée : le travail domestique non rémunéré assumé par les femmes.

Entre vocation et profession

Au Québec, l'obtention pour les femmes du droit de vote, en 1940, érode le mouvement féministe. Quelques individues poursuivent leur lutte par l'action sociale catholique ou la défense des droits humains (appelés à l'époque les droits de l'Homme). Mais c'est, paradoxalement, au sein du syndicalisme industriel que surgissent les militantes exceptionnelles que sont Madeleine Parent et Léa Roback, qui combattent l'exploitation sociale des ouvrières, sous-payées parce que femmes. Quant au syndicalisme catholique en industrie, s'il se révèle plus combatif après la célèbre grève de l'amiante de 1949, il n'en demeure pas moins traditionaliste envers les femmes et le travail féminin, s'intéressant aux épouses de travailleurs plutôt qu'aux travailleuses elles-mêmes.

C'est au sein du syndicalisme catholique non ouvrier, celui des infirmières et des institutrices, que la mobilisation féminine prend son élan. C'est un syndicalisme quasi exclusivement féminin qui présente des caractéristiques particulières. Tout d'abord, il affronte un patronat religieux, souvent féminin ; en effet, dans l'assistance publique et dans l'éducation, l'État provincial québécois délègue ses responsabilités au clergé, lequel administre la santé ou chapeaute l'enseignement confessionnel. Ensuite, c'est un syndicalisme de type professionnel ; sans renier la logique du don de soi et du dévouement, les infirmières exigent autant la reconnaissance professionnelle qu'une amélioration de leurs conditions de travail.

Quant aux institutrices, c'est en invoquant la notion du devoir à la nation et à la famille qu'elles réclament reconnaissance et dignité. Elles soutiennent que le service qu'elles accomplissent comme pédagogues auprès des enfants mérite une rétribution plus juste. Ce salaire juste et raisonnable n'est toutefois pas revendiqué au nom de l'égalité salariale. Le Québec ne reconnaît pas alors aux femmes un état d'individues à part entière, c'est une société qui ne considère pas le travail féminin (ni dans la famille, ni à l'école, ni à l'hôpital) comme un véritable travail social. Jusqu'aux années 1960 et même au-delà, les hommes ont un travail, les femmes, une vocation.

À l'instar des groupes de réforme sociale du début du siècle, les institutrices et les infirmières acceptent la place que la société leur a dévolue. Mais elles tentent néanmoins d'élargir leur champ d'action et de projeter leurs revendications hors des frontières par trop étroites qui les bornent et les subordonnent. Leur interpellation en faveur d'un arbitrage de l'État en fait des instigatrices méconnues du développement et de la consolidation de l'État-providence québécois des années 1960 et 1970.

En empruntant astucieusement une stratégie de « professionnalisation » de la vocation, par l'outil du syndicalisme catholique et en assumant une « nature » d'éducatrices ou de soignantes spécifique à la sphère féminine, les institutrices et les infirmières de cette époque contribueront à élargir le politique et la notion de citoyenneté.

2. L'âge d'or de l'État-providence, 1960-1980

C'est lors des années 1960 et 1970 que l'État-providence atteint sa pleine expansion assurantielle et universaliste au Canada et au Québec. D'ailleurs, selon Esping-Andersen (1990), ce n'est qu'à partir des années 1960 qu'on peut véritablement parler d'État-providence en Occident[9].

À cette étape, le discours de l'État-providence s'appuie sur la justice sociale et l'égalité des chances, principes qui s'édifient sur le socle des normes et des solidarités organisées par l'État : les politiques sociales, notamment en matière d'emploi, mais aussi dans le domaine de la santé, de l'éducation, de la consommation, de l'environnement, de la famille et de la démographie (sécurité de la vieillesse et immigration). Cette empreinte de justice distributive et de droits sociaux marque fortement le rôle de l'État-providence, à partir des années 1960.

Mais l'État-providence est aussi le fruit d'un compromis économique et social entre le rôle de l'État et le marché national qui en bénéficie. L'État soutient l'organisation fordiste du travail et participe directement à l'économie. Outre les traditionnels outils keynésiens de régulation que sont la monnaie et la fiscalité, plusieurs moyens sont mis en œuvre : exemptions fiscales, subventions et prêts aux entreprises, création de sociétés d'État, nationalisations de secteurs tels le transport aérien et ferroviaire et de l'hydro-électricité au Québec... Tant dans le champ de la production que dans celui de la reproduction, les institutions publiques se développent et l'État se bureaucratise.

L'axe Québec-Ottawa des politiques sociales, 1960-1980

Traditionnellement, les provinces s'étaient réservé les mesures d'assistance aux personnes démunies, mesures de substitut au salaire, même après 1940. Mais, à partir de 1960, le tableau change. Les provinces pénètrent le champ assurantiel du social, en santé et en éducation principalement. Le processus tend alors à se complexifier au niveau du partage et du financement des juridictions. Le palier fédéral s'arroge les grandes orientations, et les provinces veillent aux applications administratives. Cahin-caha, le processus fonctionne néanmoins, et les provinces reconnaissent au gouvernement central son rôle de maître d'œuvre, d'arbitre et de garant de la justice sociale au Canada.

Il en va tout autrement au Québec. Si, durant les années 1940 et 1950, le Québec est entré plus ou moins à contrecœur dans l'ère de l'État-providence canadien, les années 1960 marquent une rupture. Auparavant, la province se caractérisait, au plan économique et social, par une adhésion au libéralisme et au non-interventionnisme de l'État, alors qu'au plan politique et familial conservatisme et traditionalisme étaient de mise. La «Révolution tranquille», sorte de mythe fondateur du Québec moderne (Dumont 1995), fait éclater ce carcan.

Au nom d'une stratégie autonomiste, le Québec revendique une plus grande latitude dans la mise en œuvre des politiques tant sociales qu'éducatives. De sa place en queue du peloton des provinces en ces matières, le Québec, à la fin de la décennie, parvient à se hisser aux premiers rangs. Il revendique même une prééminence constitutionnelle dans le domaine social. Prônant un fédéralisme décentralisé dans tous les domaines (éducation, culture, communications), la province se dote d'une approche intégrée de ses politiques sociales, en avance sur les autres provinces (Guest 1993). Elle enclenche, la première au Canada, en 1961, un programme d'allocations scolaires pour les jeunes de 16 et 17 ans. Elle met aussi en place le régime des rentes du Québec en 1965, avec une large marge d'autonomie. En conséquence, Ottawa révise son régime contributoire de retraite pour le rendre conforme à celui, plus généreux, du Québec (Guest 1993). Les fonds du régime des rentes, très tôt devenus importants, permettent de créer la même année la Caisse de dépôt du Québec.

Au plan sociosanitaire, d'autres initiatives conjointes (fédérales-provinciales), telles l'assurance-hospitalisation en 1961 (loi fédérale de 1957), l'assurance-maladie en 1970 (loi fédérale de 1966), et l'aide sociale en 1970 (loi fédérale de 1966) verront le jour. Très rapidement, au Québec, l'État supplante les réseaux des communautés religieuses féminines en matière de santé et d'assistance publique, et partiellement ceux du clergé en matière d'éducation.

Les années subséquentes verront se poursuivre cette prise en charge du social par l'État. En 1971, l'assurance-chômage élargit sa couverture à la quasi-totalité des travailleurs; les prestations sont augmentées et les travailleuses peuvent y être admissibles pendant leur grossesse. Au Québec seront développées d'autres initiatives dans le domaine sociosanitaire comme la création des centres locaux de services communautaires (CLSC) et des centres de services sociaux (CSS) en 1971. Ce mouvement s'accentue après 1976 lors de l'arrivée au gouvernement du Parti québécois, qui se veut le continuateur de la «Révolution tranquille». S'inspirant de la social-démocratie, il met en place lors de son premier mandat des mesures touchant, entre

autres, à la protection de la jeunesse, des locataires, des consomma-
teurs, des automobilistes, etc. Il tente aussi, au moyen de législations
du travail, d'apaiser quelque peu un mouvement syndical québécois
fort radicalisé et contestataire au cours de cette décennie.

Si les années 1960 et surtout 1970 sont marquées par un syndicalisme militant, elles sont aussi le théâtre de l'éclosion de nouveaux
mouvements sociaux, tels les mouvements populaire, écologique et
le mouvement de libération des femmes. Reprenant et approfondis-
sant le discours étatique de justice et d'égalité sociale, ces citoyens
réclament une plus grande participation populaire, l'élargissement
des droits sociaux et des pratiques moins bureaucratiques et plus
communautaires. C'est en partie pour satisfaire — récupérer diront
certains — ces demandes que l'État développe à cette époque plusieurs programmes sociaux.

Certaines initiatives visent nommément les femmes; c'est ainsi
qu'on crée en 1973 un Conseil du statut de la femme au Québec. En
1976, un ministère de la Condition féminine faisant partie des priorités gouvernementales est établi au Québec. Des mesures telles que
le congé de maternité, le retrait préventif pour la travailleuse enceinte et la plus grande accessibilité de l'avortement en clinique
publique, privée ou communautaire sont votées.

L'organisation sociale de la reproduction

Le développement sans précédent de l'État-providence au Canada
et au Québec, surtout à partir de 1960, oblige à repenser les rapports
avec l'organisation tant sociale que sexuelle du travail: le fordisme
et le patriarcat. Par l'établissement des systèmes sociosanitaire et
éducatif et des assurances collectives publiques, l'État contribue à
socialiser les besoins des citoyens et citoyennes. Il donne aussi un
second souffle à l'organisation tayloriste et fordiste de la production de masse, en soutenant sa pénétration dans le secteur tertiaire
des services. C'est dans cette optique qu'il faut appréhender la multiplication des contrôles bureaucratiques et administratifs du travail des employés de l'État et les tentatives de déqualification et de

morcellement des tâches, pour ce qui est des soins infirmiers et de l'enseignement notamment.

Ce prolongement dans le secteur des services, surtout publics, de l'organisation fordiste du travail, trouve son équivalent dans le syndicalisme. Conçu à l'origine en fonction de l'industrie, de la production de biens de masse, dominé par cette logique et par un militantisme majoritairement masculin, il impose donc dans le secteur des services des tactiques qui s'attachent davantage à l'aspect quantitatif du travail et de ses conditions. Face à l'État, il privilégie des stratégies de collaboration, pendant la «lune de miel» et la croissance économique de la «Révolution tranquille», ou de confrontation, lors des Fronts communs des années 1970. Il obtient ainsi de substantiels gains matériels pour les syndiqués des deux sexes, mais engendre un faible militantisme féminin. La progressive prise en compte de l'importance des effectifs féminins, jointe aux pressions des comités syndicaux de condition féminine, reflètera peu à peu une volonté de transformer les luttes inspirées de celles «des gars d'usine vers des actions de femmes des services publics[10]». En effet, la participation de plus en plus massive des femmes au marché du travail, dont le pourcentage entre 1961 et 1981 passe de 27,1 % à 39,7 % de la population active, est particulièrement frappante. La présence des femmes mariées, dont la participation augmente de 22,1 % à 47,0 % durant les mêmes années, change radicalement le tableau du marché du travail[11].

Ce phénomène, couplé à la scolarisation de plus en plus importante des filles, alimente le volet émancipateur de l'État-providence puisque c'est majoritairement dans le secteur des services, surtout publics, où elles forment les deux tiers de la main-d'œuvre, qu'on retrouve les travailleuses. Dès lors, on ne peut plus considérer le travail féminin comme un appoint au salaire masculin.

Mais les travailleuses de l'État sont alors peu nombreuses à occuper des postes décisionnels et à arpenter les allées de la haute administration[12] (Andrew 1984). En outre, la salarisation par l'État du travail de reproduction sociale, naguère assumée en quasi-totalité dans la sphère domestique, engendre pour les femmes une ségrégation professionnelle dans des filières moins rémunératrices, source d'iniquité salariale.

L'aspect émancipateur de l'État-providence doit donc être considéré avec pondération. De plus, la salarisation de la reproduction sociale n'est que partielle et le travail domestique féminin demeure indispensable, même s'il s'articule désormais étroitement à l'organisation du travail et à l'État. Les femmes en emploi doivent maintenant effectuer une «double journée» de travail. Par ailleurs, l'aspect émancipateur de l'État-providence se reflète aussi dans certaines politiques ou législations mises en place sous l'impulsion du mouvement des femmes.

Le mouvement de libération des femmes : un féminisme de l'égalité et de la différence

C'est entre la fin des années 1960 et le début des années 1980 que le mouvement des femmes au Québec et au Canada atteint son apogée et son maximum de visibilité. Formé dès le milieu des années 1960 par des groupes réclamant réformes et égalité des droits pour les femmes, il est bientôt rejoint, au tournant des années 1970, par un mouvement plus radical de «libération des femmes» issu des contestations sociales, nationales et étudiantes. C'est surtout ce dernier qui, dans ses réflexions et pratiques, remet en cause l'historicité de leur oppression par le patriarcat dans la famille, le travail ménager et les rapports amoureux, qu'elles veulent redéfinir sur les valeurs de la liberté, de l'égalité et du respect de la différence, non plus naturelle, mais culturelle et sociale, des femmes. En dépit des diverses orientations et analyses, ces deux courants du mouvement présentent une cohérence d'objectifs en fonction de ces valeurs. Le mouvement tire sa légitimité de la réalité de la subordination collective des femmes et de la subjectivité individuelle de cette oppression, ressentie par chaque femme.

Après les tumultes des débuts, le mouvement se décompose à partir des années 1980 en myriades de groupes de services sur l'ensemble du territoire, rejoignant peu ou prou toutes les strates d'âge, de classe et bientôt d'ethnie. Très tôt aussi, il s'intègre socialement, tant au niveau syndical que dans les partis politiques ou dans le champ du savoir universitaire. Cette institutionnalisation contestataire favorise l'enracinement et l'efficacité du mouvement, elle se reflète aussi par la présence grandissante des femmes dans les institutions parlementaires et politiques de même que dans les législations. Les fruits de cette institutionnalisation politique du féminisme au Québec sont mi-figue, mi-raisin: c'est davantage au niveau de l'acquisition de droits individuels à l'égalité que le mouvement des femmes a réalisé des gains. Des mesures telles que la fin de l'incapacité juridique de la femme mariée (1964), l'égalité des conjoints dans la famille et sur son administration (1981), la possibilité pour les femmes de transmettre leur nom à leurs enfants (1981), la prestation compensatoire pour les femmes collaboratrices de l'entreprise familiale (1981) et le partage du patrimoine familial (1989), entre autres, relèvent en effet d'une approche juridique des droits de la personne. Par contre, plusieurs de ces mesures débordent le concept de l'égalité formelle des personnes devant la loi; elles agissent comme un redressement pour compenser l'inégalité systémique. En ce sens, elles dépassent l'aspect symbolique et individuel pour atteindre un effet collectif.

Le bilan est plus maigrelet en ce qui concerne l'élargissement des droits sociaux assurantiels. L'État institue les congés de maternité (1971) et parental (1990), couverts par les prestations d'assurance-chômage et, au Québec, le retrait préventif pour la travailleuse enceinte (1979) et l'accessibilité de l'avortement dans le réseau de la santé (1977), mais la «providence» étatique s'arrête là. L'État opte plutôt pour des mesures de déductions fiscales aux familles. Il préfère aussi subventionner, à certaines conditions et de façon variable, des services comme la garde d'enfants ou l'hébergement des femmes violentées plutôt que de les intégrer dans les services publics. Les employés salariés ou bénévoles, très majoritairement féminines, de ces groupes privés ou communautaires rendent donc à moindre coût d'inestimables services aux femmes et à la société en général.

En définitive, le discours égalitaire relayé durant cette période, tant par l'État que par les mouvements sociaux, se démarque du discours de l'égalité naturelle du sujet individu masculin construit par la Raison, et cher au libéralisme politique. C'est désormais une égalité de règles, de chances et de normes qui s'intéresse aux multiples sujets sociaux de droit. C'est cette conception de l'égalité dans l'État-providence qui servira d'assise à la reconnaissance formelle de l'égalité des sexes. L'autre point d'ancrage de cette égalité sexuelle s'identifie par l'accès de plus en plus important des femmes à la citoyenneté sociale par le salariat, auparavant réservée au sexe masculin. Ces deux volets fondent en partie l'aspect émancipateur de l'État-providence pour les femmes québécoises. Mais ils sont néanmoins insuffisants dans une perspective égalitaire sans l'apport du mouvement féministe, qui vise à revendiquer et à consolider l'égalité proclamée des sexes et à tenir compte de la différence culturelle et sociale entre les genres.

3. La crise de l'État-providence, 1980-1997

C'est sous le vocable de crise des finances publiques que s'amorce à l'orée des années 1980 et que se poursuit encore aujourd'hui la crise de l'État-providence. Elle sert de catalyseur à la reconsidération du rôle social et économique de l'État. Non que cette crise des finances publiques ne soit pas réelle. Depuis la fin des années 1970, les intérêts sur la dette publique n'ont cessé de croître. Cette crise financière se superpose à la crise du fédéralisme, car le gouvernement central exige des provinces le respect des normes nationales dans les politiques sociales, pendant que diminuent peu à peu ses paiements de transfert. Dette publique qu'avive aussi la politique monétaire fédérale, un chômage devenu structurel et une fiscalité régressive de plus en plus lourde et remise en question socialement.

Dans ce contexte, le discours égalitaire est contesté, de même que la solidarité sociale instituée par l'État-providence. L'emploi même du terme «dépenses» suggère un laxisme à corriger et son remplacement par la «responsabilisation» personnelle. Les politiques de sécurité sociale auparavant complémentaires au marché lui deviennent subordonnées (Boismenu et Rocher 1986). Par des mesures fiscales et de désindexation, la législation sociale est régie de manière plus sélective et coercitive. Ce courant touche l'ensemble de la législation sociale: assurance-chômage, allocations familiales, sécurité du revenu et de vieillesse, même les systèmes éducatif et sociosanitaire sont restructurés. L'État assurantiel universaliste redevient assistantiel et sélectif.

Cette crise de l'État-providence ne se comprend qu'à la lumière de la mondialisation du marché dominé par les transactions financières. Elle s'interprète aussi par la transformation de l'organisation fordiste du travail qui abandonne la production de masse au profit d'une production multiforme de biens et de services flexibles à la demande, engendrant la précarité et l'exclusion sociale. Le secteur tertiaire des services, majoritairement investi par une main-d'œuvre féminine, est particulièrement atteint. Nous sommes désormais dans l'ère du *workfare*, du postkeynésianisme et du postfordisme (Gotell 1994), où la richesse globale de plus en plus concentrée s'accroît avec une moindre quantité de travail, devenu plus instable et fragmenté. Le fordisme s'était auparavant attaché à déqualifier le travail et à le découper en tâches, l'exclusion sociale et économique néolibérale segmente désormais l'emploi et le précarise.

Ces phénomènes interpellent le syndicalisme. Organisé afin de se défendre contre l'exploitation dans le travail, il se retrouve sur la défensive dans l'actuelle conjoncture d'exclusion. La tentation du repli corporatiste s'avère alors puissante. Ce n'est que récemment, sous l'impulsion de voix féminines et/ou précaires, que des mesures de protection minimales de ces travailleuses-eurs ont été mises en place. Un discours encore largement symbolique sur le partage du travail commence aussi à émerger.

Les conséquences de cette précarisation de l'emploi et de cette restructuration de l'État-providence sont fâcheuses pour le travail tant salarié que domestique des femmes. D'abord pour les travailleuses des services publics et les salariées ou bénévoles du secteur communautaire, auquel l'État transfère de plus en plus d'activités qui relèvent du système sociosanitaire. Ensuite, la volonté de «responsabiliser» l'individu et la famille dans ce domaine affecte prioritairement les femmes en augmentant la charge du travail domestique[13], qui a longtemps servi à légitimer l'exclusion sociale et politique des femmes et justifier leur enfermement dans la famille.

QUELLE CITOYENNETÉ POUR LES FEMMES?

Au départ, nous avons considéré l'État-providence au Québec et au Canada comme étant à la fois androcentriste et émancipateur pour les femmes. Ce double rapport s'articule entre la différence de genre et l'égalité des sexes et permet d'interroger la citoyenneté des femmes et les formes de leur inclusion sociale et politique.

C'est au nom de leur dépendance «naturelle» au pouvoir patriarcal que les femmes ont été exclues tant de la société civile du droit que de la société politique de l'État. Ce contrat sexuel différentiel s'est construit sur la dépendance familiale des femmes et s'oppose à l'indépendance citoyenne de l'individu masculin (Pateman 1989). Par la généralisation du salariat, qui suppose un individu juridiquement indépendant, la citoyenneté libérale de l'industrialisation s'adjoint une composante économique et sociale, à laquelle les femmes ont peu accès.

C'est au nom de cette différence, qu'elles ne récusent pas mais cherchent à élargir, que les suffragistes et réformistes s'engagent dans l'action sociale. Aussi réclament-elles de l'ordre public, non des droits sociaux, mais un devoir d'assistance, se traduisant par des mesures de protection envers les femmes et les enfants, afin de combler l'insuffisance du salaire masculin. L'action sociale n'est pas pour elles un retrait de la vie publique, «mais son investissement à partir de leurs préoccupations» (Cohen 1994: 179). C'est en quelque sorte l'exportation, dans la société politique, de la sphère domestique et l'implantation d'une féminité de la différence et d'une citoyenneté de l'équivalence dont elles s'efforcent de baliser les contours.

Après la Seconde Guerre mondiale, avec l'établissement de l'État-providence assurantiel et de l'organisation fordiste du travail, le couple pourvoyeur-ménagère devient la norme en Amérique du Nord. Le travail ménager, dévolu aux femmes dans la sphère domestique, est sans valeur économique marchande, parce qu'on ne le considère relié à la production que par les «dépenses» de la consommation de masse. Mais il constitue en fait l'envers du travail productif et la base d'une citoyenneté féminine différenciée au plan social et formelle au plan politique et institutionnel.

Au Québec, apparaissent à cette époque les stratégies des infirmières et des institutrices afin de «professionnaliser» leur vocation. Ces femmes se retrouvent par leur travail placées au cœur d'une éthique du don, commune à celle qui imprègne le travail domestique, de soins aux personnes et aux enfants. D'autre part, leur action pour la reconnaissance professionnelle et salariale les rapproche aussi de l'éthique marchande propre à la sphère publique. Par cette équidistance, elles sont à même d'opérer la jonction entre une citoyenneté féminine basée sur la différence de genre et les premiers balbutiements d'une citoyenneté sociale pour les femmes.

Cette «pleine» citoyenneté sociale attachée au salariat ne sera obtenue par les femmes qu'à partir des années 1960, au moment où elles investissent de façon massive le marché du travail. La salarisation par l'État-providence des activités de la reproduction sociale concourt à leur relative émancipation du domestique. Cet aspect de l'émancipation par le travail est relié à diverses conduites individuelles et stratégies collectives chez les femmes, créant des changements durables. Ainsi, entre 1971 et 1991, on assiste à la baisse de la nuptialité au profit de l'union libre, à la hausse du taux de divorce, au refus ou au report de la maternité, à la diplômation massive des femmes, à la prédominance du modèle des couples ou familles à double revenu… et à la participation accrue des femmes aux instances politiques.

Ces nouveaux phénomènes sociaux sont à la fois impulsés et alimentés par le mouvement féministe, qui s'institutionnalise rapidement au Québec. Cette institutionnalisation vise à ce que le discours égalitaire de l'État-providence transcende le prétendu universalisme et l'apparente neutralité du genre. Cette volonté de promouvoir l'autonomie des femmes et d'instituer l'égalité réelle des sexes procède, en quelque sorte, à l'établissement d'une citoyenneté civile et égalitaire élargie aux femmes. Mais cette citoyenneté plus équitable pour les femmes a ses limites: ainsi, leur participation au salariat se fait en grande partie sous le signe de la ségrégation professionnelle. Ensuite, la responsabilité du travail domestique demeure l'apanage des femmes (Haicault 1994). De plus, cette stratégie égalitaire du féminisme «institutionnel» s'apparente à l'assimilation d'un modèle «autre» dominant (Lamoureux 1986) et oblitère le nécessaire questionnement du social et du politique.

À l'heure de la crise de l'État-providence, il est peut-être temps de valoriser les différences, non plus «naturelles», mais culturelles de genre, sans pour autant renier l'objectif de l'égalité des sexes. Il est aussi impératif de rompre avec le néolibéralisme aujourd'hui triomphant, tout en avalisant la transformation, qui semble inéluctable, du keynésianisme, pour dépasser et élargir la problématique de l'organisation du travail et de l'étatique afin d'y réintégrer le social et de rénover le politique.

Une avenue à envisager serait de rendre plus visible et étroite l'articulation, longtemps occultée, entre le travail salarié et le travail domestique, en transposant hors des frontières du privé l'éthique plus empathique et consensuelle attribuée à ce dernier. La dimension relationnelle du travail salarié des femmes dans les services pourrait aussi mener vers plus d'autonomie et permettre une nouvelle solidarité sociale, non plus «mécanique», mais civile et consciemment construite (Rosanvallon 1995). En ce sens, une stratégie à la fois individuelle et collective du partage du travail, tant salarié que domestique, pour les deux sexes est à proposer. D'autre part, en cette ère de désenchantement du politique, la culture spécifique aux femmes pourrait être un apport à la reconsidération de la citoyenneté politique dans la démocratie, démocratie qui périclite si elle se croit achevée et se doit de rester une quête, une interrogation (Bruckner 1990).

La conjoncture actuelle de restructuration de l'État-providence est périlleuse pour les exclus et les femmes. Mais elle est aussi propice pour briser les dichotomies passées et présentes afin de faire reconnaître l'inter-dépendance entre le travail salarié et domestique (Fraser et Gordon 1994). En outre, il s'avère primordial de resserrer les liens actuellement distendus entre l'économique et le social pour que le politique retrouve du sens dans le cadre d'une citoyenneté plus largement inclusive, ouverte à l'expérience particulière des femmes et des autres exclus sociaux.

Mais l'équilibre est précaire entre l'identité collective du genre et l'égalité individuelle des personnes. Précaire parce que l'universalisme égalitaire occulte trop souvent tant la subordination que les spécificités de culture. Précaire aussi parce que le différentialisme exacerbé peut engendrer une ghettoïsation et des mécanismes de défense (*backlash*). La fragmentation sociale qui s'ensuit nuit à l'établissement d'une nécessaire cohésion sociétale et politique. Aujourd'hui comme autrefois, le rapport des femmes à la citoyenneté sociale et politique se situe entre les différences de genre et l'égalité des individues. Cette double allégeance peut, selon nous, légitimement inspirer l'équité sociale et l'avenir démocratique ici et ailleurs.

Notes

1. Les écrits s'intéressant aux rapports des femmes à l'État-providence sont passablement nombreux en langue anglaise, en provenance surtout des États-Unis, mais aussi du Canada, de la Grande-Bretagne, de l'Australie ou des pays scandinaves. La production francophone est plus mince. Font exception Gautier et Heinen (1993) et «L'amère patrie» (1990). Cependant, les études sectorielles de certaines politiques ou législations sociales en rapport aux femmes et celles portant sur les conséquences pour les femmes du retrait ou de la restructuration de l'État-providence au Québec et au Canada sont plus nombreuses.

2. L'inclusion récente des femmes dans le domaine politique et des droits liés à l'autonomie individuelle et à la citoyenneté explique que nous avons féminisé, quand il s'avérait nécessaire de le faire, le terme «individu» afin de mettre en valeur le contenu politique attaché à ce mot.

3. En accord avec l'idéologie de l'époque, les syndicats, surtout de métiers, sont méfiants envers le travail des femmes. En outre, celles-ci œuvrent en dehors des secteurs plus fortement syndiqués de la fabrication, des mines, de la construction et des transports (White 1980 : 39).

4. Les institutions d'assistance publique et gratuite aux indigents comprennent les hôpitaux, asiles, orphelinats, maternités, sanatoriums, etc. Elles sont généralement administrées par les communautés religieuses féminines (comme les sœurs Grises à Montréal), mais le clergé garde la main haute sur ces activités. L'État provincial se contente de jouer un rôle indirect par la réglementation et le financement partiel des institutions (Pelletier et Vaillancourt 1974).

5. Avant les années 1960, au Québec, on favorisait le célibat chez les infirmières et institutrices. Concernant ces dernières, un règlement de la Commission des écoles catholiques de Montréal interdisait l'embauche d'institutrices mariées et permettait le bris de contrat d'une institutrice mariée. L'afflux d'effectifs écoliers, dans les années 1950, obligea la Commission à plus de souplesse dans l'administration de ce règlement. Il ne fut finalement aboli qu'en 1962, sous les pressions de l'Alliance des professeurs de Montréal. Mais ailleurs au Québec, jusqu'en 1967, des commissions scolaires congédiaient encore des institutrices mariées (voir Dufresne 1984, 1995).

6. Les politiques assurantielles de sécurité sociale, telle l'assurance-chômage, visent à réduire les inégalités, à redistribuer les revenus et à instituer la solidarité entre les individus. En revanche, les politiques familiales, comme les allocations du même nom, s'articulent non pas autour de l'individu mais sur la famille, pensée comme cellule de base de la société. L'apologie de la structure inégalitaire qu'est la famille, ayant à sa tête un chef masculin, est davantage perceptible entre les années 1930 et 1960 dans les pays dominés par le catholicisme. Ainsi, au Québec d'abord, où le gouvernement provincial de l'époque prétendait que le chèque fédéral d'allocation familiale devait être émis au nom du père, chef de famille, jusqu'à ce que Thérèse Casgrain obtienne qu'il soit libellé au nom des mères de famille.

7. Cependant, ce modèle de pourvoyeur-ménagère n'est pas uniforme et applicable à toutes en Amérique du Nord. Les immigrées ont pendant longtemps participé davantage que les autres femmes au marché du travail après 1945 (Ursel 1992).

8. On peut définir cette éthique par une valorisation économique et politique de la production de biens et services, présente tant dans la morale capitaliste que dans la morale communiste. La contestation de cette éthique par les groupes environnementalistes et écologiques émerge dans les années 1970. Cette critique rejoint les analyses féministes de la reproduction et du travail ménager occulté par la production marchande.

9. Les formes qu'adopte l'État-providence varient selon les pays. Il peut être très libéral, comme aux États-Unis, marqués par l'absence de mesures universelles et où l'assistance publique ne rejoint que les plus démunis. C'est pourquoi l'expression *welfare* dans ce pays ne recouvre pas la même réalité qu'au Canada et au Québec. L'État-providence peut aussi être social-démocrate, comme en Allemagne ou en Scandinavie,

où la couverture sociale est très étendue et la concertation (le tripartisme) entre l'État, les organisations syndicales et patronales très développée. Il peut aussi se situer à mi-chemin, comme au Canada où existent des programmes universels (santé, éducation) mais où d'autres mesures, telle l'assurance-chômage, sont passives et davantage orientées vers le soutien au revenu que vers le développement actif du plein-emploi (Bellemare et Poulin-Simon 1983).

10. Tiré d'une entrevue vidéo réalisée avec une travailleuse des services sociaux (Gauthier et Pomerleau 1983).

11. Cette participation féminine s'est encore accrue dans les années 1980, passant à 43,7 % en 1990 et, chez les femmes mariées, à 58,4 % pour la même année (David-McNeil et Tardy 1992). En 1995, le taux d'emploi féminin atteignait 54,1 % (Langlois 1996).

12. Grâce aux programmes d'accès à l'égalité, la présence des femmes à la haute direction de la fonction publique québécoise s'est renforcie. Mais en dépit de cette récente augmentation, leur nombre oscille aux alentours de 12 %. On les retrouve plus souvent dans les ministères à vocation sociale, culturelle ou éducative, dans les postes électifs et partiellement rémunérés des organismes parapublics de l'enseignement, de la santé et des services sociaux (CSF 1993). Elles sont aussi nombreuses à siéger comme commissaires d'école (voir à ce propos le texte de Chantal Maillé dans cet ouvrage).

13. Cette volonté de responsabiliser les individus et les familles par des politiques de désinstitutionnalisation, de maintien à domicile et plus récemment de «virage ambulatoire», si elle correspond à un souhait populaire d'humanisation des soins, affecte directement les «aidants naturels» dans les familles. Les recherches ont d'ailleurs démontré que, dans une proportion d'environ 80 %, ces «aidants naturels» sont des femmes (Guberman, Maheu et Maillé 1993).

Bibliographie

«L'amère patrie» (1990), numéro spécial de *Recherches féministes*, vol. 3, n° 1.

ANDREW, Caroline (1984). «Women and the Welfare State», *Canadian Journal of Political Science/Revue canadienne de science politique*, vol. 17, n° 4, p. 667-683.

BELLEMARE, Diane et Lise POULIN-SIMON (1983). *Le plein-emploi : pourquoi ?*, Montréal, PUQ/Institut de recherche appliquée sur le travail.

BOISMENU, Gérard et François ROCHER (1986). « Vers une réorientation des politiques sociales au Canada ? », *Revue internationale d'action communautaire*, vol. 16, n° 56, p. 119-131.

BRUCKNER, Pascal (1990). *La mélancolie démocratique*, Paris, Seuil, coll. L'histoire immédiate.

COHEN, Yolande (1994). « Le rôle des mouvements de femmes dans l'élargissement de la citoyenneté au Québec » dans Alain-G. Gagnon (dir.), *Québec, État et société*, Montréal, Québec/Amérique, p. 181-202.

CONSEIL DU STATUT DE LA FEMME (1993). *Femmes et pouvoir. La révolution tranquille*, Québec, Publications du Québec, coll. Réalités féminines.

DAVID-McNEIL, Jeannine et Évelyne TARDY (1992). « Les femmes : une longue marche vers l'égalité » dans Gérard Daigle et Guy Rocher (dir.), *Le Québec en jeu. Comprendre les grands défis*, Montréal, PUM, p. 189-224.

DUFRESNE, Danielle (1995). « Les institutrices avant 1960 », *L'Action nationale*, vol. 75, n° 7, p. 56-72.

_____ (1984). *Les enseignantes au Québec et dans le syndicalisme enseignant. CEQ, des débuts à 1973*, mémoire de maîtrise, Montréal, Université du Québec à Montréal, Département de science politique.

DUMONT, Fernand (1995). *Raisons communes*, Montréal, Boréal, coll. Papiers collés.

DUMONT, Micheline (1983). « Vocation religieuse et condition féminine » dans Marie Lavigne et Yolande Pinard (dir.), *Travailleuses et féministes*, Montréal, Boréal, p. 271-292.

ESPING-ANDERSEN, Gösta (1990). *The Three Worlds of Welfare Capitalism*, Cambridge, Polity Press.

FRASER, Nancy et Linda GORDON (1994). « "Dependency" demystified : inscriptions of power in a keyword of the Welfare State », *Social Politics*, vol. 1, n° 1, p. 4-31.

GAUTHIER, André et Nicole POMERLEAU (1983). *Questions de privilège*, Québec, Vidéo-femmes.

GAUTHIER, Anne (1985). «État-mari, État-papa. Les politiques sociales et le travail domestique» dans Louise Vandelac *et al.* (dir.), *Du travail et de l'amour. Les dessous de la production domestique*, Montréal, Saint-Martin, p. 257-311.

GAUTIER, Arlette et Jacqueline HEINEN (dir.) (1993). *Le sexe des politiques sociales*, Paris, Côté-femmes.

GOTELL, Lise (1994). «Federal discourses on violence against women: representing women as victims», communication présentée au colloque *Femmes et représentation politique au Canada/Women and Political Representation in Canada*, Ottawa, Université d'Ottawa.

GUBERMAN, Nancy, Pierre MAHEU et Chantal MAILLÉ (1993). *Et si l'amour ne suffisait pas: femmes, familles et adultes dépendants*, 2ᵉ édition, Montréal, Remue-ménage.

GUEST, Dennis (1993). *Histoire de la sécurité sociale au Canada*, Montréal, Boréal.

HAICAULT, Monique (1994). «Perte de savoirs familiaux, nouvelle professionnalité du travail domestique», *Recherches féministes*, vol. 7, nᵒ 1, p. 125-138.

JENSON, Jane (1989). «"Different" but not "exceptional": Canada's permeable fordism», *Canadian Review of Sociology and Anthropology/Revue canadienne de sociologie et d'anthropologie*, vol. 26, nᵒ 1, p. 69-94.

LAMOUREUX, Diane (1986). *Fragments et collages. Essai sur le féminisme québécois des années 70*, Montréal, Remue-ménage.

LANGLOIS, Simon (1996). «Tendances de la société québécoise», *Québec 1997*, Montréal, Fides/Le Devoir, p. 13-38.

MARSH, Leonard C. (1943). *Rapport sur la sécurité sociale au Canada*, Ottawa, Imprimeur du Roi.

PATEMAN, Carole (1989). «The patriarchal Welfare State» dans Carole Pateman (dir.), *The Disorder of Women*, Stanford, Stanford University Press, p. 179-209.

PELLETIER, Michel et Yves VAILLANCOURT (1974). *Les politiques sociales et les travailleurs. Cahier 1: les années 1900 à 1929*, Montréal, publié à compte d'auteur.

ROSANVALLON, Pierre (1995). *La nouvelle question sociale. Repenser l'État-providence*, Paris, Seuil.

_____ (1992). *Le sacre du citoyen. Histoire du suffrage universel en France*, Paris, Gallimard.

SARVASY, Wendy (1994). «From man and philanthropic service to feminist social citizenship», *Social Politics*, vol. 1, n° 3, p. 306-325.

URSEL, Jane (1992). *Private Lives, Public Policy. 100 years of State Intervention in the Family*, Toronto, The Women's Press.

VANDELAC, Louise (1981). «..."Et si le travail tombait enceinte???" Essai féministe sur le concept travail», *Sociologie et Sociétés*, vol. 13, n° 2, p. 67-82.

WHITE, June (1980). *Les femmes et le syndicalisme*, Ottawa, Conseil consultatif canadien sur la situation de la femme.

Lectures suggérées

CASS, Bettina (1994). «Citizenship, work and Welfare: The dilemma for Australian women», *Social Politics*, vol. 1, n° 1, p. 106-123.

«L'État dans la tourmente» (1995), numéro spécial des *Cahiers de recherche sociologique*, n° 24.

LEWIS, Jane et Gertrude ÅSTRÖM (1992). «Equality, difference and State Welfare: Labor market and family policies», *Feminist Studies*, vol. 18, n° 1, p. 59-87.

SIIM, Birte (1994). «Engendering democracy: Social citizenship and political participation for women in Scandinavia», *Social Politics*, vol. 1, n° 3, p. 286-303.

LES FEMMES ET LE LOCAL : LES ENJEUX MUNICIPAUX À L'ÈRE DE LA MONDIALISATION

Caroline Andrew

Ce texte a vu le jour près de Kandy au Sri Lanka[1]. Nous sommes de retour à la pension après avoir passé la journée avec un groupe de femmes dans un village non loin de Kegalle, à environ une cinquantaine de kilomètres de Kandy. Ce groupe est à l'origine d'une caisse d'entraide : en 1993, 21 femmes ont réuni leurs épargnes afin d'accorder des prêts pour la création de projets générateurs de revenus. Elles sont maintenant 71 dans le groupe, qui soutient 29 entreprises. Nous en avons visité deux, d'abord celle d'une femme qui a emprunté 1000 roupies (environ 20 $) pour acheter des plants de bananiers. Un an plus tard, elle avait remboursé son prêt et elle a maintenant environ 50 bananiers, chacun de ces plants pouvant produire facilement quatre régimes de bananes par année et chaque régime se vendant 400 roupies. Elle ne parle pas un mot d'anglais et nous, pas un mot de sinhala, mais son sourire fier se traduit sans difficulté. Une autre femme a emprunté 5000 roupies pour acheter cinq chèvres ; celles-ci ont été vendues et elle en a maintenant plusieurs autres. Quand nous lui avons demandé si nous pouvions la photographier, elle a couru chercher sa plus petite brebis — qui bêlait à tue-tête — et, en souriant, elle a posé devant sa bergerie. Puis elle nous a offert des papayes de son papayer, et le groupe a insisté pour que nous prenions la pause-papaye.

Le décor change, le groupe est maintenant réuni chez une des membres. Elles sont une vingtaine environ, quelques-unes accompagnées de leurs enfants. Au début, les visages sont peu expressifs, ayant même l'air «absent» des personnes qui triment dur. À mesure que les questions fusent, les visages s'animent, les discussions également. Celles qui y prennent part se détendent et sourient. Des femmes qui veulent établir une maternelle Montessori décrivent leur projet en détaillant avec enthousiasme les avantages que cela procurerait au village. La leader du groupe explique, à l'approbation générale, qu'elles ne se contenteront pas du travail effectué jusqu'à maintenant car il y a beaucoup d'autres tâches à accomplir. «Notre grand espoir est de développer le village et le pays.»

C'est donc pour ces femmes une question de citoyenneté; une citoyenneté qui s'exprime concrètement au niveau local par une participation économique et sociale. Leurs visages s'animent quand elles parlent de leurs projets, et cela tient à la satisfaction qu'elles éprouvent à pouvoir participer et compter dans la communauté. C'est pour elles l'exercice d'une citoyenneté pleine et entière au moyen d'un plus grand contrôle de leur environnement local.

Voilà le sujet de ce chapitre: mais, il s'agit non pas du Sri Lanka mais du Canada et non pas de projets générateurs de revenus mais de projets pour créer des villes sécuritaires. Malgré ces changements de contexte, la question fondamentale reste la même, soit l'exercice de la citoyenneté et la façon dont elle se construit.

Commencer ce texte en évoquant le Sri Lanka permet également de rappeler une autre dimension de la mondialisation: à côté des similarités, il y a les différences. Le village d'Arandara n'est pas Vancouver — c'est le moins qu'on puisse dire — ni le Sri Lanka, le Canada. La mondialisation implique ces deux aspects: des forces et des représentations qui sont semblables et homogénéisatrices partout dans le monde et, en même temps, des spécificités, des racines ainsi que des identités qui sont particulières. Il y a une différenciation, voire un renforcement de la diversité, qui va de pair avec la mondialisation.

La question est donc de savoir comment se manifestent les particularités locales à partir de thèmes communs, en l'occurrence comment se construisent les enjeux municipaux dans différentes localités canadiennes. Les deux localités étudiées ici sont Toronto et Vancouver[2], et les thèmes retenus sont la sécurité urbaine et le féminisme et, plus particulièrement, leurs interrelations.

Les enjeux municipaux sont étroitement reliés à la question de la représentation politique des femmes. Selon les diverses formulations de ces enjeux, différents acteurs sont considérés comme centraux, et ces définitions déterminent l'importance de leur rôle. De plus, ces définitions influencent la façon dont les acteurs sont «représentés» dans l'énoncé des politiques. La représentation politique ne se résume pas à la seule présence des groupes-cibles, elle inclut également l'espace où elle s'inscrit. Nous allons donc évaluer quel rôle les politiques publiques réservent aux diverses catégories d'acteurs et comment la configuration de ces politiques est liée à la représentation de ces catégories.

Les théories sur le rôle des «villes mondiales» dans la mondialisation (King 1993, Plasse 1991) décrivent leur fonction de relais : elles forment un réseau auquel participent des villes secondaires, qui transmettent à leur tour des informations aux villes de moindre échelle. Toronto et Vancouver participent donc au réseau des villes mondiales, bien qu'elles n'en soient pas elles-mêmes. La sécurité urbaine et le féminisme sont des thèmes prépondérants dans les récents discours véhiculés à travers ce réseau, mais ce ne sont pas que des discours. Au sein des grandes villes surgissent des problèmes concernant la sécurité des citoyens et sur les conditions d'accès à la pleine citoyenneté pour les femmes.

Les préoccupations à l'égard de la sécurité sont liées à l'hétérogénéité, à l'anonymat et à la mouvance propres aux grandes villes, caractéristiques qui ont été abondamment analysées depuis Durkheim (Chorney 1990). Cette analyse est devenue plus complexe et elle est composée de nombreuses tendances, approches et théories, juxtaposant les perspectives technologiques, physiques, politiques, sociales, judiciaires, etc. Notre but ici n'est pas d'énumérer toutes ces approches mais plutôt d'indiquer comment la préoccupation pour la sécurité peut correspondre à des positions fort différentes sur le plan politique ou théorique. Entrent en jeu des conditions matérielles liées au processus de croissance des grandes villes, aux pratiques urbanistiques qui produisent des zones réservées à une seule activité (la critique de ces pratiques faite par Jane Jacobs (1961) dans *The Death and Life of Great American Cities* est encore des plus pertinentes) et à un mode de vie dominé par la voiture individuelle, la maison unifamiliale et l'abandon des espaces publics. L'enjeu de la sécurité inclut aussi les rapports de pouvoir spécifiques à chaque localité et, en même temps, leur façonnement à travers les représentations des processus et des acteurs.

Le féminisme est également lié aux conditions matérielles propres aux grandes villes. La théorisation de ces liens est complexe et exige des nuances. C'est dans les grandes villes qu'on enregistre la plus forte participation des femmes au marché du travail rémunéré et cette participation est reliée à la montée du féminisme moderne. C'est là également qu'on retrouve le plus grand nombre d'activités et de services mis sur pied par des femmes pour des femmes, et ce phénomène est aussi associé au féminisme. Suzanne Mackenzie (1988) nous rappelle comment la séparation du lieu de résidence et du lieu de travail a influencé la vie des femmes et quel a été son effet sur leur prise de conscience. De son côté, Elizabeth Wilson (1991) voit dans l'anonymat des grandes villes de meilleures possibilités d'accéder à la liberté et à l'autonomie pour les femmes.

Nous pouvons déjà entrevoir certaines relations entre la préoccupation pour la sécurité et le féminisme. Tous deux ressortissent aux transformations matérielles dans les grandes villes et tous deux peuvent s'analyser à partir des rapports de pouvoir spécifiques à chaque localité. Par ailleurs, ces deux thèmes ne sont pas directement associés ; il est donc possible que l'articulation de leurs rapports varie et obéisse à des dynamiques tout à fait différentes. C'est cette variation qu'on observe en comparant le cas de Toronto et celui de Vancouver.

TORONTO

À Toronto, l'enjeu de la sécurité est relié de très près à la question des femmes et du féminisme. L'administration du Toronto métropolitain a mis sur pied un groupe de travail en 1984 et, suivant les recommandations de ce dernier, METRAC (Metro Toronto Action

Committee on Public Violence Against Women and Children) a été créé. Au niveau de la municipalité de Toronto, un premier rapport a été produit en 1988, *The Safe City : Municipal Strategies for Preventing Public Violence against Women*, par un comité formé exclusivement d'élus municipaux, cinq hommes et une femme. Ce comité était nettement dominé par des élus progressistes et ses travaux s'inspiraient d'une analyse en termes de rapports de pouvoir. Un deuxième rapport, *A Safer City*, a été produit en 1991 par le comité Safe City mis sur pied à la suite des recommandations du premier rapport. L'analyse de contenu de ces deux rapports permet d'illustrer comment l'enjeu de la sécurité a été construit à Toronto. Nous en analyserons successivement trois dimensions : les acteurs principaux, les objectifs visés et les moyens préconisés.

Les acteurs principaux sont des femmes. Dès le premier rapport, le message est clair : la ville sera sécuritaire quand elle le sera pour les femmes. «Bien que les stratégies présentées ici concernent les femmes, leur mise en œuvre aura des effets bénéfiques pour l'ensemble de la communauté[3]» (City of Toronto 1988 : 1).

Ce message reste constant, les femmes constituant à la fois le barème de sécurité et les actrices principales visées par les efforts de la municipalité dans ce domaine. Ce rôle se concrétise d'ailleurs dans la composition du comité Safe City ; celui-ci est presque exclusivement féminin (à l'exception de deux échevins et d'un représentant de Metro Men Against Violence) et est formé très majoritairement de représentantes de groupes de femmes, travaillant surtout à contrer la violence.

La définition des «femmes» a cependant changé entre le premier et le deuxième rapport : dans celui-ci, la question de la diversité des femmes prend une plus grande place. Dans le premier rapport, une seule recommandation soulignait cette diversité parmi les sept qui mentionnaient les femmes.

Pour ce qui est des objectifs de l'intervention municipale, ceux-ci visent ultimement l'égalité : «De toute évidence, la sécurité publique est une question d'égalité» (City of Toronto 1988 : 1). L'insécurité et le sentiment d'insécurité créent une société où la participation des femmes est défavorisée par rapport à celle des hommes. Cette situation est inacceptable dans une société démocratique et le rôle de l'État, ou de la municipalité, devrait être de favoriser la participation égale de tous les citoyens et de toutes les citoyennes à la vie publique. Améliorer la sécurité des femmes est donc un moyen concret permettant d'atteindre une société plus égalitaire.

> La qualité de vie des femmes est grandement entravée par les restrictions imposées à leur participation pleine et entière à la société. Rester enfermée chez soi dément l'égalité (City of Toronto 1988 : 3).

> Nous croyons que la violence exercée à l'égard des femmes fait partie d'un continuum de rapports de pouvoir sexistes qui définissent nos rôles au foyer, au travail et dans la société en général. L'inégalité, la pauvreté et l'aliénation entraînent également de la violence, rendant les femmes encore plus craintives pour leur sécurité physique, ce qui en retour les pousse à restreindre leur droit de participer pleinement à la vie de la Cité... (City of Toronto 1988 : 1).

Le moyen privilégié dans les rapports torontois afin d'atteindre l'égalité est la participation de la population, des femmes particulièrement. Cette participation est conçue de différentes façons : tout d'abord, comme une présence active de l'ensemble de la population permettant de contrer l'individualisme des maisons unifamiliales en banlieue et la désaffection des espaces publics. Si la population « utilisait » davantage la ville, celle-ci serait plus sécuritaire et les femmes craindraient moins de participer à la vie collective. « Nous nous efforçons de trouver des solutions qui reposent sur une communauté plus forte et non sur un renforcement de la vie privée. Notre prémisse est qu'une ville participative est une ville plus sécuritaire » (City of Toronto 1988 : 3).

La participation collective peut également s'exercer au niveau des groupes de femmes qui travaillent à contrer la violence. Il faut donc, d'après les rapports torontois, appuyer le travail de ces groupes. C'est dans cet esprit qu'on a mis sur pied un programme de subventions à l'intention des groupes communautaires qui présentent des projets visant l'élimination de la violence faite aux femmes.

Dans ce programme, la priorité a été accordée aux groupes qui subissent une double discrimination, que ce soient des femmes de minorités visibles, des femmes autochtones, des femmes ayant des handicaps, des femmes âgées, des femmes pauvres, des femmes

184

immigrantes. La participation des groupes les plus défavorisés est essentielle, car ce sont eux qui sont les plus touchés par la violence exercée contre les femmes. On encouragera ainsi la participation collective chez les groupes les plus visés par l'insécurité urbaine, chez celles qui ont vécu de la violence ou, à défaut, chez celles qui travaillent étroitement avec elles.

Bref, selon la définition de la sécurité à Toronto, les femmes ont un rôle central à jouer ; on les a d'abord décrites comme une catégorie unifiée pour ensuite reconnaître leur diversité. L'enjeu ultime est la démocratie au sein d'une société égalitaire, et on préconise des solutions collectives, mises en œuvre par des femmes qui ont vécu la violence ou par celles qui travaillent auprès d'elles.

VANCOUVER

En ce qui concerne Vancouver, notre analyse est basée sur le rapport final du Safer City Task Force publié en janvier 1993. Le groupe de travail pour une ville sécuritaire était composé de quinze membres de la communauté et de six membres-liaison représentant le conseil municipal, le service des parcs, le service de police, le conseil scolaire et l'administration municipale. Onze de ces membres étaient des hommes, trois d'entre eux provenant (d'après les données du rapport) des communautés ethnoculturelles et un autre, de la communauté autochtone.

Contrairement à Toronto, les femmes ne sont qu'un des groupes cibles à Vancouver. À Toronto, le sexe est le principal critère et les autres facteurs tels que l'âge, le statut de minorité visible ou les handicaps, n'entrent en ligne de compte que pour signaler la diversité des femmes. À Vancouver, par contre, on définit divers groupes selon le sexe, l'âge, le statut de minorité visible et les handicaps (City of Vancouver 1993 : 2). D'ailleurs, les groupes qui sont mentionnés le plus souvent dans le rapport sont les enfants et les femmes, puis les minorités visibles et les personnes âgées. On souligne également que l'impact de la violence sur les hommes est aussi grave que sur les femmes : « la violence envers les hommes est mal comprise, peu signalée et ouvertement niée [...] l'effet de la violence est aussi grave chez les hommes que chez les femmes» (City of Vancouver 1993 : 323).

L'élément commun à tous ces groupes est leur vulnérabilité. La question des rapports de pouvoir inégaux y ressort moins claire-ment que dans les rapports du comité torontois, mais on y reconnaît que la plus grande vulnérabilité de certains groupes les rend plus susceptibles de subir la violence, l'insécurité et la peur.

La diversité sociale est donc inscrite au cœur de l'enjeu de la sécu-rité à Vancouver. La dernière recommandation suggère que le con-seil municipal « fasse de la sécurité personnelle un enjeu majeur dans les décisions de la Ville et joue un rôle de chef de file pour éliminer la violence faite aux femmes et aux enfants, le racisme et la discrimi-nation à Vancouver » (City of Vancouver 1993: 5). Si on ne s'attarde pas de façon explicite aux cas de double discrimination (si ce n'est à la page 77, où on analyse la très grande vulnérabilité des enfants autochtones), on fait constamment référence à des groupes définis selon une variété de critères, ce qui implique la double discrimina-tion. La page couverture du rapport illustre bien cette vision: sur les quatre photos qui forment une maison, on peut distinguer (les photos sont délibérément floues) deux enfants d'origine raciale différente, un père et sa fille (d'origine asiatique ou peut-être autochtone), un groupe composé de femmes et d'hommes et, finalement, deux femmes.

Cette vision se concrétise par une recommandation qui propose la création d'un programme de subventions destiné aux groupes com-munautaires. On définit ainsi les projets prioritaires: «les projets communautaires de prévention du crime, les nouveaux programmes de sécurité à l'intention des groupes vulnérables et les organismes éprouvant des difficultés à maintenir le niveau actuel de services dis-pensés aux personnes "à risque" telles que les femmes et les enfants battus, les jeunes de la rue et les sans-abri» (City of Vancouver 1993: 338). Les femmes ne sont pas exclues, loin de là, mais elles ne consti-tuent pas le seul groupe prioritaire.

Le but ultime de l'action municipale à Vancouver est la qualité de vie («L'habitabilité de Vancouver est minée par la peur des agres-sions»; City of Vancouver 1993: 17), qualité de vie qui implique la tolérance et le respect des différences parmi tous les groupes composant la population. Les jeunes de la rue ont droit au respect mais ils doivent également respecter les autres : personnes âgées, minorités visibles, autochtones, etc. La qualité de vie découle de ce respect mutuel. Une de ses dimensions essentielles est la capacité de cohabiter sans violence, et donc sans créer les conditions d'insécurité qui minent la qualité de vie. L'intégration de tous les groupes sociaux est essentielle pour une ville sans violence ; on préconise ainsi le développement social afin de contrer la violence.

> De nombreuses personnes ne peuvent se débrouiller ou s'intégrer pleinement à notre société à cause de nombreux facteurs comme les séquelles de la violence conjugale, la discrimination institutionnalisée, les problèmes de santé, une mauvaise maîtrise de l'anglais, une scolarité insuffisante, la difficulté à faire face à nos valeurs culturelles, le manque d'appui de la famille ou la négligence des parents. À ce titre, elles sont plus susceptibles d'être victimes d'actes criminels ou d'être impliquées dans des activités criminelles. Il nous faut sans délai porter attention à leurs besoins de même qu'aux besoins en termes de développement social qui en découlent. La Ville et la population doivent reconnaître qu'investir dans l'enfance (par des services de garde de qualité par exemple) et régler certains problèmes sociaux (comme la pauvreté et le chômage) sont des mesures essentielles dans la prévention du crime (City of Vancouver 1993 : 2).

Le rôle de la municipalité consiste à appuyer les efforts de la société civile afin de renforcer l'esprit communautaire et de rehausser la qualité de vie de la communauté. C'est la capacité des différents groupes à vivre ensemble qui inspire l'action municipale à Vancouver, plutôt que la recherche d'une plus grande égalité.

> Il incombe à chacun, chacune d'entre nous de faire preuve de civisme au foyer, au travail ainsi que dans la communauté, et de jouer un rôle actif par rapport aux problèmes de sécurité auxquels nous faisons face maintenant et auxquels nous devrons inévitablement faire face dans l'avenir. À mesure que Vancouver s'agrandit et se transforme, la question de la sécurité doit devenir une priorité urgente si nous voulons que cette ville reste une communauté saine et authentique pour les gens qui y habitent ou ceux qui la visitent (City of Vancouver 1993 : 5).

Parmi les moyens d'atteindre ces objectifs, on mentionne d'abord la participation individuelle des membres de la communauté. Selon les recommandations du rapport, les individus doivent assumer leur part de responsabilité en ce qui a trait à la sécurité; on cite en exemple le programme Parents Secours, les efforts afin d'assurer la sécurité de son lieu de travail ou de résidence, comme le fait d'allumer les lumières à l'extérieur. C'est une vision qui concorde avec la priorité accordée à l'éducation du public: chaque individu doit mieux comprendre l'enjeu de la sécurité et son rapport avec la qualité de la vie de la communauté.

On propose également des actions sur le plan collectif, telle la mise sur pied de conseils de quartier pour une communauté plus sécuritaire (en plus d'un comité au niveau de la municipalité) appuyée par une équipe de trois travailleurs communautaires.

En même temps qu'il préconise la participation du public (surtout au niveau individuel), le rapport mise aussi sur la contribution d'experts, citant à cet égard l'exemple de la prévention de la criminalité par le développement social et par l'aménagement du milieu (*crime prevention through environmental design*, ou CPTED pour les initiés).

> Pour assurer le succès du CPTED, il faut un réseau communautaire qui soit fondé sur la coopération, la compréhension et, dans certains cas, le compromis. Un réseau de ce genre pourrait faire appel aux connaissances de spécialistes de diverses disciplines, dont la criminologie, l'architecture, l'aménagement urbain, la planification, ainsi que celles des conseils de quartiers, de la police, des élus/élues et d'entrepreneurs (City of Vancouver 1993: 123-124).

L'enjeu de la sécurité à Vancouver est donc conçu différemment qu'à Toronto. Les femmes sont au nombre des protagonistes mais elles ne représentent qu'un seul des nombreux groupes cibles; elles sont vulnérables à la violence, mais c'est aussi le cas des enfants, des minorités visibles, des autochtones, de la population âgée, des personnes ayant des handicaps. Le groupe qui ressort le plus clairement est celui des enfants, car c'est celui dont on décrit le plus de sous-groupes (les enfants autochtones, les enfants victimes d'abus sexuels, les enfants dans les services de garde, les jeunes de la rue). Le sentiment d'insécurité menace la qualité de vie dans la communauté et chaque individu a sa part de responsabilité vis-à-vis cette question, ce qui inclut le respect et la tolérance envers les groupes qui sont différents et la volonté d'intégrer ces groupes à la société. Cette responsabilité individuelle va de pair avec le rôle central attribué aux experts.

À QUOI TIENNENT CES DIFFÉRENCES ?

Comment expliquer qu'un même enjeu soit formulé selon des termes différents à Toronto et à Vancouver ? Les explications qui suivent restent préliminaires, car ces interprétations portent surtout sur des textes et des rapports plutôt que sur des résultats d'entrevues. J'emprunterai pour les présenter la catégorisation que Richard Simeon (1976) a proposée pour expliquer les politiques publiques. Simeon propose une série de cinq facteurs : les facteurs liés à l'environnement, la structure du pouvoir, les idées, les structures étatiques et les processus de prise de décision. Je reprendrai ces éléments dans l'ordre suivant : le processus de prise de décision (le rôle attribué aux divers acteurs), les structures étatiques (les politiques et activités municipales existantes), les idées, la structure du pouvoir (en rapport avec les groupes communautaires) et les facteurs liés à l'environnement.

Si nous tentons d'expliquer les liens entre les acteurs impliqués et la formulation des enjeux, la vision politique et égalitariste du premier rapport torontois est sans doute, du moins en partie, liée à l'intervention d'élus progressistes comme Barbara Hall et Jack Layton. Dans le cas de Vancouver, un des membres du comité a travaillé auprès d'hommes abuseurs et victimes d'abus ; est-ce là pourquoi la section sur la violence faite aux hommes a été incluse ? De même, peut-on penser que le fait que six membres du groupe de travail aient cité comme occupation ou intérêt la famille/les enfants (seulement trois ont mentionné les femmes) expliquerait en partie la préoccupation à l'égard de la violence envers les enfants ?

L'attention accordée dans le rapport de Vancouver (1992) à la question des enfants s'explique aussi par un deuxième facteur : les activités et programmes municipaux déjà en place. Vancouver a un

Children's Advocate depuis 1989 (alors qu'à Toronto ce poste a été supprimé) ; on lui a d'abord confié le dossier des services de garde pour ensuite le charger des questions ayant trait à l'adolescence. Il n'est pas sans intérêt de rappeler que ces deux préoccupations se retrouvent dans le rapport.

Vancouver a aussi été très active dans le domaine de la formation de personnes ressources, en créant le Hastings Institute, une corporation privée à but non lucratif, qui appartient à la Ville. L'Institut a surtout travaillé sur les questions d'égalité en emploi, les rapports interculturels et l'antiracisme, thèmes qui sont tous cités de façon constante dans le rapport.

Quant au troisième facteur, les idées, celui-ci est central lorsqu'on analyse la construction sociale de certains enjeux. Parmi les plus influentes à Vancouver, nous avons déjà évoqué la prévention de la criminalité par l'aménagement du milieu et par le développement social. Les rapports torontois sont pour leur part fortement marqués par l'idée que les femmes constituent le barème de la sécurité : «Sécuritaire pour les femmes, sécuritaire pour tous» est une opinion défendue par METRAC mais qui s'est répandue dans toute la vie publique à Toronto. Une autre idée qui a marqué les rapports torontois est celle de l'expertise issue de l'expérience : cette définition de l'expertise va de pair avec la présence de groupes communautaires influents, mais elle semble être partagée par les élus (c'est d'ailleurs à l'opposé de l'expertise décrite dans le rapport de Vancouver (1993), puisqu'elle vient de la base, que c'est un savoir issu de l'expérience).

Nous en venons maintenant au facteur de la structure du pouvoir. À Toronto, l'existence même de METRAC et celle de groupes comme Women Plan Toronto suppose que des pressions constantes de la population ont poussé la Ville à appuyer l'action communautaire. Le fait que ces groupes interviennent spécifiquement au palier municipal explique en partie l'étendue de leur influence sur la construction de l'enjeu de la sécurité à Toronto. De surcroît, le fait que ces groupes de pression travaillent beaucoup au niveau de l'écrit accroît leur influence sur la vision torontoise car ce sont eux qui ont aidé à formuler les idées importantes.

À Vancouver, une des conséquences de l'existence d'un Children's Advocate a été d'établir des liens entre les groupes et organismes représentant les enfants/les jeunes et le palier municipal. Ces liens ont à leur tour favorisé la participation de ces mêmes organismes aux activités municipales, comme le groupe de travail pour une ville plus sécuritaire. Ces organismes ont bien compris l'importance du palier municipal pour défendre leurs intérêts. Parmi les organismes et individus qui ont participé au groupe de travail pour une ville plus sécuritaire, il y en a au moins 25 qui œuvrent auprès des jeunes.

Enfin, certains facteurs liés à l'environnement ont aussi un rôle à jouer : il y a des différences matérielles entre Vancouver et Toronto qui aident à expliquer les visions différentes de l'enjeu de la sécurité dans ces deux villes. Vancouver a une population diversifiée sur le plan ethnoculturel depuis plus longtemps que Toronto ; c'est pourquoi la conscience de cette diversité, et de l'importance pour la Ville de jouer un rôle dans la gestion de cette diversité, y est très vivace. Par contre, à Toronto, cette diversité s'est intensifiée beaucoup plus récemment, ce qui pourrait expliquer la quasi-absence de référence à la diversité des femmes dans le premier rapport et la très grande préoccupation pour cette question dans le deuxième.

Ce qui ressort de l'analyse de cet ensemble de facteurs, c'est la dynamique des interrelations entre les forces à l'extérieur et à l'intérieur des structures municipales. Les groupes de femmes exercent des pressions sur les structures municipales mais ils sont aussi influencés, et même encadrés, par l'intervention municipale. Leurs revendications reçoivent un accueil différent, variant selon l'intérêt des élus/élues, du personnel administratif et selon les activités et les programmes municipaux déjà en place. Les forces de la société civile et celles de l'État s'influencent mutuellement et leurs interactions modèlent les enjeux sociaux. Ces forces ont des caractéristiques locales mais elles participent aussi de courants mondiaux. Si l'enjeu « les femmes et le local » trouve ses origines dans des transformations socio-économiques et idéologiques à l'échelle mondiale, il s'exprime concrètement à travers une dynamique sociopolitique locale.

Nous avons tenté d'explorer dans ce texte la représentation politique des femmes en analysant la construction de l'enjeu de la sécurité au niveau de la politique municipale. Nous avons donc examiné comment est définie la question de la sécurité urbaine à Toronto et à Vancouver. À Toronto, les femmes sont les actrices principales, et on y reconnaît de plus en plus leur diversité, tandis qu'à Vancouver la sécurité urbaine englobe une multiplicité d'acteurs sociaux, parmi lesquels les femmes sont présentes mais au même titre que les enfants, les minorités visibles, les personnes âgées et les personnes ayant des handicaps.

Nous avons vu comment la construction des enjeux municipaux est liée à d'autres dimensions de la représentation politique : les élus/ élues, le personnel de l'administration municipale et les groupes de pression. Ces derniers influencent la formulation des politiques municipales et ces formulations influencent à leur tour leurs interventions.

C'est autour de ce deuxième volet qu'il faut poursuivre l'étude des enjeux de la sécurité urbaine. Notre analyse a porté ici sur la formulation de l'action municipale, elle n'a pas porté sur les activités réalisées à Toronto et à Vancouver dans le domaine de la sécurité urbaine. Une étude de la mise en application des politiques permettrait entre autres de vérifier si la place centrale accordée aux femmes dans les politiques torontoises se traduit par une meilleure représentation de leurs intérêts.

Notes

1. Je remercie Linda Cardinal pour son texte sur les Franco-Ontariennes (1992) qui commence en Afrique. J'ai toujours aimé le début de ce texte et, assise à ma table devant le paysage magnifique du Sri Lanka, cet emprunt m'est venu tout naturellement.

2. Cette analyse fait partie d'un projet de recherche plus large portant sur les politiques sociales dans les grands centres métropolitains au Canada. Ce projet est subventionné par le Conseil de recherches en sciences humaines du Canada (CRSHC) que je remercie de cet appui. Je dois souligner également l'appui reçu du CRSHC pour ma participation à la con-

férence du FRAPNET (Feminist Researchers for Action and Policy Network) au Sri Lanka, dans le cadre d'une subvention du réseau de recherche sur les femmes et le développement.

3. Les extraits des documents de Toronto et de Vancouver cités ici ont été traduits par nous.

Bibliographie

CARDINAL, Linda (1992). «Femmes et francophonie : une re-lecture du rapport ethnicité-féminité» dans Caroline Andrew *et al.* (dir.), *L'ethnicité à l'heure de la mondialisation*, Ottawa, ACFAS-Outaouais, p. 99-114.

CHORNEY, Harold (1990). *City of Dreams : Social Theory and the Urban Experience*, Scarborough, Nelson Canada.

CITY OF TORONTO (1993). *What We've Done 1992-1993*, Toronto, The Safe City Committee.

_____ (1991). *A Safer City : The Second Stage Report of the Safe City*, Toronto, The Safe City Committee.

_____ (1988). *The Safe City : Municipal Strategies for Preventing Public Violence against Women*, Toronto, The Safe City Committee.

CITY OF VANCOUVER (1993). *Final Report. Safe City Task Force*, Vancouver, Safer City Task Force.

_____ (1992). *Vancouver's Children's Policy*, Vancouver, Social Planning Department.

JACOBS, Jane (1961). *The Death and Life of Great American Cities*, New York, Vintage Books.

KING, Anthony (1993). «Cultural hegemony and capital cities» dans John H. Taylor, Jean G. Lengellé et Caroline Andrew (dir.), *Capital Cities*, Ottawa, Carleton University Press, p. 251-270.

MACKENZIE, Suzanne (1988). «Building women, building cities : Toward gender sensitive theory in the environmental disciplines» dans Caroline Andrew et Beth Moore Milroy (dir.), *Life Spaces*, Vancouver, University of British Columbia Press, p. 13-30.

PLASSE, Micheline (1991). «La politique d'internationalisation de Montréal : une politique en devenir», *Politique*, vol. 19, p. 37-66.

SIMEON, Richard (1976). «Studying public policy», *Canadian Journal of Political Science/Revue canadienne de science politique*, vol. 9, n° 4, p. 548-580.

WILSON, Elizabeth (1991). *The Sphinx in the City*, Berkeley, University of California Press.

Lectures suggérées

ANDREW, Caroline et Beth Moore MILROY (dir.) (1988). *Life Spaces*, Vancouver, University of British Columbia Press.

PICHÉ, Denise (1989). «Lieux et milieux de vie», *Recherches féministes*, vol. 2, n° 1.

WEKERLE, Gerda R. et Carolyn WHITZMAN (1995). *Safe Cities*, New York, Van Nostrand Reinhold.

Women and Environments, Toronto, revue publiée quatre fois par année.

IV. LA MOBILISATION SOCIALE

DISCOURS JURIDIQUE ET REPRÉSENTATION POLITIQUE : LE DROIT AU CHOIX EN MATIÈRE D'AVORTEMENT

Martine Perrault et Linda Cardinal

INTRODUCTION

Nous présentons dans ce texte les conclusions d'une recherche portant sur le mouvement féministe ontarien pour le droit au choix en matière d'avortement et pour le droit à l'équité en matière d'emploi[1]. Nous nous sommes intéressées au mouvement féministe ontarien en raison de son rôle actif, depuis la moitié des années 1980, au cœur des controverses sur les droits des femmes au Canada, dans le prolongement des luttes amorcées par les Québécoises depuis les années 1970.

Ces préoccupations des féministes canadiennes et québécoises à l'égard du droit au choix et du droit à l'équité constituent, avec les questions du multiculturalisme, de l'environnement et des droits des minorités, ce que nous pouvons appeler la nouvelle question sociale. Cette dernière exige de la part de l'État des formes de gestion qui puissent arrimer la question des droits fondamentaux à celle des droits sociaux en des termes à la fois universels, égalitaires et respectueux de la diversité au Canada et au Québec (Taylor 1992) et ce, à un moment où les débats sur l'État-providence prennent de plus en plus d'importance (Rosanvallon 1995).

Notre hypothèse générale de recherche se situe dans le prolongement des analyses existantes sur les mouvements sociaux. Selon notre lecture de la sociologie des mouvements sociaux, la part des acteurs dans le changement relèverait de leur participation à l'institution-nalisation des changements culturels, notamment dans l'ordre de la représentation. L'efficacité politique des mouvements sociaux pro-viendrait de leur capacité à prendre la parole, à interroger le sys-tème normatif et législatif des sociétés démocratiques et d'y jouer un rôle discursif, producteur de lien social (Cardinal 1994). L'étude du rapport des mouvements sociaux au droit, qui inclut à la fois tout ce qui a trait aux normes, à l'instance juridico-politique et à ses aspects plus techniques, nous a permis de préciser notre hypothèse. De même, nous nous sommes appliquées à étudier plus en détails la fonction symbolique du droit dans la pratique des mouvements so-ciaux, plus particulièrement sous l'angle de sa capacité à faire adve-nir les femmes au titre de sujets de droit. Nous avons analysé l'ac-tion du groupe Ontario Coalition for Abortion Clinics et le jugement *Morgentaler* à la lumière de cette problématique. Nous nous consa-crerons principalement dans ce qui suit à l'étude du jugement *Morgentaler*, car ce dernier permet de bien montrer comment le droit nous oblige à réfléchir sur la question de la représentation politique et sur la portée symbolique de la lutte pour le droit au choix[2]. Nous tenterons donc de démontrer que la lutte pour le droit au choix en matière d'avortement ne contribue pas seulement à rendre l'avorte-ment plus accessible mais surtout à modifier la représentation sociale des femmes.

Nous procéderons, dans un premier temps, à une réévaluation, malheureusement trop rapide, de la place accordée au droit dans les théories des mouvements sociaux et dans les analyses féministes. Dans un deuxième temps, nous analyserons le jugement *Morgentaler* pour, enfin, interroger la critique féministe du droit en rapport avec la question de la représentation politique des femmes et à partir de notre lecture du jugement *Morgentaler*.

LA SOCIOLOGIE DES MOUVEMENTS SOCIAUX ET LE DROIT

Depuis les trente dernières années, la sociologie des mouvements sociaux, en particulier la sociologie d'inspiration tourainienne, s'est appliquée à analyser la nature du changement dans les sociétés modernes et à étudier le rôle des acteurs dans les transformations dont nous sommes témoins depuis la Seconde Guerre mondiale (Castoriadis 1986, Melucci 1983, Touraine 1984). À partir des années 1980 et 1990, s'ajoute à ce questionnement une remise en cause importante du projet politique des mouvements sociaux, une rupture avec toute forme de révolutionnarisme (Arato et Cohen 1993, Cohen 1985, Keane 1988, Laclau et Mouffe 1985). Ces auteurs demeurent néanmoins préoccupés par des questions de réflexivité, d'identité et d'autonomie, sauf que ces questions ne s'inscrivent plus dans le cadre d'un projet révolutionnaire; leur radicalisme est devenu autolimitatif (Cohen 1985). À la recherche d'une pensée plus consciente de son ancrage dans la modernité démocratique, la sociologie des mouvements sociaux nous convie à préciser les interrogations continuelles de la société par les acteurs en rapport à leur quête d'autonomie et d'identité.

À la différence des années 1960 et 1970, la sociologie des nouveaux mouvements sociaux se représente l'action à une plus petite échelle, celle de la société civile. Elle tente de faire revivre un discours de la société civile et de l'État de droit comme projet d'autonomie au sein de la société moderne démocratique (Arato et Cohen 1993).

Cette représentation des mouvements sociaux vise à placer les acteurs au cœur du changement et s'inspire, pour ce faire, de la prémisse selon laquelle les acteurs produisent la société consciemment et réflexivement. L'idée d'autonomie mise de l'avant par cette approche suppose que l'acteur social se donne lui-même sa loi et que cette démarche constitue le noyau central du projet politique des mouvements sociaux.

Malgré sa reconnaissance de l'État démocratique, la sociologie des mouvements sociaux n'a pas encore proposé d'étude exhaustive des rapports entre ces mouvements et l'État, entre ces mouvements et la question des normes, de la loi et du droit. On ne se demande pas à quoi sert l'État. La sociologie le conçoit paradoxalement sur le modèle du contrôle et de la contrainte, à l'instar des régimes totalitaires, où on a en partie détruit la société civile. L'enjeu est par conséquent de limiter le pouvoir de l'État (Keane 1988: 14-27), alors que les mouvements sociaux — nouveaux ou anciens — sont pleinement intégrés à la gestion étatique du social, notamment dans l'État de droit.

Afin de répondre à ces lacunes au sein de la théorie sociologique, c'est vers Marcel Gauchet que nous avons choisi de nous tourner, pour puiser dans ses analyses de l'espace politique des éléments de réflexion sur le lien des mouvements sociaux au droit et à l'État. Gauchet s'interroge principalement sur la notion de loi/Loi, qu'il définit comme une référence extérieure à la société, comme un lieu vide, qui joue le rôle d'instituant symbolique. La Loi renvoie à une division propre à la vie en société, c'est-à-dire à une division originaire selon laquelle on projette toujours à l'extérieur de soi le sens que l'on veut donner à la société. De cette division au sein des sociétés modernes, surgirait l'espace démocratique. Et dans la distance que nous instaurons avec la loi, dans l'espace de cette dépossession, apparaît la possibilité de discuter de l'identité des sociétés, de ce que signifie l'autonomie, la liberté des femmes, le droit au choix.

Le recours aux tribunaux pour décider de la justesse d'une loi ou faire appliquer des principes de justice comme l'équité, le droit des minorités ou le droit au choix en matière d'avortement nous amène justement à réfléchir sur cette dépossession. Le droit, les cours, tout comme l'État, font partie de cet espace extérieur où serait logée la Loi. Nous pouvons supposer que le mouvement des femmes et les mouvements sociaux participent à l'élaboration des normes de par la place qu'ils occupent dans le débat public, même si leur emprise sur la société est limitée. Ils participent à «la production symbolique d'un univers commun» (Gauchet 1976: 25), et leur rapport avec l'extérieur appelle de l'indéterminé, de l'inconscient, en raison même de cette dépossession inhérente au fait de se présenter dans l'espace public, un processus que Gauchet nomme «la réflexivité collective inconsciente» (Gauchet 1985: 279). En ce sens, on pourrait supposer que l'autonomie de la société civile est relative, que si les acteurs se donnent eux-mêmes leurs propres lois, ils le font relativement à la démarche de changement ou d'élaboration des normes dans laquelle ils sont engagés. C'est pourquoi il nous apparaît important de comprendre le rapport des mouvements sociaux et du mouvement des femmes au droit et à l'État. Ils incarnent, inconsciemment, de par leur présence dans le débat public, le projet de société autonome dans lequel s'inscrit la revendication du droit au choix, sans pour autant prétendre à l'auto-fondation ou à l'autonomie totale. Le mouvement des femmes fournit des contenus politiques au débat. Il appelle toujours des idéaux, lesquels renvoient aux représentations, entre autres celle des femmes comme êtres humains.

Or, à l'instar des analyses sociologiques des rapports entre la société civile et l'État, les théories féministes du droit tendent à négliger la dimension symbolique du droit pour privilégier les dimensions matérielles des luttes sociales et critiquer la nature patriarcale des sociétés modernes. Elles produisent un discours ambigu sur le droit, reconnaissant d'une part la pertinence d'une pratique féministe dans ce domaine en vue de faire avancer certaines causes spécifiques aux femmes mais dénonçant, d'autre part, le piège que pose la participation à une instance reproductrice de l'ordre patriarcal (Cossman 1986 ; Kingdom 1985, 1991 ; MacKinnon 1989, 1991 ; Smart 1986, 1989, 1990 ; Snider 1990). Dans le cas particulier de l'avortement, la majorité des analyses féministes tend à dénoncer les limites de la revendication du droit au choix (Currie et MacLaren 1992 ; Kingdom 1985, 1991 ; McDonnell 1984 ; Petchesky 1990), considérant que celle-ci renvoie à une notion de droit abstrait et absolu, approche qui occulte la réalité matérielle de la maternité et de l'avortement. Dénoncé parce qu'il peut entraîner une perversion des luttes sociales et la reproduction de l'ordre capitaliste patriarcal, le droit n'est perçu que dans sa dimension stratégique. Autrement dit, en matière de droit au choix, le recours à un discours de droit s'inscrivant sous l'égide de l'individualisme démocratique est systématiquement critiqué. Les analyses féministes lui opposent un discours prônant la reconnaissance des conditions matérielles de la maternité et d'un réel contrôle de la fécondité par les femmes.

L'examen de la pratique des mouvements sociaux, du mouvement féministe en particulier, oblige cependant à accorder une certaine importance au droit comme outil de changement. Dans le cas du groupe Ontario Coalition for Abortion Clinics (OCAC), le droit occupe une place centrale dans la structuration de son action. Ce groupe a investi une grande partie de ses énergies à soutenir la lutte menée par Henry Morgentaler pour la légalisation d'une clinique d'avortement privée à Toronto. Les membres de l'OCAC ont développé un discours faisant appel à la notion de droit au choix, tout en contournant plusieurs des réserves des avocates féministes, en proposant d'intégrer au concept de choix les conditions sociales et matérielles permettant son libre exercice: garderies, équité salariale, élimination de la violence et du harcèlement sexuel.

Somme toute, la façon dont les mouvements sociaux participent au discours juridique demeure peu étudiée. Les approches sociologiques et féministes persistent à véhiculer une conception volontariste des mouvements sociaux, leur prêtant des intentions démocratiques et insistant sur cet aspect de leur réalité sans s'interroger, entre autres, sur l'impact du contexte juridique dans la structuration de leur action. Une telle idéalisation des acteurs rend difficile la perception de leur apport au changement social. Dans le cas de l'analyse féministe, s'ajoute au volontarisme l'idée selon laquelle tout changement, pour être «réel», doit être «concret». Dans cette optique, le droit correspond à un instrument parmi d'autres, comme si le fait de revendiquer le droit au choix n'avait aucune signification symbolique particulière. Nous y reviendrons.

LE JUGEMENT *MORGENTALER*

Le jugement *Morgentaler* est l'aboutissement d'une série de poursuites judiciaires intentées par le procureur général de l'Ontario contre les docteurs Morgentaler, Smoling et Scott. Accusés d'avoir enfreint les dispositions du Code criminel en procurant des avortements illégaux, ces derniers réussissent à présenter leur cause en appel jusqu'à la Cour suprême du Canada, qui accepte de faire porter le débat sur la constitutionnalité de la législation sur l'avortement: cette législation porte-t-elle atteinte aux droits garantis par l'article 7 de la *Charte*, article stipulant que «chacun a droit à la vie, à la liberté et à la sécurité de sa personne; [qu'] il ne peut être porté atteinte à ce droit qu'en conformité avec les principes de justice fondamentale» (*Charte canadienne des droits et libertés* 1982: 63)? Dans un jugement majoritaire de cinq voix contre deux, le 26 janvier 1988, la Cour suprême déclare inopérantes les dispositions de la législation sur l'avortement parce qu'elles enfreignent les droits garantis par la *Charte canadienne des droits et libertés* (*R. c. Morgentaler*, [1988] 1 R.C.S 30).

Les juges de la Cour suprême ont proposé diverses interprétations de la constitutionnalité de la législation sur l'avortement, comme l'attestent les quatre jugements qu'ils ont rédigés : trois jugements majoritaires — ceux des juges Dickson et Lamer, des juges Beetz et Estey, de la juge Wilson — et un jugement dissident — celui des juges McIntyre et Laforest.

Dans la section qui suit, nous nous intéresserons aux différents motifs invoqués par les juges pour déclarer inconstitutionnelles les dispositions du *Code criminel* sur l'avortement.

Le jugement des juges Dickson et Lamer

Les motifs invoqués par le juge en chef Dickson et le juge Lamer sont de l'ordre de la procédure. Selon eux, les démarches imposées aux femmes par la législation pour obtenir un avortement enfreignent leur droit à la sécurité de la personne (art. 7 de la *Charte*). En soi, le contrôle de l'État sur la fonction reproductrice des femmes constitue une ingérence et une violation de leur intégrité physique et émotionelle.

> L'article 251 porte clairement atteinte à l'intégrité corporelle, tant physique qu'émotionnelle d'une femme. Forcer une femme, sous la menace d'une sanction criminelle, à mener un fœtus à terme à moins qu'elle ne satisfasse à des critères sans rapport avec ses propres priorités et aspirations est une ingérence grave à l'égard de son corps et donc une violation de la sécurité de sa personne (*R. c. Morgentaler*, [1988] 1 R.C.S. 30 : 56-57).

Mais la législation porte également atteinte au droit des femmes à la sécurité de la personne en raison des délais subis pour obtenir un avortement, délais qui sont directement imputables aux procédures exigées par la législation. Ces délais mettent en danger non seulement la santé physique des femmes mais aussi leur bien-être psychologique, l'attente prolongée constituant une source d'angoisse (*R. c. Morgentaler*, [1988] 1 R.C.S. 30 : 60-62).

La question qui se pose alors aux deux juges est de savoir si, en vertu de la deuxième partie de l'article 7 de la *Charte*, la législation sur l'avortement s'avère conforme aux principes de justice fondamentale. Ils arrivent à la conclusion que l'exception créée par la législation pour permettre à certaines femmes, dans certaines circonstances, d'obtenir un avortement, est tellement entravée par la lourdeur des procédures imposées pour l'exercice de ce droit qu'elle s'avère incompatible avec son objectif de justice initial (*R. c. Morgentaler*, [1988] 1 R.C.S. 30 : 70-71).

Les dispositions de la législation ne survivant pas à cette étape de leur examen, les juges Dickson et Lamer les soumettent à un dernier critère, soit celui de l'article 1 de la *Charte*[3]. À la lumière de cet article, ils cherchent à déterminer si les limites imposées au droit énoncé à l'article 7 de la *Charte* sont justifiables et raisonnables dans le cadre d'une société libre et démocratique. Les deux juges considèrent légitime l'objectif de la législation qui est de trouver un terrain d'entente entre les intérêts de la femme enceinte et ceux du fœtus (*R. c. Morgentaler*, [1988] 1 R.C.S. 30 : 75), mais les moyens choisis pour l'atteindre se révèlent excessifs. En dernière analyse, les procédures imposées sont injustes et arbitraires. L'atteinte aux droits des femmes va au-delà de ce qui est nécessaire, et les effets sont disproportionnés par rapport à l'objectif souhaité (*R. c. Morgentaler*, [1988] 1 R.C.S. 30 : 75).

Il faut rappeler que les arguments mis de l'avant par les juges Dickson et Lamer pour rejeter la législation sur l'avortement renvoient aux problèmes posés par les exigences de la procédure. Même s'ils reconnaissent, au début de leur jugement, que l'ingérence de l'État en matière de reproduction constitue une violation du droit des femmes à la sécurité de la personne, cet argument est par la suite défait par la reconnaissance de la légitimité de la protection du fœtus par l'État (*R. c. Morgentaler*, [1988] 1 R.C.S. 30 : 76).

Le jugement des juges Beetz et Estey

Les juges Beetz et Estey invalident eux aussi les dispositions de la législation sur l'avortement. Leur jugement repose sur des motifs légèrement différents, même s'ils reprennent également l'argument de la procédure. Ils reconnaissent la légitimité de ce qu'ils considèrent être l'objectif principal de la législation, soit de protéger les intérêts du fœtus. « La protection de la vie et de la santé de la femme enceinte est un objectif secondaire » (*R. c. Morgentaler*, [1988] 1 R.C.S. 30 : 82). Cet objectif principal est jugé assez important, dans le cadre d'une société libre et démocratique, pour justifier que des limites raisonnables soient imposées au droit des femmes à la sécurité de la personne (art. 7 de la *Charte*) (*R. c. Morgentaler*, [1988] 1 R.C.S. 30 : 82). Mais, en regard de l'article premier de la *Charte*, certaines dispositions de la législation n'ont pas de lien rationnel avec les objectifs poursuivis parce qu'elles sont inutiles (*R. c. Morgentaler*, [1988] 1 R.C.S. 30 : 82). Les juges font ici référence aux délais impliqués par les règles de procédure : « certaines des exigences en matière de procédure posées par l'art. 251 du *Code criminel* sont nettement injustes » (*R. c. Morgentaler*, [1988] 1 R.C.S. 30 : 82). Parce qu'elle ne « constitue pas une limite raisonnable à la sécurité de la personne » (*R. c. Morgentaler*, [1988] 1 R.C.S. 30 : 82), la législation sur l'avortement est rejetée.

Ainsi, pour les juges Beetz et Estey, « l'intérêt que représente la vie ou la santé de la femme enceinte l'emporte sur celui qu'il y a à interdire les avortements, y compris l'intérêt qu'a l'État dans la protection du fœtus » lorsque la vie ou la santé de la femme est mise en péril par la grossesse (*R. c. Morgentaler*, [1988] 1 R.C.S. 30 : 81). Mais ils précisent qu'à leurs yeux l'État est justifié, en raison de sa préoccupation à l'égard du fœtus, « d'exiger une opinion médicale éclairée, indépendante et fiable relativement à la vie ou à la santé de la femme enceinte » (*R. c. Morgentaler*, [1988] 1 R.C.S. 30 : 82). Ce qui nous permet de conclure que le rejet de la législation formulé par les juges Beetz et Estey est aussi fondé sur les problèmes de procédure qu'elle comporte et non sur la légitimité de ses objectifs.

Le jugement de la juge Wilson

La juge Wilson se démarque de ses collègues parce que son jugement porte sur la dimension morale du débat, soit la liberté de la femme de choisir ou de décider en matière d'avortement. Elle écrit : « La question au cœur de ce pourvoi est de savoir si une femme enceinte peut, sur le plan constitutionnel, être forcée par la loi à mener le fœtus à terme » (*R. c. Morgentaler*, [1988] 1 R.C.S. 30 : 161). Elle se trouve par le fait même à être la seule à véritablement se prononcer sur la dignité de la femme, à s'intéresser à son humanité et à sa capacité de juger.

Selon la juge Wilson, la législation sur l'avortement enfreint le droit à la liberté des femmes (art. 7 de la *Charte*) dans la mesure où il s'agit d'une ingérence de l'État dans une décision personnelle et privée (*R. c. Morgentaler*, [1988] 1 R.C.S. 30 : 172). Cette loi viole également le droit à la sécurité de la personne dans la mesure où elle porte atteinte à l'intégrité physique et psychologique de la femme et soustrait à son contrôle sa capacité reproductrice pour la soumettre au contrôle de l'État. La juge Wilson interprète le principe de justice fondamentale de l'article 7 non pas en termes procéduraux mais à partir du droit à la liberté de conscience et de religion assuré par l'alinéa 2a) de la *Charte* stipulant que « chacun a les libertés fondamentales suivantes : a) liberté de conscience et de religion » (*Charte canadienne des droits et libertés* 1982 : 61). Elle affirme que la décision d'avorter est essentiellement d'ordre moral et elle reconnaît aux femmes la liberté de conscience en cette matière (*R. c. Morgentaler*, [1988] 1 R.C.S. 30 : 175).

Par ailleurs, selon la juge Wilson, l'objectif de la loi est effectivement la protection du fœtus. À ses yeux, cet objectif est valable en regard de l'article 1 de la *Charte*. Ce sont les limites imposées aux droits des femmes en fonction de cet objectif qui ne sont pas raisonnables, le critère de proportionnalité entre les objectifs et les moyens n'étant pas respecté (*R. c. Morgentaler*, [1988] 1 R.C.S. 30 : 183-184). La juge Wilson prône une approche qu'elle qualifie de « gestationnelle », fondée sur la valeur relative de la vie potentielle du fœtus : la liberté absolue durant les premiers stades de la gestation et une approche restrictive dans les derniers. Cette position reconnaît l'intérêt de l'État à protéger la vie du fœtus (*R. c. Morgentaler*, [1988] 1 R.C.S. 30 : 169) tout en laissant aux femmes la liberté de conscience à ce sujet.

LA CRITIQUE FÉMINISTE DU DROIT « REVISITÉE »

On peut objecter, à l'instar de plusieurs critiques féministes, que le domaine juridique est un espace clos, hermétique, livré au monopole des juges, avocats et experts, ne représentant pas à leur juste mesure les points de vue des groupes ou individus impliqués dans un litige. Ainsi, des féministes comme Carol Smart, Catherine MacKinnon, Elizabeth Kingdom ont-elles analysé les risques de récupération et de perversion des luttes des femmes lorsqu'elles sont transposées dans l'arène du droit et formulées dans son langage. Or nous tenterons de montrer en examinant le contenu du jugement *Morgentaler* que celui-ci permet de relativiser cette critique.

Cela dit, la portée du jugement *Morgentaler* est multiple et complexe. Défini par les journalistes et les milieux féministes comme une étape cruciale dans la décriminalisation de l'avortement, ce jugement n'est pas si décisif qu'on pourrait le croire. Premièrement, les dispositions de la législation ne sont pas abrogées mais seulement rendues inopérantes. Deuxièmement, il ressort clairement que les raisons ayant motivé ce jugement sont essentiellement d'ordre procédural, ce qui signifie qu'une nouvelle loi comportant le même type de langage mais imposant des procédures plus justes et équitables pourrait fort bien survivre à l'examen constitutionnel — c'est d'ailleurs ce que le gouvernement a tenté de faire l'année suivant le jugement (Gavigan 1992 : 126). En outre, la décriminalisation ne garantit aucunement l'accès égalitaire et universel aux services d'avortement. À l'issue du jugement de la Cour suprême, les provinces de la Colombie-Britannique et de la Nouvelle-Écosse ont décidé, en vertu de leur autorité en matière de services de santé, de ne pas suivre l'exemple du Québec et de l'Ontario, et ont restreint leurs services d'avortement (Brodie 1992 : 64-65).

Néanmoins, l'ouverture ménagée par la juge Wilson à l'idée d'un droit au choix permet de soulever un débat de nature essentiellement morale portant sur la liberté de conscience de la femme et, de façon particulière, sur son humanité. La question est peu analysée dans les écrits du mouvement des femmes et des mouvements sociaux. Pourtant, elle ouvre la voie à une réflexion plus large sur les rapports entre les droits des femmes et le droit comme lieu où sont formulées les normes. Autrement dit, en affirmant la légitimité du droit des femmes à pouvoir choisir de ne pas mener à terme une grossesse, la juge Wilson considère qu'elles peuvent se définir autrement que par leur destin de reproductrices et par la division sexuelle du travail (Brodie 1992 : 84) ; la grossesse ne serait pas la seule dimension servant à définir l'être femme, les femmes n'ont donc pas à se définir uniquement en tant que mères. Certes, il y a lieu de reconnaître que la maternité est une dimension essentielle de la vie d'une femme. Mais on peut supposer dans le même temps que l'enjeu de la liberté de conscience vise aussi à permettre aux femmes d'être reconnues comme productrices de normes.

Par ailleurs, à la lumière des analyses existantes, on pourrait croire que la juge Wilson propose une définition étroite, voire classique, de la notion de choix. En effet, le concept de droit au choix en matière d'avortement tel que proposé dans son jugement présente l'accès à l'avortement comme un problème individuel, lié à l'obtention d'un droit individuel, un droit à l'humanité (Gavigan 1992 : 127). La juge Wilson précise que la conscience de l'individu doit l'emporter sur la conscience de l'État (*R. c. Morgentaler*, [1988] 1 R.C.S. 30 : 176). Elle situe le droit de se reproduire ou de ne pas se reproduire dans le cadre plus large de « la lutte contemporaine de la femme pour affirmer *sa* dignité et *sa* valeur en tant qu'être humain [...] lutte pour définir les droits des femmes par rapport à leur position particulière dans la structure sociale et par rapport à la différence biologique entre les deux sexes » (*R. c. Morgentaler*, [1988] 1 R.C.S. 30 : 172, c'est la juge Wilson qui souligne). Le concept de liberté de décision que la juge Wilson évoque serait un concept libéral de droit individuel au sens étroit du terme ; il occulte les dimensions sociologiques que les théoriciennes féministes intègrent à leur réflexion, c'est-à-dire l'idée qu'il faut aussi réunir les conditions matérielles pour que ce choix puisse s'exercer librement. La juge Wilson demeurerait silencieuse quant aux préoccupations sociales des analyses féministes.

La plupart des théoriciennes féministes du droit considèrent qu'il est pernicieux de définir les droits des femmes en termes individuels parce qu'une telle approche exclut les conditions sociales dans lesquelles s'inscrivent ces droits (Kingdom 1985 : 153 ; McDonnell 1984 : 79 ; Petchesky 1990 : 327, 375). Détachés des conditions sociales, les droits individuels s'avèrent utopiques en plus de mettre en question les stratégies afin d'améliorer les conditions sociales existantes (Kingdom 1985 : 56-57). Selon Rosalind Petchesky, l'idée qu'il s'agit d'un droit individuel ne permet pas de concevoir l'avortement comme un droit social alors que cette question concerne les femmes en tant que groupe. C'est en tant que collectivité ayant des besoins et caractéristiques communs que les femmes vivent la pratique sociale de la maternité par laquelle elles sont soumises au contrôle de l'État (Currie et MacLaren 1992 : 79-80 ; Petchesky 1990 : 375-379). Ainsi, la revendication d'un droit individuel absolu ne permettrait pas d'identifier les inégalités inhérentes aux rapports sociaux de sexe et de reproduction (Cossman 1986 : 92-93). Sur le plan stratégique, elle pourrait même servir à fonder la revendication des droits « rivaux » du fœtus (Currie et MacLaren 1992 : 79-80).

À la défense de la juge Wilson, soulignons cependant qu'elle situe dans son jugement « les droits des femmes par rapport à leur position particulière dans la structure sociale et par rapport à la différence biologique entre les deux sexes » (*R. c. Morgentaler*, [1988] 1 R.C.S. 30 : 176). Elle reconnaîtrait alors la nature sociale de l'être humain, ce qui nous amène à penser qu'il n'y a qu'un pas à franchir pour une articulation plus poussée de la question des droits individuels des femmes par rapport à leurs droits collectifs. En d'autres mots, il existerait une ambiguïté inhérente au libéralisme selon laquelle l'idée des droits individuels oblige à poser l'individu comme un être social.

Ainsi, il devient important de reconnaître également que tout droit individuel comporte une dimension collective. Son énonciation n'est possible que parce qu'il existe une communauté de gens de laquelle le droit tire sa légitimité ; de même, son application est toujours collective dans la mesure où elle vise un groupe, une communauté, une catégorie de personnes. Il n'est pas inhérent au droit, ni à la notion de choix, d'ignorer les conditions sociales de l'énonciation et de l'application des droits individuels revendiqués. Le droit n'existe pas dans le vide. Il ne peut y avoir de droit sans société, et réciproquement. Ainsi, en insistant pour faire appliquer un droit individuel en matière d'avortement, le mouvement pro-choix joue un rôle essentiel en rappelant à l'État ses devoirs ou obligations à l'égard des femmes, individuellement et collectivement.

De plus, l'articulation d'un droit des femmes reconnu en vertu des principes de justice fondamentale telle que proposée dans le jugement *Morgentaler* porte à réfléchir sur la façon dont le droit participe au domaine de la représentation. Ce n'est pas uniquement un instrument ou un lieu stratégique qu'il faut investir en vue de transformations sociales plus importantes. Il est lui-même un lieu de changement dans la mesure où il traduit l'ordre normatif.

Lorsque la juge Wilson se penche sur la question de l'avortement en invoquant des principes d'ordre moral, elle intervient directement sur la représentation des femmes. Elle s'intéresse aux femmes en tant que titulaires de droits et elle fait porter son jugement sur la dimension symbolique de ces droits et non uniquement sur leur mode d'exercice, c'est-à-dire la procédure juridique.

Par contre, le fait que la majorité des juges ait eu recours à l'article 7 de la *Charte* n'est pas négligeable. En effet, tous invoquent le droit à la sécurité de la personne pour invalider la législation sur l'avortement. Il s'agit d'un principe de justice fondamentale, un droit de «l'Homme». L'élargissement de ce principe à la question de l'avortement n'entraîne-t-il pas la reconnaissance des droits des femmes en tant qu'Hommes, c'est-à-dire en tant qu'êtres humains producteurs de normes collectives? Le fait d'associer l'avortement à une question fondamentale de sécurité de la personne contribue à définir la femme comme être humain, ayant des droits fondamentaux. Il ne faudrait pas réduire cependant la portée de cette reconnaissance en la limitant à une question de sécurité sans parler de liberté. C'est de la liberté de conscience des femmes qu'il est aussi question.

On ne peut faire abstraction du fait que l'inscription des luttes féministes sous l'égide du droit est liée à un contexte politique particulier. Mais il faut aussi rappeler que la reconnaissance du droit des femmes à exercer un choix dans des conditions sociales idéales dépend en partie de la reconnaissance préalable de leur dignité en tant qu'êtres humains et de leur capacité morale de choisir. À ce titre, il faut se garder de sous-estimer les valeurs de liberté et d'autonomie que véhicule l'idée de droits individuels par rapport à leurs conditions sociales d'exercice.

Pour terminer, soulignons que les droits sociaux obtenus par les Canadiennes et les Québécoises n'ont pas, jusqu'à présent, remis fondamentalement en question leur représentation en tant que celles qui donnent les enfants aux hommes. L'individualité des femmes dépend toujours, en partie, de leur rapport à un homme. Par contre, le droit au choix en matière d'avortement contribue à la rupture du lien avec l'homme comme lieu de passage obligé de l'humanité des femmes, dans la mesure où ce droit fait appel à la reconnaissance de leur liberté et de leur conscience. Les droits politiques et civils, ainsi que les droits sociaux, se doivent donc d'être assortis de droits humains. Ces droits découlent d'une conception libérale de l'individu dont nos sociétés ont hérité et que l'on ne peut exclure de nos préoccupations. Il persiste, au-delà des dimensions économiques et matérielles de la condition féminine, une dimension symbolique de la marginalisation des femmes que la catégorie des droits humains permettrait de prendre en considération, puisque cette catégorie ne laisse pas de côté la représentation des femmes comme sujets moraux de droit.

Si cette réflexion propose de considérer le droit au choix comme un droit de la personne, il y a lieu de le faire avec prudence afin d'éviter de poser les droits individuels en termes absolus. Selon Luc Bégin (1995), l'avortement met en jeu des questions de représentations ultimes. Il désigne par cette expression les questions existentielles sur le sens profond de la vie humaine, nos convictions profondes, les « signifiants les plus fondamentaux de l'individu, signifiants à partir desquels l'individu construit sa personnalité morale et son rapport à l'autre » (Bégin 1995 : 301). Bégin préconise pour ce type de conflit un traitement juridique différent de celui utilisé pour traiter d'autres conflits, en particulier ceux qui mettent en jeu des valeurs sociales telles la justice, l'équité, l'égalité (Bégin 1995 : 302, 309-312). Sa conceptualisation de l'avortement contribue également à étayer l'idée selon laquelle le droit au choix comme droit fondamental permet aux femmes d'accéder au statut de personnes, de devenir des sujets de droit à part entière.

CONCLUSION

Nous avons tenté, dans ce texte, d'analyser le jugement *Morgentaler* à partir d'un questionnement sur l'efficacité politique du mouvement pour le choix en matière d'avortement, en souhaitant montrer notamment l'importance du droit en ce qui a trait à la représentation politique. À notre avis, l'efficacité d'un mouvement se mesure, en partie, à sa capacité d'agir sur la représentation. En d'autres mots, dès lors que nous envisageons le droit sous l'angle de sa fonction symbolique, il devient intéressant de réévaluer la pratique du mouvement des femmes et son recours au droit comme outil de lutte. Dans cette perspective, le recours au droit constitue, au-delà des visées stratégiques du mouvement, une pratique constitutive de l'autonomie et de la participation des femmes à l'élaboration du social.

Notes

1. La première partie de ce texte a fait l'objet d'une communication intitulée « L'expérience des mouvements sociaux, une expérience de la parole », présentée au congrès de l'Association internationale de sociologie à l'Université de Bielefeld (Allemagne) en juillet 1994. Les analyses proposées dans les deuxième et troisième parties ont été développées plus en détails dans la thèse de maîtrise de Martine Perrault (1996), ainsi que dans un article qu'elle a signé avec Linda Cardinal et fait paraître en 1996 dans la *Revue canadienne de science politique*. L'ensemble de ce travail s'inscrit dans le cadre d'une recherche portant sur la part des acteurs dans le changement social contemporain subventionnée par le Conseil de recherches en sciences humaines du Canada (n° 410-92-0477).

2. En ce qui concerne nos travaux sur la question de l'équité, voir Cardinal et Denault (1994) et Denault (1994).

3. L'article 1 stipule que « La *Charte canadienne des droits et libertés* garantit les droits et libertés qui y sont énoncés. Ils ne peuvent être restreints que par une règle de droit, dans des limites qui soient raisonnables et dont la justification puisse se démontrer dans le cadre d'une société libre et démocratique » (*Charte canadienne des droits et libertés* 1982 : 61).

Bibliographie

ARATO, Andrew et Jean L. COHEN (1993). *Civil Society and Political Theory*, Cambridge, The MIT Press.

BÉGIN, Luc (1995). « La Cour suprême et les conflits de représentations ultimes : l'exemple de l'arrêt *Rodriguez* » dans Josiane Boulad-Ayoub (dir.), *Carrefour : Philosophie et Droit. Actes du Colloque DIKÈ*, Montréal, UQAM, p. 299-315.

BRODIE, Janine (1992). « Choice and no choice in the house » dans Janine Brodie, Shelley Gavigan et Jane Jenson (dir.),*The Politics of Abortion*, Toronto, Oxford University Press, p. 57-116.

CARDINAL, Linda (1994). « L'expérience des mouvements sociaux, expérience de la parole : un questionnement sur l'autonomie », communication présentée au colloque de l'AIS, Bielefeld (Allemagne), Université Bielefeld.

CARDINAL, Linda et Anne-Andrée DENAULT (1994). « Repenser la société et les mouvements sociaux à partir de Karl Polanyi », communication présentée à l'Institut Karl Renner, Vienne.

CASTORIADIS, Cornélius (1986). *Les domaines de l'Homme*, Paris, Seuil.

Charte canadienne des droits et libertés, Loi de 1982 sur le Canada, annexe B, L.R.C. (1985).

Code criminel, R.C.S. 1970, chap. C-34, art. 251.

COHEN, Jean L. (1985). « Strategy or identity : new theoretical paradigms and contemporary social movements », *Social Research*, vol. 52, n° 4, p. 663-716.

COSSMAN, Brenda (1986). « The precarious unity of feminist theory and practice : the praxis of abortion », *University of Toronto Faculty of Law Review*, vol. 44, n° 1, p. 85-108.

CURRIE, H. Dawn et Brian D. MACLAREN (1992). *Rethinking the Administration of Justice*, Halifax, Fernwood.

DENAULT, Anne-Andrée (1994). *La justice de l'équité*, thèse de maîtrise, Ottawa, Université d'Ottawa, Département de sociologie.

GAUCHET, Marcel (1985). *Le désenchantement du monde*, Paris, Gallimard.

_____ (1976). « L'expérience totalitaire et la pensée politique », *Esprit*, vol. 7-8, p. 3-27.

GAVIGAN, Shelley (1992). « Beyond *Morgentaler*: the legal regulation of reproduction » dans Janine Brodie, Shelley Gavigan et Jane Jenson (dir.), *The Politics of Abortion*, Toronto, Oxford University Press, p. 117-146.

KEANE, John (1988). *Democracy and Civil Society*, Londres, Verso.

KINGDOM, Elizabeth (1991). *What's Wrong With Rights? Problems for Feminist Politics of Law*, Édimbourg, Edinburgh University Press.

_____ (1985). « Legal recognition of a woman's right to choose » dans Carol Smart et Julia Brophy (dir.), *Women in Law. Explorations in Law, Family, Sexuality*, Londres, Routledge and Kegan Paul, p. 143-161.

LACLAU, Ernesto et Chantal MOUFFE (1985). *Hegemony and Socialist Strategy: Towards a Radical Democratic Politics*, Londres, Verso.

MACKINNON, Catherine (1991). « Feminism, marxism, method, and the State: Toward feminist jurisprudence » dans Katharine Bartlett et Rosanne Kennedy (dir.), *Feminist Legal Theory. Readings in Law and Gender*, Boulder, Westview Press, p. 181-200.

_____ (1989). *Toward a Feminist Theory of the State*, Cambridge, Harvard University Press.

McDONNELL, Kathleen (1984). *Not an Easy Choice: A Feminist Re-Examines Abortion*, Toronto, The Women's Press.

MELUCCI, Alberto (1983). « Mouvements sociaux, mouvements post-politiques », *Revue internationale d'action communautaire*, vol. 10, n° 50, p. 13-30.

ONTARIO COALITION FOR ABORTION CLINICS (1988). « State power and the struggle for reproductive freedom: The campaign for free-standing abortion clinics in Ontario », *Resources for Feminist Research/ Documentation sur la recherche féministe*, vol. 17, n° 3, p. 109-114.

PERRAULT, Martine (1996). *Le Droit et ses ambiguïtés: une analyse des débats féministes sur le Droit au choix en matière d'avortement*, thèse de maîtrise, Ottawa, Université d'Ottawa, Département de sociologie.

PERRAULT, Martine et Linda CARDINAL (1996). « Le droit au choix et le choix du Droit: l'expérience de l'Ontario Coalition for Abortion Clinics et le jugement *Morgentaler* », *Canadian Journal of Political Science/Revue canadienne de science politique*, vol. 29, n° 2, p. 243-267.

PETCHESKY, Rosalind Pollack (1990). *Abortion and Woman's Choice. The State, Sexuality and Reproductive Freedom*, Boston, Northeastern University Press.

R. c. Morgentaler, [1988] 1 R.C.S. 30.

ROSANVALLON, Pierre (1995). *La nouvelle question sociale. Repenser l'État-providence*, Paris, Seuil.

SMART, Carol (1990). «Law's truth/Women's experience» dans Regina Graycar (dir.), *Dissenting Opinions: Feminist Explorations in Law and Society*, Sydney, Allen and Unwin, p. 1-20.

_____ (1989). *Feminism and the Power of Law*, Londres, Routledge.

_____ (1986). «Feminism and law: some problems of analysis and strategy», *International Journal of Sociology of Law*, vol. 14, n° 2, p. 109-123.

SNIDER, Laureen (1990). «The potential of the criminal justice system to promote feminist concerns», *Studies in Law, Politics, and Society*, vol. 10, p. 143-172.

TAYLOR, Charles (1992). *Multiculturalism and «the politics of recognition»: An Essay*, Princeton, Princeton University Press.

TOURAINE, Alain (1984). *Le retour de l'acteur*, Paris, Fayard.

Lectures suggérées

BRODIE, Janine, Shelley GAVIGAN et Jane JENSON (1992). *The Politics of Abortion*, Toronto, Oxford University Press.

COLLINS, Anne (1987). *L'avortement au Canada. L'inéluctable question*, Montréal, Remue-ménage.

GAUCHET, Marcel (1985). *Le désenchantement du monde*, Paris, Gallimard.

_____ (1981). «Les droits de l'homme ne sont pas une politique», *Débat*, n° 3, p. 3-21.

SMART, Carol (1989). *Feminism and the Power of Law*, Londres, Routledge.

STRATÉGIES FÉMINISTES
SUR LA SCÈNE POLITIQUE LOCALE ET RÉGIONALE

Winnie Frohn et Denise Piché

Depuis quelques années, le mouvement des femmes évalue son impact et ses stratégies dans son rapport à la politique et à l'État (Dahlerup 1986, Gelb 1989, Katzenstein et Mueller 1987, Nelson et Chowdhury 1994; pour le Québec et le Canada, Lamoureux 1989, Tremblay 1993, Vickers, Rankin et Appelle 1993, Wine et Ristock 1991). De façon générale, ces études ont porté sur l'organisation du mouvement à l'échelle nationale et sur l'ensemble des revendications et stratégies visant les pouvoirs centraux. L'action des femmes sur la scène locale, quant à elle, demeure à ce jour beaucoup moins étudiée; une situation surprenante si on considère, d'une part, que c'est à cette échelle que la plupart des groupes se constituent et travaillent (Ouellette 1986) et que les femmes transforment le quotidien (Séguin 1993) et, d'autre part, que plusieurs écrits féministes ont mis en lumière l'influence du local sur la vie des femmes et les possibilités d'action politique à ce niveau (Andrew 1993, Cloutier 1993, CSF 1977, Flammang 1984).

Il faut dire que les questions qui ont davantage intéressé les femmes — pensons à la santé et à l'éducation — relèvent surtout des pouvoirs centraux et que les groupes de femmes fortement structurés ont investi plus d'énergie auprès des niveaux de gouvernement dont les pouvoirs de redistribution et de législation sont importants. Comme le rappellent Masson et Tremblay, « les organisations de femmes du Québec se sont encore très peu fait entendre dans les arènes conventionnelles du développement des régions. De plus, dans leur très grande majorité, ces organisations ne se sentent pas concernées par les débats et les enjeux qui y sont véhiculés » (1993 : 165-166). Les femmes ont tout de même interpellé les gouvernements locaux lorsque ceux-ci étaient les premiers concernés, notamment au sujet des établissements érotiques et de l'étalage de revues pornographiques, ainsi qu'au sujet de la sécurité dans la ville[1]. Particulièrement dans les grandes villes, on a aussi vu les femmes s'organiser à la fois dans de nouveaux partis politiques non traditionnels (Maillé et Tardy 1988) et dans des groupes de femmes pour intervenir dans les affaires de leur municipalité (Andrew 1993, Cloutier 1993, Flammang 1984, 1987, Little 1994, Whitzman 1992). Il nous semble d'autant plus important de nous intéresser aujourd'hui à la scène locale et régionale que les gouvernements provincial et fédéral commencent à se délester de plusieurs de leurs responsabilités dans un mouvement, affirment-ils, de décentralisation vers les régions et les municipalités.

Afin de mieux cerner cette articulation entre le mouvement des femmes et les pouvoirs locaux, nous analyserons deux expériences d'action politique des femmes dans la région de Québec : leur participation au Conseil régional de concertation et de développement de Québec (CRCDQ) et la commission consultative permanente Femmes et Ville de Québec. Trois grandes questions guident cette analyse : 1. Quelles sont les stratégies politiques des femmes sur la scène locale ? 2. Quelles sont leurs perspectives sur l'espace local ? 3. Comment les structures formelles de participation affectent-elles l'action des femmes ?

Nous traiterons des aspects stratégiques de l'investissement de la scène régionale et locale par les femmes en retenant les questions définies par Andrew : « comment effectuer une entrée sur la scène municipale et régionale tout en ayant des liens étroits avec des groupes de femmes ? comment créer une alliance large mais qui est capable de fixer des priorités ? comment utiliser le thème de la sécurité urbaine (ou autres thèmes choisis) sans perdre une orientation clairement féministe ? » (1993 : 395). Nous chercherons plus particulièrement à comprendre les forces et les faiblesses des alliances entre des femmes œuvrant dans divers contextes, selon des perspectives différentes. Voyant la nécessité pour les femmes de joindre différents réseaux afin d'assurer un soutien aux idées féministes, du moins aux idées féministes de type égalitaire, plusieurs auteures ont adopté des points de vue très pragmatiques à cet égard. Ainsi, Dahlerup croit que pour atteindre cette fin, il faut: «premièrement, un grand nombre de femmes à l'intérieur des institutions politiques (au moins une masse critique); deuxièmement, des organisations efficaces de femmes, soit autonomes, soit à l'intérieur des partis politiques, qui appuient et critiquent les élues et qui travaillent comme expertes des politiques féministes; troisièmement, un vaste mouvement de femmes radicales qui n'est pas happé par la logique des institutions existantes» (1986: 19, traduction libre).

Pour répondre à la deuxième question, nous porterons notre attention sur le processus d'identification et de reconnaissance (*naming*) des problèmes comme un premier pas vers la transformation du discours public (Klodawski, Lundy et Andrew 1994) et nous étudierons les propos que tiennent les femmes sur leur rapport à l'espace régional et local comme signe de l'émergence d'un savoir féministe dans ce domaine.

Le contraste entre les deux expériences, qui présentent des formes bien différentes de participation aux structures officielles de pouvoir, permettra de jeter un éclairage sur la troisième question. D'un côté, la création d'une commission consultative permanente sur les femmes dans une municipalité fournit l'occasion d'évaluer ce type de structures intermédiaires qui, tels le Conseil consultatif canadien sur la situation de la femme et le Conseil du statut de la femme, se retrouvent souvent coincées entre le mouvement des femmes et la politique de l'État. Tantôt plus proches du gouvernement, tantôt plus proches des groupes de femmes, ces organismes ont fait l'objet de commentaires positifs, mais aussi de sévères critiques (Findlay 1987, Lamoureux 1986, Vickers, Rankin et Appelle 1993). Selon ces dernières, ces organismes risquent d'infléchir le sens des conflits et de dénaturer la critique féministe en la traduisant en propositions «vendables» au gouvernement. Par contre, d'autres chercheures, plus optimistes, croient qu'ils peuvent «assumer certaines activités du mouvement des femmes lors des périodes de démobilisation» par une « mobilisation discrète qui travaille à la prise de conscience de la situation des femmes » (Gottfried et Weiss 1994 : 24-25, traduction libre). D'autres encore avancent que certains organismes intermédiaires peuvent promouvoir avec efficacité les intérêts des femmes au niveau local (Edwards 1989, Little 1994, Stewart 1980).

De l'autre côté, nous nous interrogerons, en examinant la participation des femmes au CRCDQ, quant à la portée des sièges réservés, à leur demande, pour les groupes de femmes dans les corps intermédiaires mixtes (conseils régionaux de développement, régies régionales de santé et de services sociaux et conseils régionaux de la Société québécoise de développement de la main-d'œuvre), lesquels prennent de plus en plus de place dans les décisions politiques qui affectent la région[2] (CSF 1994, Vézina 1994). Là aussi, les interprétations peuvent varier : l'une qui voit dans la concertation entre l'État et les groupes de femmes l'essor d'une « certaine vision instrumentale des individus propre à la logique bureaucratique » (Couillard 1994) et l'autre qui voit dans l'action des groupes de femmes une véritable participation au développement local, un développement « par et pour les femmes », qui ne craint pas la récupération par l'État (Masson et Tremblay 1993).

LES FEMMES DANS LA RÉGION DE QUÉBEC : LE CONTEXTE

Il est utile de présenter brièvement le contexte des deux études de cas. La région administrative de Québec (03) est composée de la Communauté urbaine de Québec (CUQ) et de six municipalités régionales de comté. Sa population est d'environ 615 000 personnes, dont 80 % habitent la CUQ. Des quelque 80 groupes de femmes identifiés dans la région, une trentaine sont membres du Regroupement des groupes de femmes de la région de Québec et prennent part à ses orientations. Le CRCDQ, à l'instar des autres conseils régionaux de développement du Québec, réunit les intervenants de la région afin de déterminer les orientations de son développement. Comme nous le verrons plus loin, les groupes de femmes y ont acquis un siège en 1990.

La ville de Québec a une population de 165 000 personnes. Un parti politique «populaire», le Rassemblement populaire, y est arrivé au pouvoir en 1989 et terminera son deuxième mandat en 1997. Les militantes et militants de ce parti ont travaillé, dès ses débuts, à intégrer dans son programme et son fonctionnement le point de vue des femmes, et même une perspective féministe[3]. C'est ce parti qui a créé la commission Femmes et Ville en 1993.

Le CRCDQ et la commission Femmes et Ville sont les deux seules instances dans la région de Québec où les femmes ont été appelées à présenter un point de vue d'ensemble sur le milieu local. Nous présenterons brièvement l'histoire des deux cas, pour nous attarder ensuite sur l'émergence chez les femmes d'un discours au sujet du milieu local.

LES FEMMES ET LES STRUCTURES RÉGIONALES

Un siège pour les femmes au CRCDQ

Il n'y a pas de gouvernements régionaux au Québec, mais le gouvernement provincial donne à des conseils régionaux la mission de définir les orientations du développement de chaque région, de forger des partenariats entre les différents intervenants et de soutenir, en les finançant grâce au Fonds régional de développement, des projets moteurs. Ils sont aussi en principe le canal privilégié d'échange entre les ministères et les régions. Le CRCDQ est dirigé par un conseil d'administration de 63 membres, dont près de 50 % sont des élus à divers paliers politiques. La plupart des autres membres représentent les milieux traditionnels du développement régional, c'est-à-dire les milieux d'affaires et les entreprises. Quinze pour cent des membres représentent ce qu'on appelle des «secteurs», par exemple la santé, l'environnement, la culture et les loisirs. En 1994, on comptait 19 % de femmes au conseil d'administration du CRCDQ et 15,4 % à l'exécutif : ces taux sont semblables à ceux que l'on retrouvait alors dans les autres conseils de développement, où, selon le Conseil du statut de la femme, ils variaient entre 0 et 24,4 %, pour une moyenne de 15 %.

En 1990, le CRCDQ proposa aux groupes de femmes un siège au conseil d'administration, qui représenterait ainsi un nouveau «secteur». Comme pour la plupart des membres issus du secteur communautaire, le CRCDQ procéda à l'élection d'une déléguée et d'une déléguée substitut en convoquant à un collège électoral les représentantes de tous les groupes de femmes de la région. Les deux premières élues décidèrent de se constituer un groupe support, le Comité de concertation des groupes de femmes sur le développement de la région de Québec, pour les guider dans leurs interventions[4]. Celui-ci comprenait des femmes issues des groupes, dont une désignée par le Regroupement des groupes de femmes, des femmes actives dans d'autres organismes régionaux, comme la Régie de la santé, et des femmes actives dans le domaine du développement régional. La principale action de ce groupe fut d'organiser une consultation des femmes de toute la région et de rédiger une première position sur les femmes et le développement régional. En 1993, le Regroupement des groupes de femmes réclama et obtint le droit de nommer lui-même la déléguée et la déléguée substitut, ce qui plaça la représentation auprès du CRCDQ au cœur de ses préoccupations et mit fin à la fois au collège électoral et au comité de concertation créé par les premières déléguées. C'était désormais une des coordonnatrices du Regroupement qui était déléguée au CRCDQ et le comité de coordination du Regroupement remplaça le Comité de concertation dans son rôle de support. En 1994, ce rôle de représentation au CRCDQ, de même qu'à la Régie de la santé, amena le Regroupement à créer des comités «économie» et «santé» pour mieux intervenir dans ces secteurs. Ces événements soulèvent une série de questions sur la façon dont les femmes peuvent participer aux organismes régionaux, sur les stratégies qu'elles déploient et sur les difficultés qu'elles rencontrent. Nous y reviendrons.

Mais auparavant, il est intéressant d'examiner comment le discours, voire même le savoir, des femmes se constitue à travers un tel cheminement. En effet, si les premières déléguées et le Regroupement se dotèrent de comités de réflexion, c'est que le développement régional et local dans une perspective féministe ne va pas de soi. Or, s'il est trop tôt pour analyser le travail du comité «économie» du Regroupement, la consultation du Comité de concertation actif durant les deux premières années de l'expérience ainsi que la réflexion qui s'en est suivie constituent de bonnes sources d'information sur les représentations des femmes. Ce sont ces informations qui seront analysées ici telles qu'elles apparaissent dans un document intitulé « Les femmes dans l'espace régional de Québec : leurs besoins, leur contribution au développement et leur avenir », qui présente la synthèse de la démarche du Comité de concertation des groupes de femmes sur le développement de la région de Québec.

Ce document a été produit au terme d'une longue démarche. Le Comité a d'abord préparé un portrait des femmes dans l'espace régional à partir duquel il a procédé à une première tournée de consultation auprès des femmes de la région afin de cerner leur perception des problèmes, les principes de développement qu'elles endossaient et les orientations de développement qu'elles privilégiaient. Cette information a par la suite été analysée pour en tirer une première position féministe sur le développement régional qui permettrait de poser un jugement sur les orientations proposées par le CRCDQ à ses membres. Une deuxième vague de consultation a été organisée autour de ce document synthèse avant la rédaction du document final. Pour donner une idée de l'ampleur du travail à faire lorsque les femmes investissent de tels organismes, il faut ajouter qu'en même temps que le Comité menait ces consultations, il devait assurer un suivi à sa participation aux activités du CRCDQ en informant les femmes du contenu des programmes de soutien aux projets de développement, en rappelant, lors des rencontres sectorielles entre les représentants des ministères et les intervenants régionaux, les problèmes spécifiques vécus par les femmes et les groupes de femmes afin qu'ils ne soient pas gommés de la problématique du développement de la région et en établissant les stratégies qui permettraient de défendre des projets intéressants pour les femmes au moment des rencontres d'évaluation au sein du CRCDQ[5].

Regards de femmes sur le développement régional

Nous analyserons successivement le portrait initial des femmes dans le développement régional, les représentations des femmes émergeant des consultations et la première position féministe d'ensemble sur le développement de la région. À chacune de ces étapes, après avoir présenté le contenu du document, nous chercherons à comprendre ce qu'il révèle de l'articulation entre la question des femmes et celle du développement régional.

Le portrait initial des femmes dans la région de Québec tracé par le Comité de concertation est de facture classique. Il exploite les données de Statistique Canada pour faire ressortir comment la position relative des hommes et des femmes varie d'une sous-région à l'autre et comment elle se compare à la moyenne provinciale. Il met en lumière la faiblesse générale de la position économique des femmes, ainsi que leur condition particulièrement désolante dans les sous-régions axées sur le secteur primaire (en particulier l'industrie forestière) ou sur le tourisme saisonnier. Ce portrait porte donc sur la participation des femmes à la main-d'œuvre, leurs niveaux de revenu et d'éducation. Il est augmenté d'une section portant sur leurs besoins fondamentaux : on touche alors aux services de santé, aux services de garde, au transport et au logement. Enfin, le portrait met en valeur la participation active des femmes au développement régional en soulignant leur contribution à l'économie officielle, à l'économie domestique, à la vie communautaire et «au pouvoir», c'est-à-dire aux postes clés dans la région. Sans définir une véritable position féministe sur le développement régional, le document conclut en proposant trois orientations pour une meilleure intégration des femmes dans le développement : 1. l'accès des femmes aux emplois stratégiques et la revalorisation des secteurs d'emplois qu'elles occupent traditionnellement ; 2. leur accès à une meilleure connaissance des enjeux du développement régional en vue de réaliser leur plein potentiel d'intervention ; 3. le renforcement de leur participation au pouvoir afin qu'elles puissent évaluer l'impact des politiques de développement sur leur vie tout en travaillant à transformer les processus de développement qui font abstraction des inégalités entre les femmes et les hommes et qui ignorent les lieux d'implication des femmes.

Ce portrait emprunte donc les méthodes habituelles des études régionales en examinant la position des femmes dans le marché de l'emploi, mais il s'en distingue par une remise en question du développement mono-industriel de certaines sous-régions et de la qualité des emplois dans l'industrie touristique, souvent perçue comme la panacée au mal-développement. Il se distingue aussi en tenant compte de ce qu'il est désormais convenu d'appeler l'économie sociale, ainsi que de l'économie domestique. Enfin, il reprend, dans le cadre régional, les grands axes des revendications du mouvement des femmes, soit l'accès à l'emploi, à la formation, à l'information et, surtout, au pouvoir. En revanche, on y sent des lacunes au niveau des concepts pour poser la question du développement régional en termes de prise en charge du milieu par lui-même et pour bien articuler ensemble la participation des femmes à l'économie locale et un véritable développement.

Le tableau 1 résume les préoccupations exprimées par les femmes lors des consultations sur les problèmes et les enjeux régionaux. Dans l'ensemble, les femmes ont surtout parlé des conditions particulières d'emploi et de vie dans leur milieu. Ce contenu, notamment le fait qu'il y est beaucoup question d'emploi, a probablement été en partie orienté par le document de consultation qui mettait à l'avant-plan des considérations de nature économique.

Il faut constater au départ que les femmes consultées ont abordé aussi bien les problèmes cruciaux de développement de leur région que les problèmes spécifiques aux femmes. Les femmes de l'ouest de la région (Portneuf) ont ainsi fait état du vieillissement de la population et les femmes de l'est (Charlevoix) ont parlé de l'exode des jeunes. Plusieurs des problèmes dont elles ont parlé concernaient l'ensemble de la population: par exemple, la sous-scolarisation et l'abandon scolaire sont mentionnés comme d'importants freins au développement dans Portneuf. Les problèmes spécifiques aux femmes sont presque tous exprimés en termes d'accessibilité: accessibilité aux services, à la formation, surtout professionnelle, et aux emplois de qualité. Les femmes voient les causes de cette « inaccessibilité » dans une chaîne de facteurs qui comprend la pauvreté, l'absence de structures adéquates d'information et d'échange, les inégalités de toutes sortes, y compris dans la vie domestique, la

Tableau 1

Les problèmes régionaux vécus par les femmes de la région de Québec tels qu'identifiés lors d'une tournée de consultation

	Origine des mentions		
	Ouest*	Est**	CUQ
Problèmes relatifs à l'organisation territoriale			
• isolement des femmes sur le territoire	●	●	
• accessibilité limitée des services : bureaux d'assurance-chômage, services de garde, transport en commun	●	●	
• aménagement urbain inadéquat et inégalités territoriales (services inadéquats en périphérie ; pauvreté et insécurité au centre ; logements inadéquats et inaccessibles)			●
Problèmes relatifs à la formation, en particulier professionnelle	●	●	●
• inaccessibilité de la formation collégiale et universitaire			
• absence de soutien au revenu durant les études			
• absence de reconnaissance des acquis			
• trop de programmes ne débouchant pas sur le marché du travail			
Problèmes relatifs à l'emploi	●	●	●
• emplois de mauvaise qualité : emplois saisonniers et à temps partiel, salaire minimum et discrimination			
• effets : la pauvreté, accentuée par la réforme de l'ass.-chômage			
• corollaires : développement de communautés dortoirs en région, où les femmes ne trouvent pas de travail ; oncentration des emplois dans certains secteurs (villes mono-industrielles) ; absence de programmes d'accès à l'égalité ; peu d'information sur les droits du travail, faible syndicalisation ; absence d'aide aux sans-emploi ; méconnaissance générale de la situation du travail pour les femmes			

	Origine des mentions		
	Ouest*	Est**	CUQ
Problèmes relatifs à l'entrepreneurship féminin • absence d'aide • difficulté d'obtenir du crédit		●	●
Problèmes relatifs à la vie domestique • absence de partage des tâches et ses effets sur le faible niveau d'engagement communautaire des femmes • violence		●	●
Problèmes relatifs à l'organisation des femmes • manque de solidarité • manque de contact entre groupes de différents types • manque d'infrastructure pour l'échange d'information	●	●	

     *   Secteur ouest de la région de Québec (Portneuf)
   **   Secteur est de la région de Québec (Charlevoix)

discrimination, souvent de nature systémique, et, surtout en région, l'organisation territoriale et les transports inadéquats.

Au chapitre des solutions ou des projets proposés, elles parlent naturellement d'emplois bien rémunérés et de services adéquats. Les solutions concrètes évoquées sont nombreuses, mais en général elles échappent au pouvoir des femmes. On place cependant bien des espoirs dans deux types d'initiatives qui appartiennent aux femmes elles-mêmes. Il s'agit premièrement de l'entrepreneurship féminin dont parlent abondamment les femmes de Charlevoix et de la Communauté urbaine de Québec : malheureusement, selon elles, il se bute à l'absence de soutien et à la discrimination ouverte et systémique dans l'accès aux ressources. Deuxièmement, les femmes ont foi dans leur force collective et dans la solidarité et l'entraide au sein du mouvement des femmes. Surtout en région, tant dans l'est que dans l'ouest, c'est en effet le besoin d'information, d'échanges et de lieux pour les femmes qui est le plus fréquemment exprimé et celui qui donne lieu aux projets qui emportent le plus grand enthousiasme. Les femmes veulent connaître les ressources du milieu, mieux s'en servir et surtout s'appuyer mutuellement dans leurs initiatives. Même si elles constatent que la nouvelle donne économique et politique sape toute leur énergie et que les bases mêmes de ce réseau de femmes est menacé par le manque de ressources et d'engagement, elles le rebâtissent en imagination sous des formes diverses : tantôt c'est un réseau d'information sur les ressources locales, tantôt un réseau pour soutenir les femmes en politique, tantôt des lieux physiques où les femmes peuvent se rencontrer. Au fond, on souhaite la multiplication des lieux d'échange afin de rejoindre toutes les femmes.

Elles endossent également le principe de la prise en charge des collectivités locales par elles-mêmes, notamment par des comités de relance économique et de développement des communautés, mais elles tiennent à ce que les femmes y aient accès sur un pied d'égalité. Là comme ailleurs, l'accès à l'égalité n'est pas vu simplement comme un moyen d'obtenir une juste représentation dans la société : il s'agit d'un moyen de changer le milieu et la condition des femmes. C'est ainsi qu'on croit que la création d'emplois de qualité pour les femmes passe par les femmes : on recommande donc de mandater les groupes de femmes pour créer des emplois et d'aider l'entrepreneurship féminin.

Dans l'ensemble, d'après ces consultations, les femmes manifestent un grand attachement à leur milieu de vie, même si elles sont très clairvoyantes quant aux problèmes qui s'y posent pour toute la population et même si elles s'y sentent privées, comme femmes, de l'accès aux ressources qui leur permettraient une vie meilleure. Il semble que les principaux obstacles à cet accès, outre l'inégalité fondamentale et systémique entre les femmes et les hommes, soient d'ordre instrumental : il s'agit du manque d'information et du manque de savoir-faire. Aussi, n'est-il pas surprenant qu'elles privilégient la prise en charge des femmes par les femmes à travers la création de lieux et de réseaux d'échange et par le développement de leur entrepreneurship. Mais, là aussi, il faut des moyens !

La consultation a donc permis d'établir des priorités pour les interventions des femmes au CRCDQ et de désigner les dossiers pour lesquels elles devaient mener un lobby actif. Cependant, une telle liste n'est pas suffisante pour développer une perspective cohérente sur le développement régional. Par exemple, comment savoir si le choix du «développement de Québec comme capitale», un des principaux objectifs proposés par le CRCDQ, est un enjeu pour les femmes et l'impact que son adoption aurait sur elles? Le Comité de concertation des groupes de femmes a donc cherché à établir un certain nombre de principes de base sur le développement régional qui pourraient orienter ses prises de position. Huit principes ont ainsi été adoptés: axer le développement sur la valorisation des ressources humaines (plein développement); atteindre le plein emploi; reconnaître le travail communautaire comme pleine participation au développement; intégrer la protection de l'environnement dans la gestion du développement; encourager la diversification de l'économie; tenir compte des spécificités culturelles, patrimoniales et politiques de la région et développer une identité régionale; décentraliser la prise de décision; promouvoir l'équité entre les sous-régions.

L'interprétation de ces principes n'est pas aisée. À première vue, on note qu'il n'y est jamais directement question des femmes et qu'ils dépassent largement les perspectives que celles-ci ont évoquées lors des consultations. Par exemple, le thème de l'environnement n'avait pas été abordé par les femmes consultées. En revanche, les thèmes traités appartiennent clairement au champ d'intervention d'organismes comme le CRCDQ, et on retrouve une certaine communauté de pensée entre les positions du Comité et le discours entourant le développement local. Faut-il voir dans ces principes une dissolution de la pensée féministe liée à la participation à un organisme officiel créé par l'État ou le renouvellement du savoir féministe issu d'un nouvel engagement des femmes? Les représentantes des femmes auprès d'organismes mixtes régionaux doivent-elles, pour être efficaces, concentrer leur intervention sur la base de critères comme l'accès à l'égalité et sur quelques thématiques particulières, comme l'accès aux métiers non traditionnels et la violence, ou doivent-elles, au contraire, participer à l'ensemble des débats en cherchant à construire une perspective féministe sur le développement régional?

L'action des femmes au sein du CRCDQ

Ces questions rejoignent celles que nous soulevions au début de ce texte sur la façon dont les femmes peuvent le mieux assumer leur participation aux organismes régionaux. Après cinq années de représentation au CRCDQ, nous pouvons relever au moins trois types de difficultés rencontrées à cet égard. Premièrement, il y a les difficultés inhérentes à la complexité d'un tel organisme: une complexité formelle, d'une part, et une complexité au plan des relations entre partenaires, d'autre part. Pour intervenir efficacement au CRCDQ, les femmes doivent maîtriser les processus, le langage et la réalité du développement régional aussi bien que leurs interlocuteurs, dont c'est souvent la principale activité et qui peuvent s'appuyer sur un appareil technique pour préparer leurs interventions. Deuxièmement, la déléguée doit contracter des alliances au sein du Conseil, elle doit également se pourvoir d'appuis dans les groupes de femmes et les milieux féministes intéressés par la question régionale pour faire avancer sa réflexion; et elle doit diffuser l'information qu'elle reçoit du CRCDQ auprès des femmes. Qu'elle provienne du Regroupement des groupes de femmes facilite les choses, puisque le groupe d'appui est déjà constitué. En revanche, pour rayonner auprès de toutes les femmes intéressées par le développement régional, elle aura à assumer des responsabilités qui dépassent les cadres du Regroupement. La tâche est immense. Troisièmement, développer une pensée cohérente en développement régional et identifier les bons outils d'évaluation et d'intervention est un processus relativement long qui doit prendre racine dans l'expérience des femmes et bénéficier d'expertises diverses. Entre toutes les options de développement à la mode du jour et le produit de leurs expériences, qui lui-même participe des idées ambiantes, il n'est pas facile pour les femmes de trancher. Quand il s'agit de choisir des moyens concrets de développement, le sens même des expressions comme «entrepreneurship féminin», «économie sociale», «développement local » demande à être précisé. Heureusement, tout en faisant un travail de longue haleine, la déléguée et le groupe de support peuvent se fixer quelques priorités dans des domaines où leur expertise peut immédiatement être mise à contribution.

Lorsqu'on fait le bilan de la participation des cinq premières années, force est de constater que la présence du « secteur femmes » n'a pas eu un grand impact sur les orientations du CRCDQ, ni sur les priorités qui ont déterminé l'attribution de l'aide au démarrage de projets de développement. Les femmes n'ont pas présenté de nombreuses demandes aux programmes d'aide. Les projets qu'elles ont soumis et qui ont été approuvés l'ont été grâce au pouvoir de persuasion de certaines personnes qui les ont appuyés, car il n'est pas facile de rivaliser avec les projets des principaux agents socio-économiques préparés avec d'importantes ressources. On ne peut toutefois pas dresser un constat négatif. À l'encontre d'une certaine réflexion féministe sur la cooptation par l'État des forces vives du mouvement des femmes, la participation des femmes au CRCDQ ne montre pas de signes de dilution du discours féministe, même si elle entraîne un éparpillement des énergies, notamment lorsque les ressources du mouvement ne croissent pas au même rythme que son champ d'intervention. Le siège du Regroupement au CRCDQ lui donne l'occasion de faire connaître les groupes de femmes comme des intervenants importants. Il constitue surtout une excellente source d'information pour réfléchir du point de vue des femmes sur le développement régional. Assurer le financement de quelques projets émanant des femmes et qui s'adressent à elles n'est pas non plus un résultat négligeable.

Pour provoquer un véritable effet d'entraînement, il faut sans aucun doute, comme le soulignait Andrew (1993), choisir des priorités qui rejoignent toutes les femmes et maintenir le cap. C'est en ce sens qu'il faut interpréter la proposition stratégique, adoptée récemment et qui servira de levier à la déléguée et à ses partenaires, exigeant que le CRCDQ se dote d'un programme d'accès à l'égalité, qui inclura, entre autres, des mesures d'évaluation des projets de développement en termes d'accès à l'égalité. Pour mettre en œuvre des projets prioritaires, un deuxième élément stratégique est nécessaire : la constitution d'un réseau d'appui et de réflexion diversifié et étendu, ainsi que le soulignait Dahlerup (1986). Son rôle pourrait inclure, d'une part, l'émergence d'un savoir féministe sur le développement local, d'outils pour analyser la condition des femmes dans un territoire particulier et de méthodes d'analyse des retombées économiques et des impacts sociaux pour les femmes des diverses orientations de développement et de divers types de projets, et, d'autre part, la création d'un véritable réseau d'information dans la région. Un projet d'étude de faisabilité d'un tel réseau a déjà été soumis au programme d'aide du CRCDQ, mais il n'a pas été retenu. Considérant son importance, ce projet renaîtra probablement de ses cendres.

LA COMMISSION FEMMES ET VILLE DE QUÉBEC

La création par la Ville de Québec d'une commission consultative permanente Femmes et Ville est à notre connaissance une première au Canada, même si diverses autres expériences s'en rapprochent (Whitzman 1992 pour Toronto, Andrew 1993 pour Ottawa et Cloutier 1993 pour Montréal). Des expériences semblables ont cependant été faites aux États-Unis et en Grande-Bretagne (Boneparth 1984, Edwards 1989, Flammang 1987, Little 1994, Stewart 1980).

Les origines de cette commission résident en partie dans un document préparé par un groupe *ad hoc* de femmes en vue des audiences publiques tenues en 1987 par la Ville de Québec sur son premier plan directeur d'urbanisme. Comme ce fut le cas pour le CRCDQ, ce groupe de travail, après avoir produit un premier document, a animé une séance de consultation auprès de représentantes de groupes de femmes et de citoyennes impliquées dans leur milieu, puis produit un mémoire qui semble avoir eu un certain impact sur la reconnaissance du rapport femmes/ville. Ce document, conjugué à l'expérience acquise par les femmes dans les groupes de quartier (Séguin 1993) et dans les groupes de femmes, a jeté les bases sur lesquelles le comité-femmes du Rassemblement populaire a réclamé, au parti nouvellement élu, la création d'une commission Femmes et Ville. Les militantes du parti et les élues ont par la suite poursuivi cet objectif avec détermination, motivées par la volonté d'appuyer les femmes élues et de procurer aux femmes un canal officiel.

La Commission a été officiellement créée par le Conseil de ville en février 1993 avec la mission de faire des recommandations sur des mandats spécifiques du Conseil, mission qui peut à première vue paraître restreinte, alors que, dans les faits, la Commission a suffisamment de marge de manœuvre pour engager ses propres actions. Elle est composée de dix-sept membres ayant droit de vote dont au moins 50 % doivent représenter le public. Sont aussi membres le maire (ou son représentant), d'autres membres du Conseil, dont un membre du comité exécutif, un membre de l'opposition et le directeur général (ou son représentant). Deux grandes opérations ont marqué ses débuts. La Commission a rencontré divers services de la Ville pour s'initier à l'administration municipale et pour prendre le pouls de ces activités. Puis elle a entrepris une vaste consultation auprès des femmes, après avoir diffusé, à cette fin, un document étoffé sur la problématique femmes et ville. Cent quinze femmes ont participé à des rencontres de secteur et dix mémoires ont été soumis en audiences publiques.

La ville : vision de femmes

Diverses visions de la ville émergent des documents de la Commission, notamment des mémoires soumis en audiences publiques, des comptes-rendus des rencontres avec des femmes dans les différents secteurs de la ville et du rapport d'audiences publiques. Nous chercherons ici à en rendre compte, tout en examinant comment la perception que la Commission a développée des services urbains qui concernent les femmes a pu colorer ses échanges avec les services municipaux et lors des consultations.

La liste des services municipaux que la Commission a choisi de rencontrer et ceux qu'elle a exclus est significative. En effet, les services de l'environnement, de l'ingénierie, des loisirs et de la vie communautaire, de la police, des renseignements et plaintes et de l'urbanisme, ainsi que l'Office municipal d'habitation et la Société de transport de la Communauté urbaine de Québec ont été visités. Parmi les services qui n'ont pas été retenus, on compte la direction générale, le service de la planification, le Bureau des arts et de la culture, l'Office municipal de développement économique, soit des organismes qui agissent directement ou indirectement dans le domaine du développement économique et de l'emploi. Le document de consultation de la Commission concrétise cette impression que la Ville intervient davantage sur le milieu de vie et les services que sur le développement économique. Il évoque en effet la sécurité, l'habitation, l'hygiène publique, la circulation et les transports, le loisir, la vie de quartier et la participation à la vie municipale, mais il ne touche ni à l'emploi, ni au fonctionnement administratif de la Ville.

Le tableau 2 résume les thèmes abordés par les femmes lors des consultations de secteur et dans les mémoires, ainsi que les recommandations qu'elles ont formulées. L'aménagement du territoire y occupe une grande place, et l'accent est mis sur l'habitation, les espaces verts, les loisirs et le transport. On y retrouve deux modes de lecture du territoire, qui occupent de façon récurrente les travaux féministes sur la ville alors qu'ils semblent étrangers aux pratiques habituelles de l'urbanisme : il s'agit, d'une part, d'un nouveau modèle de ville où les fonctions urbaines seraient mieux équilibrées et mieux intégrées et, d'autre part, d'une préoccupation pour la sécurité en tout temps et en tout lieu. Les femmes manifestent enfin un grand intérêt pour la vie de quartier et l'implication de la population dans les affaires de la cité.

Tel qu'on pouvait s'y attendre, les sujets soumis dans le document de consultation semblent avoir orienté les propos tenus par les femmes lors des consultations et donné lieu au plus grand nombre de recommandations. En effet, contrairement aux consultations du Comité de concertation des groupes de femmes du CRCDQ, les femmes de Québec n'ont pas beaucoup parlé d'économie et d'emploi. On ne peut toutefois pas affirmer que les femmes ont été limitées par les documents de consultation, puisqu'elles ont tout de même pu exprimer des points de vue nouveaux, par exemple sur l'intégration des fonctions urbaines. Les thèmes du développement économique et du « fonctionnement administratif » de la Ville ont pris une place importante uniquement dans les mémoires de femmes

Tableau 2

Thèmes évoqués lors des consultations et dans les recommandations de la commission Femmes et Ville
(selon le nombre de mentions)

Thèmes	Consultations		Recommandations (rapport final)	
	N	%	N	%
Aménagement du territoire				
• Zonage et réglementations pour une intégration des fonctions urbaines	43	11,8	17	9,7
• Habitation	63	17,3	35	20,0
• Espaces verts et aménités	8	2,2	4	2,3
Sécurité	56	15,3	17	9,7
Transport et circulation	52	14,2	22	12,6
Loisirs	41	11,2	17	9,7
• Culture et bibliothèque	7	1,9	3	1,7
Vie de quartier et participation à la vie municipale	37	10,1	17	9,7
Fonctionnement administratif ،	22	6,0	11	6,3
Hygiène	7	1,9	5	2,9
Développement économique	5	1,4	5	2,9
Recommandations concernant des sites spécifiques	24	6,6	22	12,6
TOTAL	365	100,0	175	100,0

Source:
Anne Gagnon (1995), *Énoncé des recommandations soumises à la commission consultative Femmes et Ville lors de la consultation et de l'audience publique d'avril et mai 1994*, Bureau des consultations publiques, Ville de Québec.

très bien informées sur les structures municipales. Il semble que la majorité des femmes ne voit pas les municipalités comme des agents de développement.

Cette constatation nous amène à examiner les points de vue à partir desquels les femmes parlent. À cette fin, nous avons compilé les populations ciblées dans leurs recommandations afin de cerner les représentations de la place et des rôles des femmes dans la ville qu'elles sous-tendent. Deux conditions générales des femmes en milieu urbain ressortent clairement. Premièrement, les femmes, comme usagères majoritaires du transport en commun, « souffrent » de ses lacunes et ont, comme femmes, une expérience particulière de ce moyen de transport. Deuxièmement, toutes les femmes vivent un sentiment d'insécurité : la peur éprouvée en ville, un sujet qui traverse les propos des femmes de toutes conditions, indique bien un besoin des femmes face à leur milieu et donne raison aux actions privilégiées par les femmes dans un grand nombre de villes (Whitzman 1992). Certaines conditions spécifiques sont aussi souvent mentionnées parce qu'elles ont une signification particulière du point de vue de la condition féminine : il s'agit de celles des « familles », des enfants et des personnes âgées. D'autres rôles et caractéristiques sont également mentionnés, mais de façon plus ponctuelle et souvent par les premières intéressées : c'est le cas, par exemple, des femmes ayant un handicap. Notons enfin la représentation particulière des femmes prostituées, qui sont perçues à la fois comme un problème au centre-ville et comme des personnes à aider.

On remarque par ailleurs des tangentes territoriales dans l'expression de ces points de vue. Tantôt les femmes reflètent, directement ou indirectement, le milieu dans lequel elles vivent, tantôt elles en ignorent un certain nombre de particularités. Ainsi, la famille est davantage un sujet de discussion dans les quartiers du centre-ville où, par exemple, on veut conserver les écoles afin de garder ou d'attirer les familles. Par contre, dans le secteur Des Rivières, un milieu familial de banlieue, on ne mentionne pas la famille, comme si on la tenait pour acquise ; on s'y préoccupe davantage des enfants, des personnes âgées ou de toute la population. Dans la Haute-Ville, Limoilou et Des Rivières, on parle des problèmes vécus par les adolescents, tandis que dans la Basse-Ville on en parle comme d'un danger potentiel. Les femmes de la Basse-Ville, de Limoilou, de l'Université Laval et de Femmes et logement parlent des femmes et des familles à faible revenu, ainsi que des femmes des différentes communautés culturelles comme de réalités importantes. Seules les femmes de Limoilou, du comité Femmes et logement et du groupe de l'Université Laval parlent des problèmes des femmes « locataires » et seules les femmes de Limoilou, de la Haute-Ville et des groupes de l'Université Laval et de Femmes et logement parlent des femmes (ou familles) monoparentales. Il faut souligner que les femmes de la Basse-Ville ne font mention ni des familles monoparentales ni des locataires, même si ces situations sont fréquentes dans ce secteur, et que les femmes de Des Rivières ne mentionnent pas les familles monoparentales alors que ce secteur est le deuxième de la ville pour ce qui est du nombre de ces familles.

Enfin, divers rôles occupés par les femmes sont sous-déclarés. Le travail n'est abordé qu'à travers les services urbains qui y sont associés (services de garde et transport, par exemple). Comme nous l'avons déjà mentionné, les femmes consultées ne semblent pas établir de liens étroits entre l'emploi et l'intervention municipale. En outre, elles établissent peu de relations directes entre la ville et le fardeau de leurs multiples tâches. Bien d'autres catégories sont sous-mentionnées, bien qu'elles aient des incidences sur la vie urbaine : citons par exemple les femmes seules et les femmes dans le rôle de bénévoles.

Dans l'ensemble, on peut conclure que les femmes s'appuient sur les réalités territoriales qu'elles connaissent pour formuler leur point de vue, mais qu'elles ne décrivent pas nécessairement ce qui leur paraît évident : des portraits socio-économiques détaillés compléteraient donc bien l'information tirée de ce type de consultation.

Les représentations et actions des services municipaux à l'égard des femmes

Les comptes-rendus des rencontres de la Commission avec les services de la Ville ne révèlent pas chez ces derniers une image de la femme plus traditionnelle que chez les femmes qui ont répondu à la consultation. Cela ne signifie pas que les femmes tiennent généralement une place importante dans leurs préoccupations. Mis à part l'OMHQ — qui compile des statistiques sur les femmes seules qui demandent du logement social — et la STCUQ — dont les statistiques tiennent compte du sexe, qui a mis sur pied un programme d'accès à l'égalité et un programme contre le harcèlement sexuel et qui a formé un comité d'usagers dont la moitié des membres sont des femmes —, aucun service n'a de politique particulière à l'égard des femmes.

Comme c'est le cas pour les femmes consultées, la plupart des services considèrent comme populations cibles surtout les « enfants », la « famille » et « les personnes âgées » mais, contrairement aux femmes, ils accordent plus d'attention aux personnes handicapées — l'urbanisme, notamment, a un comité chargé d'évaluer les aménagements du point de vue des personnes avec handicap — et à certaines particularités des personnes qui sont pertinentes pour leurs domaines de travail — le service de l'ingénierie a ainsi une optique aménagiste centrée sur les obstacles physiques et s'intéresse donc à l'automobiliste, au piéton, à la personne âgée ou aux jeunes enfants en poussette.

Le thème le plus important pour les femmes et qui semble ignoré ou méconnu des services, c'est la peur en ville. Par ailleurs, ni les services ni les femmes, à quelques exceptions près, n'ont amorcé de réflexion critique sur l'articulation entre les multiples rôles des femmes et la ville ; on se contente le plus souvent de chercher à soutenir les femmes dans les difficultés de la vie quotidienne sans en contester les fondements.

Évaluation de la commission Femmes et Ville

La commission Femmes et Ville est avant tout un espace spécifique où peuvent converger les échanges entre femmes de différents horizons, se cristalliser un savoir sur le rapport femmes/ville et être mises au point des stratégies d'intervention. Elle peut donc être considérée comme un de ces lieux d'échange tant revendiqués par les femmes lors des consultations du Comité de concertation des groupes de femmes du CRCDQ. En la créant, la Ville a offert aux femmes une infrastructure qu'elles peuvent s'approprier pour organiser leur action. Considérant la lenteur avec laquelle les femmes entrent dans le cercle des élus, des fonctionnaires et des cadres municipaux, la Commission est aussi un instrument privilégié pour hâter leur percée dans les domaines qui les touchent.

La Commission a déjà un impact politique et pratique important. Elle sert de groupe d'appui aux féministes élues ou fonctionnaires. Par sa simple existence, elle rappelle aux autorités la réalité des femmes et le fait qu'il faut une «réponse collective à des besoins considérés comme privés» (Masson et Tremblay 1993 : 176). Sa consultation a donné une légitimité à des sujets comme la sécurité. C'est ainsi que, dès sa première année d'existence, elle réussissait à faire reconnaître la nécessité d'évaluer les projets de stationnement au plan de la sécurité, en proposant aux services concernés un outil d'évaluation. Il y a d'ailleurs une leçon à tirer de ce succès : l'influence passe souvent par la capacité à développer des outils, dont les intervenants manquent trop souvent. La Commission mène aussi une action importante auprès des femmes en les sensibilisant à l'influence de la municipalité sur leur vie. Enfin, elle prépare les femmes à occuper des postes de pouvoir et à le reconstruire d'une autre manière, plus conviviale et plus équitable.

La représentation des femmes à cette commission soulève néanmoins un certain nombre de questions. Comment les règles de nomination de ses membres peuvent-elles garantir que la Commission gardera une orientation féministe et que sa réflexion sera constamment enrichie par des échanges avec les femmes et les groupes de femmes ? Comment assurer ce lien organique entre la Commission et les femmes, en dépit des ressources limitées et de la lourde responsabilité assumée individuellement par les personnes qui s'y engagent ?

LES STRATÉGIES FÉMINISTES SUR LA SCÈNE LOCALE ET RÉGIONALE À LA LUMIÈRE DE CES DEUX EXPÉRIENCES

La comparaison entre les deux expériences étudiées nous permettra de soupeser les différents enjeux de l'insertion des femmes dans les structures locales et régionales. À cette fin, nous utiliserons la définition des défis d'une bonne stratégie établie par Andrew (1993 : 395). Le premier défi qu'elle mentionne est la multiplication des liens entre l'organisation municipale ou régionale et les groupes de femmes pour, à la fois, transformer les structures formelles de pouvoir avec l'aide des féministes qui y œuvrent et susciter l'intérêt des groupes de femmes pour ce palier politique. Les expériences du CRCDQ et de la commission Femmes et Ville se prêtent bien à une évaluation comparative sur cette base : quels sont les avantages et inconvénients respectifs d'une représentation assumée par un regroupement formel de groupes de femmes et de la création d'une nouvelle instance consacrée aux changements souhaités ? Dans le cas du CRCDQ, l'intérêt d'une représentation assumée par le Regroupement des groupes de femmes réside dans son orientation clairement féministe, dans sa profonde connaissance de la condition des femmes et dans le fait qu'il s'agit là d'une organisation déjà en place qui cherche justement à élargir sa coordination des actions des femmes sur le territoire qu'elle couvre. Cette représentation fournit aussi au Regroupement un levier pour infléchir les cadres politiques existants. En revanche, une seule déléguée, même appuyée par un regroupement, n'a pas autant de disponibilité pour travailler à des alliances avec des fonctionnaires, des intervenant-e-s et des élu-e-s qu'une commission permanente. Contrairement à la déléguée au CRCDQ, les membres de la commission Femmes et Ville ne représentent aucun groupe. Même si, présentement, la majorité de ses membres sont recommandées par des groupes de femmes, sa composition est déterminée par le Conseil de ville, sans qu'aucune règle n'en régisse le choix, sauf une volonté explicite d'assurer une représentation à tous les secteurs de la ville. Les expériences menées dans la région de Québec, tout comme celles qui ont eu cours ailleurs, semblent indiquer que des organismes intermédiaires sont utiles pour réunir autour d'une même problématique des femmes travaillant à divers paliers de l'organisation sociale, mais qu'on doit veiller à y laisser une place importante aux groupes de femmes. On peut même se demander s'il ne faudrait pas exiger des structures de pouvoir la création de véritables groupes de travail, en particulier dans des domaines où il n'existe pas encore de savoir féministe bien établi.

Le deuxième défi identifié par Andrew vise la constitution d'une alliance la plus large possible pour assurer aux femmes une légitimité politique (voir aussi Stewart 1980 : 109-110). Dans le cas du CRCDQ, le Regroupement n'a probablement pas les ressources pour élargir cette alliance à des groupes et à des individus qui sont intéressés par le développement régional sans être membres du Regroupement et pour développer une expertise dans les domaines d'intervention du CRCDQ. Sa fonction serait plutôt de représenter ses membres et de mettre de l'avant leurs priorités. La commission Femmes et Ville offre l'avantage de consacrer l'ensemble de ses ressources à une seule problématique et, pour bien ancrer sa légitimité, un tel organisme est d'emblée appelé à travailler à de larges alliances, non seulement en tentant de rejoindre le plus de femmes et de groupes intéressés, mais en cherchant aussi à sensibiliser de nouvelles portions de la population. Andrew, à l'instar d'autres chercheures (Gottfried et Weiss 1994, Stewart 1980), souligne en outre l'importance de soutenir l'intérêt des groupes en fixant des objectifs clairs. Déterminer les priorités ne va cependant pas de soi. Les consultations menées dans le cadre du CRCDQ et celles de la commission Femmes et Ville indiquent une grande variété d'intérêts des femmes, sans compter qu'au contact de la politique locale et régionale celles-ci ne peuvent que développer de nouveaux intérêts. Les consultations à Québec ont ainsi montré l'importance pour les femmes des phénomènes de la peur et de la violence, mais elles indiquent parallèlement un intérêt tout aussi marqué pour les transports et l'organisation du territoire. Sur la scène régionale, l'enjeu qui rejoint toutes les femmes est la constitution de réseaux et de lieux d'échanges qui pourraient justement être l'affaire d'une commission régionale ; l'emploi y serait un autre point de convergence.

Le troisième défi décrit par Andrew est de défendre les priorités ou thèmes choisis sans perdre une orientation clairement féministe.

Comment s'assurer qu'en participant à une administration régionale ou urbaine les femmes ne soient pas happées par les dédales institutionnels au détriment des enjeux féministes? La solution se trouve en partie dans la réponse aux deux premières questions: les liens étroits avec les groupes de femmes et la constitution d'une alliance la plus large possible peuvent en effet contrebalancer les exigences structurelles d'une administration municipale ou régionale. Mais, pour arriver à cerner des façons de «traduire» les revendications des femmes en politiques de développement urbain et régional, un domaine encore peu investi par la théorie et l'action féministes, il faut probablement aller plus loin en créant des conditions dans lesquelles le savoir féministe puisse émerger dans un va-et-vient continu entre théorie et pratique. Les commissions permanentes et les regroupements de femmes offrent à cet égard des lieux où peuvent s'instaurer, grâce à la masse critique de femmes, une pratique et une pensée au féminin. L'idéal est que convergent vers ces lieux des groupes et des femmes qui ont une connaissance particulière des milieux régionaux et municipaux, soit à titre de professionnelles, soit à titre d'élues. La conjugaison de leurs «expertises» faciliterait la prise en compte du vécu des femmes dans l'élaboration de politiques régionales et municipales et dans la mise au point d'outils d'intervention, comme des prototypes de portraits régionaux qui rendent compte adéquatement de la condition féminine, des méthodes d'analyse des retombées pour les femmes des projets de développement et des grilles d'évaluation des projets urbains, par exemple, du point de vue de la sécurité.

Les leçons tirées des deux expériences étudiées ici corroborent la position de Dahlerup (1986) sur la nécessaire articulation de divers points de vue dans une stratégie féministe visant à transformer les pratiques et les structures du pouvoir. Les alliances entre les femmes qui œuvrent dans les structures existantes, les groupes de femmes et les féministes qui ont une expertise dans des domaines particuliers favorisent l'émergence de savoirs nouveaux et d'appuis mutuels. C'est ainsi que la commission Femmes et Ville peut devenir le creuset de nouvelles approches tout en donnant un appui nécessaire aux élues afin qu'elles se sentent moins seules et trouvent là une source d'inspiration et une force pour faire contrepoids aux valeurs de l'administration municipale. Cette formalisation des lieux de concertation a l'avantage d'assurer une certaine continuité au travail de transformation des structures de pouvoir, d'offrir un encadrement tel que le point de vue des femmes ne soit pas annulé par les priorités des décideurs et d'ouvrir des avenues concrètes pour sensibiliser les intervenants. Plus pratiquement, ajoutons que de telles structures suppléent en partie aux problèmes de manque de temps et de fonds de l'action militante.

CONCLUSION

Pour conclure, nous reprenons à notre compte la perspective de Masson et Tremblay :

> [...] le mouvement des femmes ne fait pas que produire une identité. Il produit aussi des configurations relativement stables de rapports entre acteures, qui leur fournissent un espace où puissent être articulés le court et le long terme, la réponse immédiate et le calcul stratégique, la négociation de la reproduction et celle du changement. On peut penser que c'est ainsi que la lutte *localisée* — c'est-à-dire sur le terrain local — peut se présenter comme un moment dans la genèse de rapports politiques plus vastes (Masson et Tremblay 1993 : 180-181).

Le siège réservé aux femmes au CRCDQ et la commission Femmes et Ville changent les rapports entre les actrices et acteurs. En termes de réponse immédiate aux besoins exprimés, les deux expériences n'ont pas encore eu beaucoup d'impact — elles sont trop récentes —, mais en termes de calcul stratégique, il y a eu *empowerment* : les femmes se sont initiées au développement régional et à l'administration municipale et elles ont vu comment une interprétation féministe pouvait transformer ces domaines. La Commission en particulier, parce que c'est un groupe non mixte, offre un lieu où les femmes peuvent développer leurs capacités et dépasser ainsi un niveau d'intervention qui se limiterait à réagir à l'*agenda* du monde urbain et régional tel qu'il est actuellement défini par une société patriarcale. Le «calcul stratégique» inclut aussi la possibilité de changer les mentalités, élément essentiel pour «élargir la base sociale du mouvement, [pour] maintenir ses adhérentes et [pour] construire un consensus social en faveur des changements proposés» (Masson et Tremblay 1993 : 178). Dans les deux cas étudiés, les femmes ont l'impression qu'elles contribuent à changer les mentalités, que ce soient celles des autres membres du CRCDQ, des services de la Ville de Québec, des élus et même du public. Le fait de nommer les rapports «femmes et ville» et «femmes et région» oblige déjà les actrices et acteurs sociaux à prendre position.

Quant à la question des dangers d'institutionnalisation du mouvement des femmes, nous sommes beaucoup moins pessimistes que Couillard (1994). Il est certain que la participation à des organismes comme ceux que nous avons étudiés ne favorise pas les grands gestes de protestation contre le pouvoir en place, ni le développement d'une pensée radicalement différente de celui-ci (Boneparth 1984 : 289 ; Stewart 1980 : 106, 112). Cependant, les femmes qui y sont très actives sont conscientes de ces dangers et elles se prémunissent contre eux en favorisant des alliances et des contacts avec des femmes de tous les horizons. L'efficacité véritable de la présence des femmes dans les structures de pouvoir dépend en grande partie de l'ouverture du pouvoir en place (Stewart 1980 ; Tremblay 1993 : 36 ; Vickers, Rankin et Appelle 1993 : 217) et de l'ouverture du milieu (Stewart 1980 : 114), mais elle dépend encore plus de l'appui que ces femmes peuvent trouver parmi des groupes autonomes forts et vigilants. Somme toute, nous croyons, avec Masson et Tremblay (1993 : 179), que des éléments de l'État peuvent être des alliés du mouvement des femmes et qu'une certaine institutionnalisation est nécessaire pour lui permettre d'entreprendre des actions pour transformer la société.

Notes

1. La sécurité est un thème prédominant d'intervention auprès des gouvernements locaux. Outre les actions maintenant bien connues des femmes à Toronto et à Ottawa, notons, pour le Québec, le projet «Aux portes de la cité sûre», qui, sous l'égide de l'R des centres de femmes du Québec et du Regroupement québécois des CALACS (centres d'aide et de lutte contre les agressions à caractère sexuel), mène des actions dans douze municipalités.

2. Reconnaissant l'importance de ce mouvement de décentralisation, le Conseil du statut de la femme cherche depuis 1993 à outiller les femmes pour qu'elles exercent leur influence dans le nouveau panorama politique. Il a produit un document d'information intitulé «Femmes en région. De tous les débats», qui explique clairement les principales réformes gouvernementales qui entourent la décentralisation et il a donné à ses animatrices le mandat d'aider les groupes de femmes à s'organiser sur la scène régionale.

3. Mentionnons que l'une des deux auteures de ce texte, Winnie Frohn, a été membre fondatrice de ce parti. Elle fut une des premières élues, et à ce titre membre de l'opposition durant quatre ans. Puis elle fut nommée vice-présidente du comité exécutif lorsque le parti arriva au pouvoir en 1989. Elle s'est retirée de la politique active lors des élections municipales de 1993.

4. Toute cette section est basée sur l'expérience de Denise Piché au sein du Comité de concertation des groupes de femmes sur le développement de la région de Québec, sur des entrevues avec Sandra Shee du Conseil du statut de la femme, Suzanne Messier, première représentante des groupes de femmes au CRCDQ, et Diane Mailloux, représentante du Regroupement des groupes de femmes au CRCDQ, et sur le document rédigé en 1991 par le Comité de concertation des groupes de femmes sur le développement de la région de Québec intitulé «Les femmes dans l'espace régional de Québec : leurs besoins, leur contribution au développement et leur avenir».

5. Au CRCDQ, le choix des orientations et des projets de développement se fait par un système complexe de vote sur critères, auquel tous les membres participent. Un important lobby et un pouvoir de persuasion considérable sont nécessaires pour faire adopter des positions qui n'émanent pas des forces traditionnelles du développement régional.

Bibliographie

ANDREW, Caroline (1993). «Le palier local et les enjeux des femmes : l'expérience d'Ottawa-Carleton» dans Évelyne Tardy *et al.* (dir.), *Les Bâtisseuses de la Cité*, Montréal, ACFAS, p. 395-399.

BONEPARTH, Ellen (1984). «Resources and constraints in the policymaking process : State and local arena» dans Janet A. Flammang (dir.), *Political*

Women. Current Roles in State and Local Government, Beverley Hills, Sage, p. 277-290.

CLOUTIER, Céline (1993). « La consultation publique à Montréal : une affaire de femmes ? » dans Évelyne Tardy *et al.* (dir.), *Les Bâtisseuses de la Cité,* Montréal, ACFAS, p. 193-201.

COMITÉ DE CONCERTATION DES GROUPES DE FEMMES SUR LE DÉVELOPPEMENT DE LA RÉGION DE QUÉBEC (1991). *Les femmes dans l'espace régional de Québec : leurs besoins, leur contribution au développement et leur avenir,* Québec, CRCDQ.

CONSEIL DU STATUT DE LA FEMME (1994). *Présence des femmes au sein des conseils régionaux de la Société québécoise de développement de la main-d'œuvre,* Québec, Gouvernement du Québec.

_____ (1977). *Pour les Québécoises : égalité et indépendance,* Québec, Gouvernement du Québec.

COUILLARD, Marie-Andrée (1994). « Le pouvoir dans les groupes de femmes de la région de Québec », *Recherches sociographiques,* vol. 35, n° 1, p. 39-65.

DAHLERUP, Drude (dir.) (1986). *The New Women's Movement. Feminism and Political Power in Europe and the U.S.A.,* Londres, Sage.

EDWARDS, Julia (1989). « Women's committees : A model for good local government ? », *Policy and Politics,* vol. 17, n° 3, p. 221-225.

FINDLAY, Sue (1987). « Facing the State : The politics of the Women's Movement reconsidered » dans Heather Jon Maroney et Meg Luxton (dir.), *Feminism and Political Economy,* Toronto, Methuen, p. 31-50.

FLAMMANG, Janet A. (1987). « Women made a difference : Comparable worth in San Jose » dans Mary Fainsod Katzenstein et Carol Mueller (dir.), *The Women's Movements of the United States and Western Europe. Consciousness, Political Opportunity, and Public Policy,* Philadelphie, Temple University Press, p. 290-309.

_____ (dir.) (1984). *Political Women. Current Roles in State and Local Governments,* Beverley Hills, Sage.

GELB, Joyce (1989). *Feminism and Politics. A Comparative Perspective,* Berkeley, University of California Press.

GOTTFRIED, Heidi et Penny WEISS (1994). « A compound feminist organization : Purdue University's Council on the Status of Women », *Women and Politics,* vol. 14, n° 2, p. 23-44.

KATZENSTEIN, Mary Fainsod et Carol MUELLER (dir.) (1987). *The Women's Movements of the United States and Western Europe. Consciousness, Political Opportunity, and Public Policy*, Philadelphie, Temple University Press.

KLODAWSKI, Frank, Colleen LUNDY et Caroline ANDREW (1994). «Challenging "Business as usual", housing and community planning: The issue of violence against women», *Canadian Journal of Urban Research*, vol. 3, n° 1, p. 40-58.

LAMOUREUX, Diane (1989). *Citoyennes? Femmes, droit de vote et démocratie*, Montréal, Remue-ménage.

_____ (1986). *Fragments et collages. Essai sur le féminisme québécois des années 70*, Montréal, Remue-ménage.

LITTLE, Jo (1994). «Women's initiatives in town planning in England: A critical review», *Town Planning Review*, vol. 65, n° 3, p. 261-276.

MAILLÉ, Chantal et Évelyne TARDY (1988). *Militer dans un parti municipal. Les différences entre les femmes et les hommes au RCM, au RP de Québec et à l'Action civique de LaSalle*, Montréal, UQAM, Centre de recherche féministe.

MASSON, Dominique et Pierre-André TREMBLAY (1993). «Mouvement des femmes et développement local», *Canadian Journal of Regional Science/ Revue canadienne des sciences régionales*, vol. 16, n° 2, p. 165-183.

NELSON, Barbara J. et Najma CHOWDHURY (dir.) (1994). *Women and Politics Worldwide*, New Haven, Yale University Press.

OUELLETTE, Françoise-Romaine (1986). *Les groupes de femmes du Québec en 1985: champs d'action, structures et moyens d'action*, Québec, CSF.

SÉGUIN, Anne-Marie (1993). «Luttes urbaines et nouvelles formes de solidarité sociale: le quartier Saint-Jean-Baptiste à Québec», *Canadian Journal of Regional Science/Revue canadienne des sciences régionales*, vol. 16, n° 2, p. 261-281.

STEWART, Debra W. (1980). *The Women's Movement in Community Politics in the U.S.: The Role of Local Commissions on the Status of Women*, New York, Pergamon Press.

TREMBLAY, Manon (1993). *Les femmes en politique représentent-elles les femmes?*, Québec, Université Laval, Groupe de recherche multidisciplinaire féministe, coll. Les cahiers de recherche du GREMF, n° 53.

VÉZINA, Marité (1994). «Comment réserver un siège: CRD», *La Gazette des femmes*, vol. 16, n° 3, p. 24.

VICKERS, Jill, Pauline RANKIN et Christine APPELLE (1993). *Politics as if Women Mattered*, Toronto, University of Toronto Press.

WHITZMAN, Carolyn (1992). « Taking back planning : Promoting women's safety in public places — The Toronto experience », *Journal of Architectural and Planning Research*, vol. 9, n° 2, p. 169-179.

WINE, Jeri et Janice RISTOCK (1991). *Women and Social Change : Feminist Activism in Canada*, Toronto, James Lorimer.

Lectures suggérées

BURT, Sandra (1986). « Les questions féminines et le mouvement féministe au Canada depuis 1970 » dans Alan Cairns et Cynthia Williams (dir.), *Les dimensions politiques du sexe, de l'ethnie et de la langue au Canada*, Ottawa, ministère des Approvisionnements et Services Canada, coll. d'études de la Commission royale d'enquête sur l'union économique et les perspectives de développement du Canada, n° 34, p. 125-191.

D'AMOURS, Martine (1995). « Entre les élues et les groupes de femmes. Le courant passera-t-il ? », *La Gazette des femmes*, vol. 16, n° 4, p. 15-20.

GELB, Joyce (1987). « Social movement "success". A comparative analysis of feminism in the United States and the United Kingdom » dans Mary Fainsod Katzenstein et Carol Mueller (dir.), *The Women's Movements of the United States and Western Europe. Consciousness, Political Opportunity, and Public Policy*, Philadelphie, Temple University Press, p. 267-289.

LITTLE, Jo (1994). *Gender, Planning and the Policy Process*, Oxford, Pergamon.

MOSER, Caroline O. (1993). *Gender, Planning, and Development : Theory, Practice and Training*, Londres, Routledge.

LA REPRÉSENTATION POLITIQUE
FACE À LA DÉRIVE TECHNOCRATIQUE :
LES GROUPES DE FEMMES DE LA RÉGION
DE QUÉBEC ET LA SOLIDARITÉ FÉMINISTE

Marie-Andrée Couillard

Dans cet article, je vais défendre l'idée selon laquelle l'importance des groupes féministes, pour la représentation politique des femmes, ne tient pas tellement au fait que ce sont eux qui sont en mesure d'articuler leurs intérêts, mais bien plutôt au fait qu'ils constituent des lieux d'appropriation des différents discours concernant les femmes, y compris ceux portant sur la nécessité de représenter politiquement des intérêts dits féminins. Ces groupes sont en fait des espaces privilégiés pour arbitrer la pertinence et l'efficacité des différentes lectures qui sont faites de la position sociale des femmes.

Si tel est le cas, il s'en suit que leur impact sur la représentation politique des femmes ne doit pas être mesuré en fonction de leur capacité à se faire entendre des élus, ni même par leur disposition à appuyer un parti ou une candidature. Leurs effets sont à la fois beaucoup plus fondamentaux et beaucoup plus complexes et ils touchent d'abord les individus femmes qui s'y engagent de diverses façons et pour différentes raisons. Dans certaines circonstances, cet engagement permet l'arbitrage des discours savants et contribue à ce que des personnes en viennent à se reconnaître comme des sujets féministes au sens de Fraisse (1988). Dans cette perspective, ce serait le processus d'accession à ce statut ambigu de sujet qui serait déterminant et non pas l'engagement dans la politique de parti, même si, pour certaines, ce processus peut effectivement déboucher sur la volonté de participer activement à la vie politique nationale.

Ma réflexion est organisée autour de trois axes. Le premier concerne la notion de représentation politique vue sous l'angle de la représentation des intérêts spécifiques d'un groupe ou d'une classe, fréquemment utilisée par les politologues; le deuxième renvoie au paradoxe soulevé par le processus d'accession à l'individualité ancré dans un appel à la solidarité féminine; le troisième a trait à la notion de «sujet féministe», telle que développée par Fraisse et qui permet de mieux appréhender le potentiel de ces groupes.

L'ensemble s'appuie sur une série d'enquêtes-terrain, débutée en 1989, auprès de groupes de femmes de la région de Québec[1]. Financés par différentes sources, ces groupes se définissent tous, quoique à des degrés divers, par les services qu'ils offrent. On pense ici à l'écoute téléphonique, à la formation et à l'information concernant les droits, aux activités de sensibilisation sur la santé mentale, la santé reproductive, contre la violence, au soutien offert face à l'État (aide sociale, formation à l'emploi, procédures judiciaires, etc.), à l'hébergement et dans certains cas à l'aide directe (vestiaires, cuisines collectives, etc.). Ils sont généralement polyvalents, même si certains ont des vocations spécifiques. Ces groupes participent à plusieurs regroupements ou tables de concertation selon leurs dossiers prioritaires; ils sont donc en contact les uns avec les autres et avec d'autres groupes communautaires. Ils sont, d'autre part, en compétition pour obtenir les fonds qui garantissent l'embauche de permanentes, la location de locaux et l'offre des services qui constituent bien souvent la principale occasion de créer des liens avec une plus large population de femmes. Nous avons surtout travaillé avec les personnes qui y occupent régulièrement des fonctions, bénévoles ou rémunérées. Les femmes qui participent aux activités de ces groupes n'ont pas, pour l'instant, été interviewées. Ce sont ces données de première main qui sont revues ici à la lumière des interrogations soulevées par la représentation politique des femmes.

LA REPRÉSENTATION DES FEMMES

Comme le souligne Phillips (1991), l'idée de définir les femmes comme un groupe d'intérêts nécessitant une représentation politique spécifique ne fait pas l'unanimité. Liée à ce débat est la question de la représentation des intérêts des femmes par des élues, et celui du nombre requis afin d'assurer cette représentation. Ce qui retient mon attention ici, ce ne sont pas ces enjeux, mais plutôt le problème que pose le glissement d'un débat sur les intérêts politiques des femmes vers un débat sur la nécessité de répondre à des besoins pratiques sur la base d'une solidarité féministe, telle que définie par les membres des groupes étudiés. Pour saisir ce glissement, il faut d'abord resituer la notion de participation vis-à-vis la représentation.

Phillips (1991 : 72) discute longuement du « paradoxe de la participation » vécu dans le mouvement féministe depuis les années 1960. Selon elle, le mouvement féministe ne s'est doté d'aucune structure de représentation ou de délégation, ce qui n'est pas en soi problématique tant et aussi longtemps que les groupes travaillent à transformer les consciences. Des difficultés émergent cependant lorsqu'ils souhaitent influencer les politiques publiques, s'engager auprès de partis politiques ou de syndicats, avec l'idée de représenter les femmes. Se pose alors la question de savoir lesquelles, au juste, mais aussi combien de femmes sont alors représentées.

Phillips (1991) rappelle cependant qu'avant d'aspirer à exercer cette influence, les groupes féministes voulaient surtout révolutionner les rapports politiques en fonction des idéaux d'égalité et de solidarité participative. Elle identifie cinq problèmes découlant de la pratique de ce qu'elle désigne par la « démocratie directe ». Ces problèmes ont d'ailleurs fait l'objet d'une réflexion sérieuse de la part de celles qui les ont vécus car ils sont tous liés, de façon paradoxale, aux idéaux féministes. Ainsi, l'idéal d'égalité peut parfois entraîner une perte de temps et d'énergie, voire un désistement ; la prise de décision par consensus ne favoriserait guère le règlement des conflits ou la confrontation des points de vue ; le refus de structures formelles, d'un leadership reconnu inhiberait la mise en place de procédures de « responsabilisation » ; le fait de fonder sa légitimité non pas sur des mécanismes de représentation mais sur un projet d'émancipation peut nuire à l'organisation de représentations politiques ; enfin, la participation intensive aux réunions peut devenir une charge qui limite le nombre de personnes effectivement engagées (Phillips 1991 : 126-146). Il faut noter que ces problèmes renvoient d'abord au mode de participation (selon des principes égalitaires) et qu'il sont encore au cœur des discussions menées dans les groupes étudiés ici.

Phillips (1991 : 140) précise d'autre part que l'apport des groupes féministes ne devrait pas être jugé à la lumière de leur succès dans le domaine de la représentation politique ou du type de démocratie directe et participative qu'ils ont favorisé — celui-ci n'étant pas applicable à la société tout entière. Selon elle, c'est plutôt au chapitre des pratiques organisationnelles que les groupes féministes ont été innovateurs.

Ainsi, en réduisant l'appareil bureaucratique, en évitant le formalisme des procédures et en encourageant la participation volontaire en fonction des capacités de chacune, les groupes féministes se sont ouverts aux « non-initiées ». Cette participation serait la clé de leur contribution, car à travers elle ils ont encouragé l'émergence d'intérêts communs chez les femmes :

> Parce que les femmes ont souvent intériorisé leur subordination, elles ont besoin de s'engager et de discuter si elles veulent se transformer et se recréer. Si les intérêts des femmes étaient simplement « donnés », il ne s'agirait que de les formuler adéquatement et de s'assurer que leur influence soit proportionnelle à leur poids numérique. Plutôt que d'une donnée, les femmes parlent souvent de découverte, parfois au point de devoir découvrir qu'elles ont été opprimées (Phillips 1991 : 142, traduction libre).

En amont de la volonté de voir représenter nos intérêts, se trouve donc la nécessité de les identifier. C'est à ce chapitre que les groupes féministes ont eu un apport indéniable. C'est pourquoi il faut se pencher non seulement sur le processus de conscientisation, mais aussi sur le contenu de l'analyse véhiculée. C'est cette analyse qui déterminera l'horizon par rapport auquel les femmes vont se concevoir en tant que sujet politique.

Phillips (1991) souligne aussi un autre apport des groupes féministes, au chapitre des aptitudes pratiques, cette fois. Elle fait remarquer que l'engagement politique suppose une capacité à composer avec d'autres personnes et d'autres points de vue et que cette capacité ne peut s'acquérir dans l'isolement, comme dans le cas des femmes qui n'ont aucune activité en dehors du foyer. Si l'engagement dans des groupes d'entraide constitue un mécanisme important pour faire l'apprentissage de l'affirmation de soi, on peut penser que c'est parce que l'accession des femmes à une certaine autonomie suppose la reconnaissance de leur propre individualité. Cependant, la participation, en elle-même, ne garantit aucunement une telle reconnaissance. C'est la participation à un projet collectif dont les visées politiques sont précisément de favoriser l'accession à l'autonomie qui en est garante.

Il ne fait aucun doute que certaines formes d'organisation facilitent le processus par lequel les acteurs reconnaissent leur situation et prennent conscience de leurs intérêts communs. Mansbridge le souligne clairement dans le parallèle qu'elle établit entre les organisations anarchistes et les groupes féministes de conscientisation:

> Comment expliquer cette ressemblance frappante, cette quasi-identité, entre les formes [d'organisation] des femmes et celles des anarchistes? Ce n'est pas comme si tous les groupes opprimés choisissaient spontanément des formes [d'organisation] anarchistes. [...] L'importance des petits collectifs égalitaires et consensuels pour les femmes était, je crois, directement liée à un des principaux objectifs du mouvement des femmes — transformer leur perception d'elles-mêmes (Mansbridge 1984: 474, trad. libre).

Selon Mansbridge, c'est parce que les femmes devaient s'interroger non seulement sur des rapports d'oppression sociale, mais aussi et surtout sur ceux établis avec les hommes de leur entourage, que ce type d'organisation était nécessaire:

> Avant qu'elles puissent tenter de saisir le pouvoir politique, elles devaient s'aider les unes les autres à considérer leurs relations avec les hommes sous un jour nouveau, ce qui exigeait qu'elles modifient leur compréhension d'elles-mêmes. À cette fin, les petits collectifs

égalitaires leur assuraient un haut degré d'intimité et de soutien (Mansbridge 1984: 474, trad. libre).

Cette forme d'organisation était donc la plus propice à l'apprentissage du respect de soi et de la résistance à la domination. De plus, comme le fait remarquer Mansbridge, qu'il s'agisse de cellules communistes, de groupes d'affinités anarchistes ou de groupes de conscientisation féministe, ce type d'organisation permet de décupler les forces, du fait qu'il lie les objectifs d'un mouvement plus large à l'expression d'une loyauté et d'un engagement personnels et ce, dans un cadre d'interaction protégé. C'est dans ces groupes extrêmement décentralisés, laissant place à l'innovation, à la créativité et favorisant l'adaptation, que les femmes auraient puisé le courage nécessaire pour susciter des changements autour d'elles; c'est dans ce contexte que seraient nés l'engagement et la solidarité, essentiels au projet politique féministe.

Paradoxalement, comme nous le verrons, la solidarité fondée sur une oppression commune peut devenir un piège: alors que ces groupes étaient propices à l'individuation des femmes, la solidarité qui s'y est constituée aurait contribué à détourner celles-ci des enjeux proprement politiques à l'origine de leur projet.

Une des positions les plus radicales sur cette question semble être celle représentée par Diamond et Hartsock (1981), voulant que le langage du droit et la notion d'intérêt soient ancrés dans «l'individualisme de la rationalité économique des hommes»: cette mobilisation en termes d'intérêts, elles la qualifient d'instrumentale et centrée sur les gains individuels. Toujours selon Diamond et Hartsock, tant leur expérience que leurs préoccupations amèneraient les femmes à transcender l'individualisme puisque leur rôle dans la reproduction les amène à se définir elles-mêmes en termes «relationnels». Comme le fait remarquer Phillips (1991), cette position peut entraîner un désengagement de la politique active, vue comme un domaine typiquement masculin d'exercice du pouvoir.

Pour sa part, Phillips trouve nécessaire l'engagement politique des femmes, mais elle souligne la difficulté que pose l'idée d'une représentation «des femmes» ou celle «d'un point de vue féminin». En fait, c'est le recours à la notion abstraite «les femmes» qui poserait problème, car derrière elle se cache la réalité d'une multitude d'individus femmes qui ne partagent pas nécessairement une même oppression. Cette référence à une «femme» abstraite, épurée des attributs culturels, de ses paradoxes et de ses conflits, renverrait, selon certaines critiques, à la situation des femmes blanches de la classe moyenne en mesure de formuler une analyse à caractère «universel», s'inspirant des acquis de la modernité. Ce genre d'analyse, qui revendique le droit des femmes à l'égalité, à l'autonomie et à la justice, serait détaché de la réalité de la plupart des individues femmes qui peinent quotidiennement sous des rapports opprimants, pour assurer leur survie et celle de leurs enfants. Sensible à ces critiques, Phillips (1991 : 73) conclut que les femmes, peu importe leur appartenance, ont toutes intérêt à améliorer leur capacité d'accéder à l'ensemble des sphères de la vie publique.

Plus près de nous, la recherche doctorale de Tremblay (1993 : 75-77) pose un problème similaire. Cherchant à savoir si les femmes élues peuvent représenter les demandes féministes, Tremblay, se référant à Pitkin (1967), rappelle que les actions et les opinions des élus doivent correspondre aux souhaits, aux besoins ou aux intérêts de ceux et celles qu'ils représentent. Ceci l'amène à s'interroger sur le sens de la notion d'intérêt. Toujours dans la foulée de Pitkin, elle remarque que cette notion suppose un «enjeu objectif», que les acteurs soient ou non en mesure de l'identifier, comme c'est le cas par exemple dans l'expression «intérêts de classe» tirée de l'approche marxiste.

Tremblay (1993) discute cette position en soulignant que la capacité de déterminer les intérêts d'un groupe constitue un énorme pouvoir et que cette démarche est inacceptable dans un mouvement comme le féminisme qui lutte contre la domination et l'oppression. Tout comme Phillips (1991), citée plus haut, elle souligne le caractère éclaté du groupe constitué par les femmes et retient que l'âge et la profession, entre autres, sont des facteurs de dispersion qui nuisent à la constitution d'un groupe homogène en mesure de faire consensus sur les intérêts à défendre. Pratiquement, selon Tremblay, ce qui est bénéfique aux unes peut ne pas l'être pour les autres. Aussi, ces stratifications entre les femmes font en sorte qu'il est difficile de définir pratiquement un intérêt qui leur serait commun. Enfin, le fait que les mouvements féministes se caractérisent plutôt par un éclatement idéologique, organisationnel et revendicatif réduit encore davantage leur portée en ce qui a trait à la représentation des intérêts des femmes.

Tremblay opte donc pour la notion de «demandes féministes», qui renvoie aux «multiples revendications des mouvements féministes qui agissent sur les orientations culturelles de la société, notamment en cherchant à redéfinir et à restructurer les rapports sociopolitiques entre les femmes et les hommes par la substitution des notions d'égalité des sexes et d'autonomie des femmes, à celle de hiérarchie comme mode de régulation des rapports intersexuels» (1993: 76-77). Ces demandes, mieux circonscrites, sont plus facilement repérables pour les fins d'une étude empirique. Parmi les raisons invoquées pour justifier cette option, Tremblay souligne le fait que:

> [...] le contenu de l'intérêt peut être abstraitement défini par l'élite, quasiment à l'insu des personnes touchées, ce qui engendre un questionnement épistémologique important dans une perspective féministe; les demandes émanent plutôt de la base, là même où les mouvements féministes se déploient, là où les femmes vivent et connaissent la discrimination (Tremblay 1993: 77).

Selon cette perspective, qui me paraît partagée par bon nombre de féministes au Québec, ce sont les femmes «de la base» qui connaissent et vivent la discrimination, ce serait parmi elles que se déploierait le mouvement des femmes. Nous allons voir que ces groupes sont loin d'être homogènes et qu'on y trouve en fait plusieurs types de discours. La négociation entre ces diverses lectures de la réalité n'est pas tâche facile, ni pour les militantes ni pour les chercheuses qui tentent de s'y retrouver.

Pour discuter de cette complexité, je retiens le discours sur la solidarité, parce qu'il me semble important pour comprendre, d'une part, la façon dont les militantes se sont approprié les idéaux féministes et, d'autre part, la façon dont elles tentent de s'inscrire dans les rapports politiques. Une enquête portant sur la conception de la solidarité des femmes engagées dans des groupes féministes montre que celle-ci n'est pas univoque (Couillard et Côté 1994a). Cette étude révèle d'abord clairement que le seul fait de vivre l'oppression ne suscite pas la solidarité; que la capacité à s'organiser pour réagir et pour revendiquer peut s'ancrer dans un projet féministe de société, mais que cette capacité peut aussi être détournée à d'autres fins par de puissants appareils technocratiques qui, comme le fait remarquer Péquignot, rêvent de «produire des solutions techniques, scientifiquement établies, aux problèmes sociaux» afin que «ça se passe en douceur, sans heurts» (1990: 237).

L'HÉTÉROGÉNÉITÉ CRÉATRICE DES GROUPES DE FEMMES

Lorsqu'on les considère de l'extérieur, les groupes de femmes affichent des points communs et sont fréquemment invoqués pour illustrer la solidarité féministe. Comprendre ce qui instaure cette solidarité me paraît important pour discuter de la représentation des femmes.

Ainsi, peu importe l'interprétation du féminisme à laquelle ils se rallient, on peut affirmer sans hésitation que les groupes de la région de Québec cherchent tous à améliorer la condition des femmes et l'avènement de rapports égalitaires avec les hommes. Toutes les militantes que nous avons rencontrées ont recours au travail bénévole qui suppose une volonté d'entraide; toutes honnissent le morcellement de l'individu selon ses besoins et ses problèmes; toutes doivent cependant se doter d'un programme ou de projets à court terme qui justifient leurs demandes de financement. Du point de vue de l'organisation, ces groupes tranchent généralement avec les collectifs de conscientisation.

D'apparence homogène, ils sont toutefois traversés par des tensions importantes. Plutôt que de les considérer comme autant de problèmes à surmonter, je pense qu'il faut y voir les indices d'un phénomène à comprendre. En fait, les groupes de femmes constituent à mon avis un lieu d'expérimentation, d'éclatement et de dissonances, et c'est précisément pour ces raisons qu'ils sont indispensables au mouvement qui s'en inspire. La solidarité, loin de constituer un acquis indiscutable, ne va pas de soi. Au contraire, elle fait partie de ces phénomènes qui exigent une articulation discursive et dont l'efficacité ne peut en aucun cas être prédéterminée. Le discours sur la solidarité, pour être agissant, doit comporter certains attributs des «mythes mobilisateurs» et ce sont justement ces attributs qui peuvent se transformer en paradoxes.

Afin d'illustrer ce processus, je me dois d'abord de revenir brièvement sur l'hétérogénéité des groupes de femmes (Couillard et Côté 1993). Nous sommes loin aujourd'hui des petits groupes d'entraide informels qui ont marqué les débuts du mouvement dans les années 1970. Aujourd'hui, plusieurs facteurs, comme leur vocation (les différents types d'activités et de services offerts), leurs approches, leurs modes d'organisation, la formation et la motivation des femmes qui y travaillent et leurs sources de financement contribuent à les polariser dans des directions parfois conflictuelles.

D'abord, le genre d'activités et de services offerts constitue un important critère de différenciation. Dans la conjoncture actuelle, c'est-à-dire depuis l'implantation de la réforme de la santé et des services sociaux du ministre Côté à partir de 1990, les groupes à vocation spécifique, centrés sur une seule problématique (la défense des droits des femmes assistées sociales, l'hébergement pour les femmes victimes de violence, par exemple), semblent mieux en mesure de survivre que ceux qui valorisent la polyvalence. En effet, les groupes qui offrent des services directs sont privilégiés par les organismes de financement, par rapport à ceux qui sont axés sur la référence indirecte, l'information ou les activités de conscientisation.

Ce phénomène, en apparence trivial, a pourtant son importance car les relations entre le réseau de la santé et des services sociaux du Québec et les groupes de services à vocation spécifique vont s'intensifiant. Bien avant l'avènement de cette réforme, on constatait déjà un resserrement dans la marge de manœuvre de bien des groupes. Certains se voient maintenant reconnaître une légitimité accrue du point de vue du réseau public, ce qui a un effet direct sur leur financement. L'intervention de l'État dans la programmation des groupes n'est pas chose nouvelle. Des fonctionnaires leur demandent parfois d'ajouter un ou des «mandats spécifiques» à leur programmation annuelle (par exemple, demander à un centre de femmes de collaborer au maintien à domicile de personnes en perte d'autonomie). On sait depuis longtemps que le processus de financement exige qu'ils adoptent un langage administratif tant pour formuler les demandes que pour rédiger les rapports d'activités remis aux bailleurs de fonds.

Cette articulation étroite à l'appareil d'État a aussi un impact sur le genre d'approche véhiculée par les groupes ; celle-ci varie en effet selon les interlocuteurs, ce qui entraîne parfois l'emploi généralisé d'un certain vocabulaire (féministe par exemple) sans contrepartie réelle au plan de l'action (notamment en ce qui concerne la remise en question des rapports de pouvoir). En s'adaptant ainsi à une certaine façon de définir la réalité des femmes, le discours des groupes brouille parfois les enjeux réels et rend la solidarité d'autant plus périlleuse. Bien qu'il soit tentant de penser que l'approche féministe (ou l'intervention féministe) constitue un critère d'homogénéité, il en va tout autrement dans la réalité. Dans les faits, certains groupes adhèrent à un féminisme qualifié de radical, d'autres optent pour un féminisme plus pragmatique alors que d'autres encore hésitent à mettre en pratique ses idéaux. De plus, les « intervenantes » (pour reprendre l'expression qu'elles-mêmes utilisent pour se désigner) dans les groupes et celles qui sont employées de l'État ne partagent pas nécessairement les mêmes valeurs ni les mêmes idéaux politiques. Certaines femmes se sentent investies d'une mission et veulent « sauver » les autres, d'autres croient en leur potentiel et veulent les rendre autonomes, d'autres doivent atteindre des « objectifs spécifiques » découlant de politiques qui leur sont imposées. Enfin, certaines naviguent entre ces différentes tendances selon les circonstances.

Le mode d'organisation interne varie aussi selon les groupes. La plupart discutent des rapports d'autorité et des processus de prise de décision. Certains reproduisent un modèle hiérarchique alors que d'autres remettent en question les rapports de pouvoir, y compris dans la structure interne de leur groupe, selon la formule du collectif. Certains groupes adoptent des formules mixtes combinant un conseil d'administration formel utilisé de manière accessoire (pour signer les demandes de subventions, par exemple) avec un mode de fonctionnement en collectif et des prises de décision au consensus dans le quotidien.

Fait intéressant, ces compromis ne résultent généralement pas d'impératifs internes. Les instances de financement, l'État ou Centraide par exemple, imposent très clairement leur logique bureaucratique, par définition hiérarchisée et orientée vers la réalisation d'objectifs précis, sans égard pour les exigences d'un fonctionnement basé sur le collectif et le consensus, visant le développement global de l'être humain. D'ailleurs, la réforme actuelle en matière de santé et de services sociaux exige que chaque groupe communautaire financé se dote d'un conseil d'administration sans se soucier de la nécessaire restructuration des rapports de pouvoir à l'interne. Nos données montrent bien que les groupes qui adoptent eux-mêmes une organisation de type bureaucratique sont grandement privilégiés dans leurs rapports avec les bailleurs de fonds.

La motivation et la formation des femmes qui travaillent dans ces groupes sont très diverses et viennent à leur tour complexifier le paysage. Dans les groupes de femmes, on retrouve aussi bien des bénévoles mues par un réel désir de contribuer à alléger les problèmes que vivent les femmes, des militantes politiques féministes déterminées à lutter contre le patriarcat sous toutes ses formes, et un nombre grandissant de femmes intéressées avant tout à gagner leur vie en devenant des employées permanentes rémunérées. Certaines s'engagent dans un processus d'entraide à partir de leur expérience personnelle, d'autres se donnent des formations complémentaires, très souvent à caractère féministe. Enfin, des intervenantes professionnelles viennent mettre en pratique les connaissances acquises sur les bancs de l'école. Lorsqu'un langage de gestionnaire est un atout, les professionnelles sont très évidemment en position de force dans les rapports externes, même si elles n'ont pas nécessairement d'assises solides à l'interne, ce qui n'est pas sans susciter des problèmes en regard des idéaux féministes d'égalité et de solidarité.

Les sources de financement contribuent aussi à accentuer les différences entre les groupes. L'État, notamment par le biais des ministères de la Santé et des Services sociaux et de l'Éducation, est leur principal bailleur de fonds. Les organismes Centraide les financent aussi dans certains cas de façon significative. Ce soutien financier ne vient pas sans contrainte et, c'est bien connu, les groupes s'ajustent selon les priorités des bailleurs de fonds. Ceux qui s'ajustent de façon plus serrée à ces demandes deviennent des «partenaires» privilégiés. Un financement régulier entraîne une plus grande stabilité du personnel qui peut alors approfondir certains dossiers et de là mieux asseoir son expertise, ce qui en fera un «partenaire» encore plus sollicité. Soulignons que certains groupes échappent en partie à ces contraintes en bénéficiant d'un soutien indépendant de l'État (provenant des communautés religieuses, par exemple).

DES DISCOURS ET DES PRATIQUES
CONCERNANT LA SOLIDARITÉ

Les appels à la solidarité sont entendus différemment selon les groupes et selon les personnes qui s'y trouvent. La solidarité en tant que «mythe agissant», pour reprendre l'expression de Chantreau (1982), fait du projet collectif visant l'émancipation des femmes un motif pour transcender les intérêts individuels. Cependant, ce projet, fondamentalement politique, se réalise dans un contexte où l'individu est au centre des préoccupations et où la quête d'autonomie et l'idéal d'authenticité constituent des valeurs essentielles (Taylor 1992). La tension entre la réalisation de soi conformément à l'idéal moderne et les appels à la solidarité suscités par l'engagement politique se vit différemment selon les femmes, selon leur conception d'elles-mêmes, selon leur conception de la solidarité et selon le groupe dans lequel elles s'engagent. Ainsi, celles dont l'estime de soi a été brisée par la souffrance ou la pauvreté, et qui s'adressent à un groupe de support pour accéder à une certaine autonomie doivent très souvent apprendre ce qu'est la solidarité avant de la mettre en pratique. Alors que l'on croit généralement que les femmes se regroupent d'abord pour lutter contre des injustices, qu'elles sont solidaires dans leur lutte contre l'oppression, tel n'est pas nécessairement le cas : ce sont souvent les militantes ou les intervenantes qui jouent un rôle crucial pour susciter la prise de conscience nécessaire à la solidarité.

Toutes nos données montrent que les femmes les plus démunies, ou les plus opprimées, s'isolent généralement des autres. Briser cet isolement nécessite, de la part des intervenantes, des efforts soutenus, pas toujours récompensés. Ce processus peut entraîner le développement d'un rapport de pouvoir : après tout l'intervenante «sait ce qu'il faut faire», et celle qui se voit ainsi définie peut se sentir contrôlée et résister à ce qu'elle perçoit comme une contrainte supplémentaire. Se déclenche alors une résistance passive qui contribue à l'essoufflement des intervenantes et des militantes.

Il paraît intéressant de souligner à cet égard que les militantes et les intervenantes se disent solidaires des difficultés de celles avec qui elles travaillent, sans nécessairement partager leur quotidien; elles sont solidaires parce qu'unies par une même cause, celle des femmes. Paradoxalement, cette solidarité tiendrait au fait que les femmes partagent des traits qui les rendent plus sensibles aux problèmes d'autrui et de là plus facilement soulevées par une cause (elles auraient une plus grande capacité d'accueil, plus de «senti», d'émotion, elles seraient davantage portées sur les confidences et sur la compassion). Pour plusieurs, c'est cette adhésion à une cause qui serait le moteur de la solidarité. C'est ce qui les lie à celles qui vivent la violence conjugale, la pauvreté, le chômage. «La cause» donne un sens à leur travail, généralement rémunéré, sans toutefois nécessairement s'ancrer dans leur propre expérience.

«La cause», c'est aussi ce qui unit les femmes qui sont d'abord venues chercher de l'aide et qui se sont ensuite engagées auprès de celles avec qui elles partagent une même souffrance. Dans ce contexte, le «vécu» occupe une position centrale dans le discours des femmes. Ainsi, lorsque les intervenantes professionnelles parlent du vécu des femmes, elles font d'abord référence à leur éducation, leur socialisation dans des rôles féminins, l'oppression et les injustices dont elles sont collectivement victimes. Les militantes, elles, parlent de leur vécu dans des termes beaucoup plus spécifiques: il s'agit de la monoparentalité, de la pauvreté, de la violence conjugale, du racisme qui les marquent comme groupe social, les marginalisent. Elles n'hésitent d'ailleurs pas à rechercher des appuis auprès d'autres groupes en lutte: assistés sociaux, sans emploi, victimes de racisme.

Ainsi pour celles qui sont activement engagées dans les groupes, être solidaire de la cause des femmes, c'est reconnaître l'oppression qui touche l'ensemble des femmes. C'est pourquoi elles dénoncent le repli des femmes démunies, violentées ou marginalisées qui s'isolent et ne savent pas, selon elles, «pratiquer la solidarité», alors qu'elles bénéficient des services du groupe ou participent à ses activités.

Celles-ci, pour leur part, se disent solidaires entre elles du fait qu'elles partagent le même vécu et elles n'hésitent pas à dénoncer la situation privilégiée des intervenantes rémunérées qui, selon elles, ne peuvent pas les comprendre puisqu'elles jouissent de revenus assurés et d'une relative aisance.

Il en résulte une polarisation entre celles qui dispensent les « services » et celles qui les consomment. Ainsi, avoir un travail, être assistée sociale ou sans emploi, constituent des facteurs importants de différenciation que le discours sur la solidarité parvient difficilement à colmater. Les femmes rencontrées tentent généralement d'éviter les confrontations et les conflits ouverts, certaines se disent sans recours vis-à-vis des personnalités fortes qui n'hésitent pas à s'imposer aux autres. Le retrait dans le silence, la résistance passive servent alors à marquer les dissensions. Les accusations de susceptibilité, d'hypocrisie, d'individualisme, de carriérisme fusent alors comme autant d'efforts pour discréditer, derrière son dos, celle qui veut s'imposer par un comportement affirmatif ou autoritaire. L'instruction, l'autorité rendent certaines femmes très vulnérables aux attaques de celles qui se considèrent moins « chanceuses ».

Les plus durement visées sont celles qui acceptent de faire des compromis pour accéder à des positions avantageuses : accusées, par exemple, de gérer le groupe comme une petite entreprise, elles favorisent une logique bureaucratique et une administration serrée. Dans un tel contexte, le discours sur la solidarité peut être utilisé pour distinguer celles qui partagent la culture du groupe et celles qui s'en écartent. Le même discours peut par ailleurs servir à construire et à entretenir des liens avec celles qui se sont propulsées dans l'univers de la politique ou de la technocratie et qui sont maintenant en mesure d'y faire valoir le point de vue des femmes.

Le discours sur la solidarité s'avère donc une arme à deux tranchants. Les plus démunies se réconfortent à l'idée que les autres sont des « traîtres » à la cause. Celles qui ont accédé au pouvoir rappellent qu'elles sont en droit de solliciter « la base » pour asseoir leur légitimité. De la solidarité à la représentation, il n'y a, selon elles, qu'un pas ; pour les groupes, il s'agit cependant d'un abîme.

Bon nombre de femmes conçoivent la solidarité comme un profond engagement collectif qui s'appuie non seulement sur une analyse rationnelle de leur situation, mais sur leur être tout entier, sollicité par l'émotion que suscite la lutte commune. Les femmes formant cette chaîne idéale se retrouvent dans des moments forts en dépit de leurs différences et poursuivent ainsi leur combat, solidaires au-delà de leurs intérêts individuels et de leurs conditions sociales variées.

Le féminisme militant, à l'origine fondé sur l'entraide et le support mutuel dans un esprit de solidarité fusionnelle, connaît depuis plus d'une décennie une professionnalisation qui croît avec l'offre de nouveaux services. Le support offert prend alors la forme d'une aide technique, professionnelle, qualifiée. La participation et l'engagement sont délogés au profit d'une compétence plus technique. Ce qui est étonnant, cependant, ce n'est pas tant cette professionnalisation, somme toute cohérente avec les développements qu'a connus le Québec depuis sa «Révolution tranquille», c'est plutôt l'acharnement que mettent les groupes de femmes à maintenir leur spécificité en dépit d'un processus qui a ébranlé les autres groupes communautaires depuis plus de vingt ans (Couillard, Gendron et Ouellet 1995).

Notre enquête montre bien que des militantes qui ont elles-mêmes bénéficié du support d'un groupe conçoivent très souvent la solidarité en termes fusionnels. Là où elles s'engagent, elles tendent à favoriser le développement d'une identité commune et un sentiment d'appartenance, ce qui suscite parfois des conflits qui sont probablement des mécanismes d'ajustement interne à travers lesquels se tisse une culture propre au groupe.

La solidarité fusionnelle en tant que pratique discursive est plus agissante dans un contexte où une menace externe se fait pressante. Le patriarcat a joué ce rôle dans les groupes féministes. Lorsque les acquis se multiplient et que «la cause» trouve un écho dans les institutions et dans l'appareil d'État, il devient de plus en plus difficile de mobiliser les gens sur la base de ce type de solidarité. D'autres types de solidarité peuvent alors être invoqués.

Parmi ceux-ci, on pense à la solidarité de parti, pratique essentielle à l'intégration dans la politique active. Cependant, les femmes que nous avons rencontrées sont très réfractaires à un discours qui exige d'elles la soumission à un leader ou à un groupe. Leurs propos sont clairs à ce sujet : la hiérarchie et le pouvoir sont sources de conflits ou de désistements. Une telle soumission entre en contradiction, selon elles, avec l'idéal d'autonomie défendu par le mouvement des femmes. C'est aussi à cause des exigences de la solidarité de parti qu'elles sont réticentes à chercher des appuis auprès des politiciennes.

Il existe aussi une «solidarité d'alliance», celle que Bajoit (1992 : 100) nomme «contractuelle». C'est cette forme de solidarité qui semble s'installer en ce moment dans le mouvement des femmes de la région de Québec, mais non sans contrecoup, comme en témoignent les propos de celles qui défendent toujours une solidarité plus fusionnelle faisant appel aux émotions que suscite l'expérience partagée. La solidarité contractuelle se noue à propos d'enjeux précis. Elle met en contact des personnes capables de s'assumer en tant qu'individus autonomes et égaux, mais nécessitant le soutien des autres pour atteindre des objectifs politiques, économiques ou juridiques particuliers.

La faveur dont jouit actuellement ce type de solidarité, fondée sur la rationalité et le calcul, peut-elle être interprétée comme le résultat de l'ingérence bureaucratique dont la logique tend à transformer les autres en instruments au service de nos projets ? Devrions-nous y voir une forme de désengagement social ou, au contraire, un indice de maturité, résultat de l'ajustement aux exigences de l'individualisme associé à la modernité ?

POUR CONCLURE : DE LA SOLIDARITÉ ENTRE FEMMES À LA POSITION DE SUJET FÉMINISTE

D'abord préoccupés par la prise de conscience des rapports opprimants vécus par les femmes, les groupes féministes se sont graduellement empreints d'un discours privilégiant l'identification de besoins précis et la recherche de moyens pratiques pour régler les problèmes auxquels elles font face. Ce glissement est parfois interprété comme une adaptation pragmatique à la réalité des années 1990. Par contre, en mettant l'accent sur les problèmes de pauvreté, d'accès au travail et de traitement inéquitable face à la justice, on entretient l'idée que les femmes qui participent aux groupes féministes sont des «perdantes», celles qui n'ont pas réussi la mutation des années 1980, décennie qui aurait vu les superfemmes s'imposer en tant qu'entrepreneures dynamiques, cadres efficaces ou professionnelles compétentes, sans compromettre leurs aspirations de mère et d'épouse. Comme si la difficile autonomie, les affres de la quête identitaire, la violence et la discrimination ne posaient problème que pour celles qui n'ont pas les moyens de s'offrir les services coûteux des thérapeutes privés.

En adoptant un discours utilitariste centré sur des problèmes sociaux, on risque de provoquer un déplacement des objectifs politiques qui caractérisent le mouvement féministe vers des objectifs socio-économiques qui ne lui sont pas exclusifs. C'est dans ce contexte d'ailleurs que les coalitions invoquant la justice sociale prennent tout leur sens. En témoigne aussi l'expression «organismes communautaires», utilisée couramment pour désigner l'ensemble des groupes, y compris les groupes féministes, qui offrent des services dans le prolongement de l'État. Cette expression constitue, sans doute de façon non intentionnelle, un déplacement qui occulte la dimension proprement politique des pratiques féministes.

On pourrait penser que le fait d'offrir des services concrets constitue une stratégie qui, dans les meilleures circonstances, permet de susciter une prise de conscience «politique». Malheureusement, dans certains cas, cela devient un objectif en soi, y compris dans des groupes qui se disent féministes. L'identité, l'accession à l'autonomie, la quête d'égalité ne constituent plus alors l'horizon politique vis-à-vis duquel les pratiques quotidiennes prennent leur sens. La dimension collective de la démarche est négligée au profit d'une intervention professionnelle qui doit permettre aux personnes de se prendre en charge, de résoudre leurs problèmes et de s'affirmer en tant qu'individus. L'engagement et la solidarité, essentiels au projet politique féministe, paraissent alors secondaires. De même que la représentation politique, qui devient moins urgente que la représentation dans les appareils d'État, auprès de technocrates et de fonctionnaires sensibles aux revendications des groupes de femmes et en mesure d'influencer l'allocation des ressources.

Fraisse (1988) affirme que la solidarité entre femmes, ou la sororité, trouve son sens dans la mesure où elle permet de supplanter la rivalité instaurée par les rapports sociaux entre les individues femmes. Ce serait en se posant comme sujet politique dans un mouvement collectif qui vise à leur donner accès autant à la sphère sociale que politique que les femmes donnent une légitimité à leur lutte contre l'exclusion. Ce positionnement en tant que sujet exige une référence à une identité abstraite, collective, qui rend non pertinentes les qualifications concrètes (démunies/bourgeoises, épouses/filles, aînées/jeunes). C'est à travers cette identification en tant que Femme que la lutte contre la discrimination prend son sens. C'est la référence à cette identité abstraite qui permettrait aux individues femmes de s'inscrire dans les rapports de force, non plus en tant qu'enjeux pour des protagonistes en lutte, mais en tant que «sujets de l'histoire».

Fraisse expose clairement ce problème. Renvoyant à la critique de Marx concernant l'homme générique des Droits de l'Homme, «sujet trop abstrait et trop universel», alors qu'on sait qu'il désigne en réalité «l'homme particulier, le propriétaire et le bourgeois», elle rappelle que Marx dénonce alors «au nom des rapports sociaux concrets une abstraction chargée d'un potentiel de domination» (1988: 262). Nous avons vu que ce type de critique est repris par des féministes qui, au nom des différences entre les femmes, dénoncent l'utilisation de la notion d'intérêt, par exemple, qu'elles considèrent comme une occasion pour certaines d'imposer leur point de vue en vertu de leur position privilégiée. Cependant, comme le souligne Fraisse, le projet politique d'affirmation d'un sujet féministe abstrait et universel correspond à un processus historique:

> La situation est exactement inverse pour les femmes. En effet l'idéologie ne les montre pas sous l'image d'un être absolu, elle les identifie au contraire comme êtres relatifs, c'est-à-dire définis par des relations: relation au mari, au père ou à l'enfant dans la famille, relation parce qu'alors il s'agit d'un être possédé plutôt que possédant, quelle que soit sa classe sociale. Être relatif mais aussi être socialement déterminé par son corps, instrument de reproduction dont la femme n'est pas encore en mesure de dissocier la sexualité de la maternité. Ainsi se comprend la recherche féministe du sujet femme qui accomplit en quelque sorte à l'envers le chemin de l'homme occidental, qui veut

se séparer de son être relatif et déterminé pour accéder à l'universalité (Fraisse 1988 : 262).

Ici, paradoxalement, « la représentation collective de la contestation d'un ordre et d'une tradition sert de support à la proclamation de l'individu femme comme être auto-nome, source de sa propre loi » (Fraisse 1988 : 258). Plutôt que les éléments constitutifs, c'est donc le processus lui-même qui est significatif pour cette quête d'une identité, qui n'est abstraite que parce qu'elle cherche à légitimer un sujet politique, car le projet féministe s'attaque à l'exclusion des femmes et suppose une recherche d'identité historique qui permette d'inclure les femmes dans la société démocratique.

Les groupes féministes happés par la dérive utilitariste sous-estiment, à mon avis, l'importance d'un positionnement politique. Leur discours présente les femmes comme des victimes, aux prises avec des contraintes économiques et sociales qui non seulement les stigmatisent, mais les marquent dans leur identité de façon telle qu'elles ne peuvent être pensées comme un ensemble significatif. Ce discours accepte très souvent la logique comptable et gestionnaire des technocrates pour formuler des revendications.

C'est ainsi qu'un « discours sérieux » sur les femmes s'alimente auprès des groupes qui produisent chaque année une masse d'informations sous la forme de projets et de rapports d'activités. Ce « discours sérieux » produit donc des analyses « pertinentes » pour les décideurs publics, et celles qui les produisent sont vues comme des alliées plus sûres, plus proches des militantes de la base, que celles qui tiennent un discours critique. Pourtant, la démarche collective féministe vise l'autonomie et la libre circulation des femmes « entre la société domestique civile et politique », comme le souligne Fraisse, et non pas une gestion efficace de leurs problèmes.

C'est ma participation aux activités collectives des récentes années et l'évidente compétence de celles qui y sont engagées qui m'amènent à conclure que les militantes féministes ne réclament pas des modes d'emploi administratifs, mais plutôt des occasions de débattre des enjeux féministes et de leur mise en pratique dans le contexte actuel. Il me paraît évident que ces femmes cherchent à se situer dans un processus plus large qui donne un sens à leurs luttes et, pour ce faire, je crois qu'elles ont besoin des discours critiques qui ouvrent les horizons plutôt que de les réduire, quitte à rendre la quête identitaire des femmes plus complexe et leur représentation politique plus problématique...

Le détournement technocratique actuel, loin d'être inévitable ou « naturel », est au contraire sans cesse encouragé par des directives, des sessions de formation et un encadrement étroit. Sous le couvert d'une réceptivité aux idéaux politiques féministes, ne tente-t-on pas en fait d'assujettir les « dissidentes » par une gestion comptable de leurs revendications ? Si tel est le cas, doit-on en conclure que la citoyenneté des femmes se résume, dans les années 1990, à une position d'« usagères » dont les « demandes spécifiques », lorsqu'elles sont bien gérées, n'ont rien de révolutionnaire ? La lutte pour la citoyenneté sociale serait-elle en voie de se substituer à la lutte pour la citoyenneté politique ?

Note

1. Plusieurs personnes ont été associées à ces études financées par les organismes suivants : Conseil de la recherche en sciences humaines, Fonds FCAR du Québec, ministère de la Santé et des Services sociaux, et Conseil québécois de la recherche sociale. Ginette Côté a participé à toutes les enquêtes, et Rachel Lépine a assumé une étude portant sur les centres de femmes. Des étudiants (Éric Breton, Annie Morin, Chantal Ouellet, Magalie Savard, Monica Tremblay) ont également fait partie de ces équipes. Conformément aux règles déontologiques de notre discipline, nous nous sommes engagées à préserver l'anonymat des informatrices, ce qui signifie que nous ne pouvons pas révéler le nom des groupes qui nous ont accueillies et que nous devons livrer nos analyses de façon telle que ni les groupes ni les personnes ne puissent être identifiables. Des résultats préliminaires de ces études ont déjà été publiés (Couillard, Gendron et Ouellet 1995 ; Couillard 1994, 1995 ; Couillard et Côté 1993, 1994a et b ; Côté et Couillard 1995, Côté 1994 ; Lépine et Couillard 1992).

Bibliographie

BAJOIT, Guy (1992). *Pour une sociologie relationnelle*, Paris, PUF.

CHANTREAU, André (1982). « Le mythe de la solidarité. Essai autour du cycle arthurien de la Table Ronde », *Action et recherches sociales. Revue interuniversitaire de sciences et pratiques sociales*, vol. 4, n° 9, p. 89-99.

CÔTÉ, Ginette (Marie-Andrée Couillard, dir.) (1994). *Centre-femmes d'aujourd'hui. Un portrait descriptif. Rapport de recherche*, Québec, Université Laval, Centre de recherche sur les services communautaires.

CÔTÉ, Ginette et Marie-Andrée COUILLARD (1995). « Itinéraires individuels pour un projet collectif : des femmes dans les groupes communautaires féministes de la région de Québec », *Recherches féministes*, vol. 8, n° 2, p. 107-125.

COUILLARD, Marie-Andrée (1995). « Féminisme, systèmes experts et groupes de femmes de Québec. Appliquer l'anthropologie chez soi » dans François Trudel, Paul Charest et Yvan Breton (dir.), *La construction de l'anthropologie québécoise. Mélanges offerts à Marc-Adélard Tremblay*, Sainte-Foy, PUL, p. 265-282.

_____ (1994). « Le pouvoir dans les groupes de femmes de la région de Québec », *Recherches sociographiques*, vol. 35, n° 1, p. 39-65.

COUILLARD, Marie-Andrée, Jean-Louis GENDRON et Hector OUELLET (1995). *Histoire et développement du mouvement Centraide de Québec. Rapport de recherche*, Québec, Université Laval, Centre de recherche sur les services communautaires.

COUILLARD, Marie-Andrée et Ginette CÔTÉ (1994a). « Solidarité de genre et pouvoir de femme » dans Françoise-Romaine Ouellette et Claude Bariteau (dir.), *Entre tradition et universalisme*, Québec, IQRC, p. 379-396.

_____ (1994b). « L'engagement des Québécoises : trajectoires identitaires » dans Jacques Hamel et Yvon Thériault (dir.), *Les identités*, Montréal, Méridien, p. 177-207.

_____ (1993). « Les défis d'une interface : les groupes de femmes et le réseau de la santé et des services sociaux de la région de Québec », *Service social*, vol. 42, n° 2, p. 29-49.

DIAMOND, Irene et Nancy HARTSOCK (1981). « Beyond interests in politics : A comment on Virginia Sapiro's "When are interests interesting? The problem of political representation of women" », *American Political Science Review*, vol. 75, n° 3, p. 717-721.

FRAISSE, Geneviève (1988). « La constitution du sujet dans la pensée féministe : Paradoxe et anachronisme » dans Élisabeth Guibert-Sledziewski et Jean-Louis Vieillard-Baron (dir.), *Penser le sujet aujourd'hui*, Paris, Méridiens Klinscksieck, p. 257-264.

LÉPINE, Rachel et Marie-Andrée COUILLARD (dir.) (1992). *Évolution des activités des centres de femmes dans le cadre du programme de soutien aux organismes communautaires. Vol. 1 État de la question, vol. 2 Annexes*, Québec, Université Laval, Centre de recherche sur les services communautaires.

MANSBRIDGE, Jane (1984). « Feminism and the forms of freedom » dans Frank Fischer et Carmen Sirianni (dir.), *Critical Studies in Organization and Bureaucracy*, Philadelphie, Temple University Press, p. 472-481.

PÉQUIGNOT, Bruno (1990). *Pour une critique de la raison anthropologique*, Paris, L'Harmattan.

PHILLIPS, Anne (1991). *Engendering Democracy*. Cambridge, Polity Press.

PITKIN, Hanna Fenichel (1967). *The Concept of Representation*, Berkeley, University of California Press.

TAYLOR, Charles (1992). *Grandeur et misère de la modernité*, Québec, Bellarmin.

TREMBLAY, Manon (1993). *Les femmes en politique représentent-elles les femmes ?*, Québec, Université Laval, Groupe de recherche multidisciplinaire féministe, coll. Les cahiers de recherche du GREMF, n° 53.

Lectures suggérées

BRYSON, Valerie (1992). *Feminist Political Theory: An Introduction*, New York, Paragon Press.

PHILLIPS, Anne (1993). *Democracy & Difference*, University Park, The Pennsylvania State University Press.

TARDY, Évelyne *et al.* (1995). *Maires et mairesses du Québec: différences et ressemblances* (résultats d'enquête), Montréal, Université du Québec à Montréal, Département de science politique, note de recherche n° 51, janvier.

TREMBLAY, Manon et Réjean PELLETIER (1995). *Que font-elles en politique ?*, Sainte-Foy, PUL.

NOTES BIOGRAPHIQUES

Caroline Andrew est professeure en science politique à l'Université d'Ottawa. Ses domaines de recherche incluent le développement urbain, les politiques municipales, les femmes et le développement local. Elle fait partie du conseil d'administration du Centre d'action des femmes contre la violence (Ottawa-Carleton) et du Centre de ressources de la Basse-Ville (Ottawa).

Linda Cardinal est professeure agrégée au Département de science politique et au programme en Études des femmes à l'Université d'Ottawa. Ses recherches actuelles portent sur la culture-politique des droits au Canada et sur les services sociaux et de santé destinés aux francophones de l'Ontario. Ses récentes publications portent sur la sociologie des mouvements sociaux, le mouvement des femmes au Canada, les droits des minorités linguistiques et le nationalisme.

Yolande Cohen est professeure titulaire en histoire européenne au Département d'histoire de l'Université du Québec à Montréal. Ses recherches portent principalement sur l'histoire des mouvements sociaux et identitaires en France et au Canada au XXᵉ siècle. Elle est l'auteure de *Femmes de parole. L'histoire des Cercles de fermières du Québec* (Le Jour, 1990) et d'une monographie intitulée *Les jeunes, le socialisme et la guerre. Histoire des mouvements de jeunesse en France* (L'Harmattan, 1989). Elle est en outre coauteure d'une étude sur *Les Juifs marocains à Montréal* (VLB, 1987) et a dirigé deux ouvrages collectifs, *Femmes et contre-pouvoirs* (Boréal, 1987) et *Femmes et politique* (Le Jour,

1981). Plus récemment, elle a publié un article sur les femmes au Québec dans le volume V de l'encyclopédie *Histoire des femmes* (Plon, 1992). Elle travaille actuellement sur les femmes et la démocratie et dirige avec B. Berger un ouvrage collectif sur Mai 68.

Titulaire d'un Ph.D. de l'Université Laval, d'une maîtrise de l'Universiti Sains Malaysia et d'un baccalauréat de l'université de Hawaï, l'anthropologue **Marie-Andrée Couillard** a mené des études chez des horticulteurs sur brûlis et des paysans de la Malaysia, avant de se consacrer à des recherches en milieu urbain québécois. Depuis 1989, celles-ci portent sur le sens que les acteurs sociaux donnent à leurs actions dans le cadre de pratiques organisées collectivement et des pratiques de gouvernementalité qui les balisent. L'assujettissement et la résistance, le rôle du savoir scientifique, du développement de l'expertise et de l'encadrement technobureaucratique sont au cœur de ses préoccupations.

Micheline de Sève est professeure titulaire au Département de science politique de l'Université du Québec à Montréal où, à titre de coordonnatrice des études de l'Institut de recherches et d'études féministes, elle a piloté la mise sur pied d'une concentration de deuxième cycle en études féministes inscrite dans le cadre de divers programmes de maîtrise en sciences humaines et en études littéraires. Elle est l'auteure de *Pour un féminisme libertaire* (Boréal, 1985) et de *L'échappée vers l'Ouest* (CIDIHCA, 1991). Ses recherches en théorie féministe portent plus particulièrement sur les mouvements sociaux et l'Europe centrale.

Danielle Dufresne est chargée de cours en science politique à l'Université du Québec à Montréal, où elle enseigne sur les femmes et la politique. Elle se spécialise dans le domaine des politiques sociales et familiales au Québec et au Canada. Elle a effectué des recherches pour divers organismes, dont les syndicats et les groupes communautaires. Elle prépare actuellement un essai sur la question de la diversité culturelle et religieuse et ses enjeux pour la société québécoise et les femmes du Québec.

Winnie Frohn est professeure en études urbaines à l'Université du Québec à Montréal, après avoir été chercheure au Centre de recherche en aménagement et développement à l'Université Laval. Née au Danemark, elle a vécu à Toronto, Edmonton, Seattle et Washington avant d'immigrer à Québec en 1971, où elle a obtenu un doctorat en philosophie. Militante dans divers groupes communautaires et membre fondatrice du Rassemblement populaire, un parti politique municipal, elle a été une des premières femmes élues au Conseil municipal. Elle a été vice-présidente du comité exécutif de 1989 à 1993. Au cours de cette période, elle était responsable de l'aménagement, du transport et de la planification.

Édith Garneau est étudiante au doctorat en science politique à l'Université du Québec à Montréal. Dans sa thèse, elle s'intéresse aux chevauchements des stratégies identitaires (genre et nationalisme) des femmes leaders autochtones au Québec et au Canada. Elle a participé à plusieurs études sur les femmes et la politique au Canada et collabore actuellement à une recherche sur la conception que le gouvernement du Canada a de la citoyenneté et des rapports sociaux de genre.

Diane Lamoureux est professeure au Département de science politique de l'Université Laval. Elle a publié, aux Éditions du remue-ménage, deux ouvrages sur le mouvement féministe au Québec, *Fragments et collages* et *Citoyennes? Femmes, droit de vote et démocratie*, ainsi que plusieurs articles sur la théorie féministe et le rapport des femmes au politique. Ses recherches actuelles portent sur la question de la citoyenneté et de la démocratie.

Chantal Maillé est professeure agrégée de *Women's Studies* et directrice de l'Institut Simone de Beauvoir à l'Université Concordia. Elle coordonne plusieurs projets de recherche sur la question des femmes et de la politique. Outre un projet sur les femmes dans les commissions scolaires, elle a terminé une étude sur les stratégies politiques du mouvement des femmes au Québec. Elle s'intéresse aussi à la question des femmes et du nationalisme dans le contexte québécois. Elle a publié *Les Québécoises et la conquête du pouvoir politique* (1990), *Vers un nouveau pouvoir: les femmes en politique au Canada* (1990), et est coauteure de *Sexes et militantisme* (1989), *Et si l'amour ne suffisait pas* (1991), ainsi que *Travail et soins aux proches dépendants* (1993).

Martine Perrault vient d'obtenir un diplôme de maîtrise en sociologie à l'Université d'Ottawa en présentant une thèse intitulée *Le Droit et ses ambiguïtés: une analyse des débats féministes sur le Droit au choix en matière d'avortement*. Elle poursuit présentement ses recherches sur le thème des rapports entre le Droit, les droits et la politique.

Denise Piché est professeure à l'École d'architecture et membre du Centre de recherche en aménagement et développement de l'Université Laval. Elle a fait des études en psychologie et en urbanisme et possède un doctorat en planification urbaine et régionale. Elle s'intéresse depuis de nombreuses années au rapport entre les femmes et l'aménagement, ce qui l'a amenée à diriger, en collaboration, des numéros spéciaux de *Recherches féministes*, du

Journal of Architectural and Planning Research et de *Architecture et comportement*, ainsi que le livre *Femmes, féminisme et développement/Women, Feminism, and Development* chez McGill/Queen's University Press. Ses recherches actuelles portent sur le design urbain et la sécurité routière, sur l'aménagement urbain et la conciliation de la famille et du travail et sur la féminisation de la profession d'architecte.

Marie-Blanche Tahon est professeure agrégée au Département de sociologie de l'Université d'Ottawa. Elle travaille actuellement sur un projet de recherche intitulé «"Femme", "mère" et modernité démocratique». Elle est l'auteure de *La famille désinstituée. Introduction à la sociologie de la famille* (Presses de l'Université d'Ottawa, 1995) et a publié de nombreux articles dans des revues scientifiques, notamment dans *Anthropologie et Sociétés* et *Recherches féministes*.

Manon Tremblay est professeure agrégée au Département de science politique et au programme en Études des femmes de l'Université d'Ottawa. Ses recherches portent principalement sur les femmes et la politique au Québec et au Canada. Avec Réjean Pelletier, elle a publié *Que font-elles en politique?* (1995) et a codirigé avec Marcel R. Pelletier *Le système parlementaire canadien* (1996). Elle a publié de nombreux articles dans des ouvrages collectifs et des revues scientifiques, notamment la *Revue canadienne de science politique*, la *Revue internationale d'études canadiennes* et l'*International Review of Women and Leadership*. Elle prépare présentement un livre sur les députées à la Chambre des communes du Canada et la représentation politique des Canadiennes.

• Cap-Saint-Ignace
• Sainte-Marie (Beauce)
Québec, Canada
1997